Klaus Fröhlich-Gildhoff ▪ Tina Dörner ▪ Maike Rönnau-Böse

Prävention und Resilienzförderung in Kindertageseinrichtungen – PRiK

Ein Förderprogramm

Unter Mitarbeit von
Sibylle Fischer, Simone Beuter, Anke Makowka

2., überarbeitete Auflage
Mit 22 Abbildungen und zahlreichen Kopiervorlagen

Ernst Reinhardt Verlag München Basel

Prof. Dr. *Klaus Fröhlich-Gildhoff* ist Professor für Entwicklungspsychologie und klinische Psychologie an der EH Freiburg und Leiter des MA Studiengangs Bildung und Erziehung im Kindesalter.
Maike Rönnau-Böse ist wissenschaftliche Mitarbeiterin im Zentrum für Kinder- und Jugendforschung und promoviert über Resilienzförderung in Kindertageseinrichtungen.
Tina Dörner ist Leiterin des Fachgebiets „Kindertageseinrichtungen" bei einem Jugendhilfeträger.

Bibliografische Information der Deutschen Nationalbibliothek

Die Deutsche Nationalbibliothek verzeichnet diese Publikation in der Deutschen Nationalbibliografie; detaillierte bibliografische Daten sind im Internet über <http://dnb.d-nb.de> abrufbar.
ISBN 978-3-497-02250-2
2., überarbeitete Auflage

Printed in Germany
Reihenkonzeption Umschlag: Oliver Linke, Augsburg
Cover unter Verwendung von Fotos von PantherMedia GmbH, München, (Bild rechts oben) und Image 100 Ltd.
Satz: Fotosatz Amann, Aichstetten

Ernst Reinhardt Verlag, Kemnatenstr. 46, D-80639 München
Net: www.reinhardt-verlag.de E-Mail: info@reinhardt-verlag.de

Inhalt

Einleitung

Das vorliegende Programm „PRiK – Prävention und Resilienz in Kindertageseinrichtungen" wurde zunächst an der Evangelischen Hochschule Freiburg im Rahmen eines studienbegleitenden Projekts unter Leitung von Prof. Dr. Klaus Fröhlich-Gildhoff entwickelt und in einer ersten Fassung in verschiedenen Kindertagesstätten in Freiburg und Umgebung durchgeführt und evaluiert.

Nach einer Überarbeitung aufgrund der Erfahrungen in der Pilotphase und aufgrund der Evaluationsergebnisse wurde das Programm systematisch und regelmäßig in dem Praxisforschungsprojekt „Kinder Stärken! – Resilienzförderung in der Kindertagesstätte" (z. B. Rönnau et al. 2008) des Zentrums für Kinder- und Jugendforschung der EH Freiburg von Maike Rönnau-Böse und Tina Dörner eingesetzt. Hierdurch ergaben sich neue Verbesserungen, die dann in der ersten Auflage dieses Buches publiziert wurden.

In den Folgejahren wurde das Programm PRiK in weiteren Forschungsprojekten eingesetzt, v.a. dem bundesweiten Projekt „Prävention zur Verhinderung von Exklusion – Förderung der seelischen Gesundheit in Einrichtungen der Kindertagesbetreuung in Quartieren mit besonderen Problemlagen". Dieses Projekt wurde in Zusammenarbeit mit der Bundeszentrale für gesundheitliche Aufklärung (BZgA) im Zeitraum Oktober 2008 – September 2010 durchgeführt und durch das Bundesministerium für Bildung und Forschung (BMBF) finanziert (Publikation: Fröhlich-Gildhoff et al. 2011a). Daneben wurde mittlerweile in ganz Deutschland eine Vielzahl von Fortbildungen durchgeführt; Resilienzförderung ist ebenfalls in einer Reihe von Fachschulen und Hochschulen Bestandteil der Ausbildung von Erzieherinnen und Frühpädagoginnen. Ein Überblick über die vielfältigen Aktivitäten bei der Verbreitung der Resilienzförderung in Kitas findet sich bei Fröhlich-Gildhoff et al. 2011b.

Aufgrund der vielfältigen Erfahrungen mit der Umsetzung in der Praxis, der (nötigen) Anpassungen an unterschiedliche Gruppen und Kulturen, ist das vorliegende Programm insbesondere im praktischen Teil komplett überarbeitet worden. Bei dieser Überarbeitung haben Praktikerinnen ihre Erfahrungen unmittelbar eingebracht. Ein Dank geht hierbei an: Lilli Sterz, Angelika Zeller, Roswitha Maubach, Stephanie Schönhardt, Beate Hoffmann, Beate Lambertz und Olga Fokin, die in einem Workshop wichtige Anregungen zur Weiterentwicklung des Programms gaben.

So ist die mittlerweile vierte Version noch praxisgerechter geworden und es finden sich viele Hinweise auf Anpassungsmöglichkeiten für spezifische Situationen und Zielgruppen. Ein Dank geht ebenfalls an alle Mitwirkenden und an die Fachkräfte und Eltern in den beteiligten Kindertagesstätten, die vertrauensvoll die Anwendung „erlaubt" und die Durchführung tatkräftig unterstützt haben.

Ein besonderer Dank geht an Sibylle Fischer und Simone Beuter, die ihre Erfahrungen immer wieder zur Verfügung stellten und so großen Anteil an der Überarbeitung haben, sowie an Jutta Becker und Anke Makowka, die die mühevolle redaktionelle Arbeit übernommen haben.

Wir haben uns wegen der besseren Lesbarkeit entschieden, jeweils die weibliche Form zu verwenden, da überwiegend Frauen in der Frühpädagogik tätig sind. Es sind natürlich jeweils beide Geschlechter angesprochen.

Freiburg, im September 2011
Klaus Fröhlich-Gildhoff, Tina Dörner, Maike Rönnau-Böse

Teil I: Grundlagen

1 Was ist Resilienz?

Aktuelle Forschungsergebnisse aus dem Bereich der Entwicklungspsychologie bzw. der Entwicklungspsychopathologie (Dornes 2000; Oerter/Montada 2002; Petermann et al. 2004) sowie der Bindungsforschung (z.B. Brisch 1999) und der (neurobiologischen) Lernforschung (z.B. Singer 2003; Spitzer 2002; Hüther 2001; Gebauer/Hüther 2004) weisen auf die entscheidende Bedeutung der Lebenssituation, Lernmöglichkeiten und Beziehungserfahrungen in den ersten Lebensjahren für die Persönlichkeitsentwicklung und die Ausformung kognitiver, sozialer und emotionaler Kompetenzen von Kindern hin. Dabei wurde die Aufmerksamkeit zunehmend auf die Schutz- und Risikofaktoren für die kindliche Entwicklung gerichtet. Die bisherige defizitorientierte Betrachtung – vor allem zur Erklärung der Entstehung seelischer Erkrankungen oder Verhaltensauffälligkeiten – wurde durch die gezieltere Analyse von Schutzfaktoren und Elementen ergänzt, die zur Ausbildung und Erhaltung seelischer Gesundheit wesentlich beitragen. Ein wichtiger Hintergrund hierfür waren Studien, die das Aufwachsen unter schwierigen Bedingungen auch im Langzeitverlauf untersucht haben und Grundbedingungen für risikomildernde Entwicklungsverläufe identifizieren konnten. Eine Zusammenstellung dieser Studien, der Kauai – Längsschnittstudie (Werner 2008), der Mannheimer Risikokinderstudie (z.B. Laucht et al. 2000) oder der Bielefelder Invulnerabilitätsstudie ([Unverletzlichkeits-Studie, d. Verf.]; Bender/Lösel 1997, 1998) findet sich bei Wustmann (2004, 86ff). Hiervon ausgehend hat sich ein Paradigmenwechsel vollzogen:

- Es werden nicht nur die störungsverursachenden, sondern auch die gesundheitserhaltenden Faktoren betrachtet; ein Wechsel der Blickrichtung von der Pathogenese (Entstehung von Krankheiten) zur Salutogenese (Entstehung und Förderung von Gesundheit) hat stattgefunden.
- Nicht nur die Defizite, sondern auch die Ressourcen und Kompetenzen zur Bewältigung (von Belastungen) werden eingehend betrachtet.
- Neben den Risikofaktoren finden insbesondere die Schutzfaktoren eine besondere Beachtung.

1.1 Definition und Entwicklung von Resilienz

Die Fähigkeit von Individuen, erfolgreich mit belastenden Lebensereignissen umzugehen, wird als Resilienz bezeichnet: „Resilienz meint eine psychische Widerstandsfähigkeit von Kindern gegenüber biologischen, psychologischen und psychosozialen Entwicklungsrisiken" (Wustmann 2004, 18). Resilienz umfasst damit „nicht nur die Abwesenheit psychischer Störungen, sondern den Erwerb altersangemessener Fähigkeiten (Kompetenzen) vor dem Hintergrund der normalen kindlichen Entwicklung, zum Beispiel die Bewältigung altersrelevanter Entwicklungsaufgaben trotz aversiver Umstände" (Petermann et al. 2004, 344). Die Resilienzforschung betrachtet im Wesentlichen drei zentrale Aspekte (Wustmann 2004, 19):

- die positive gesunde Entwicklung trotz andauerndem hohen Risikostatus
- die beständige Kompetenz unter akuten Stressbedingungen
- die positive bzw. schnelle Erholung von traumatischen Erlebnissen

Es geht also darum, dass es Kindern (und später Erwachsenen) gelingt, mit konkreten belastenden Ereignissen umzugehen, aber auch die Entwicklungsaufgaben in verschiedenen Lebensabschnitten (z.B. Schmidtchen 2001; Havighurst 1982; Fröhlich-Gildhoff 2007) angemessen zu bewältigen (siehe Abb. 1).

Die positive Bewältigung von Krisen, Belastungen und Entwicklungsaufgaben – eine besondere Bedeutung haben hier Übergänge, zum Beispiel von der Familie in den Kindergarten oder vom Kinder-

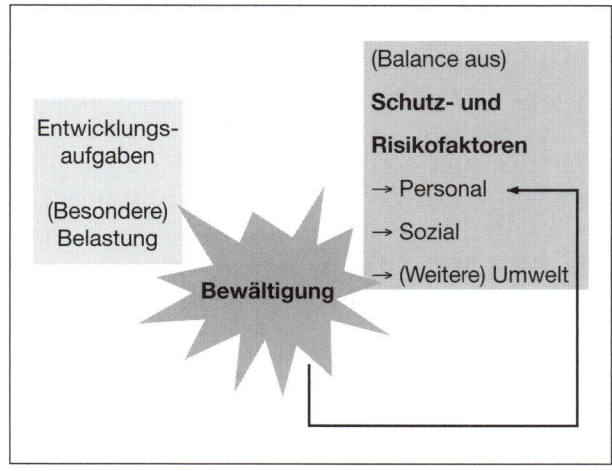

Abbildung 1: Bewältigung von Entwicklungsaufgaben aus dem Zusammenspiel von Schutz- und Risikofaktoren

garten in die Schule – wirkt sich positiv auf die weitere Entwicklung aus:

> „Die Bewältigung einer Entwicklungsaufgabe stellt eine entscheidende Basis dar, wie nachfolgende, spätere Aufgaben gemeistert werden. Im Verlauf dieses Prozesses erwirbt das Kind Fähigkeiten und Kompetenzen, die es für eine positive Entwicklung benötigt. Eine erfolgreiche Bewältigung impliziert eine Weiterentwicklung bzw. persönliches Wachstum und beeinflusst damit die Kontinuität von Anpassung bzw. Fehlanpassung im Entwicklungsverlauf. Das heißt: Wird eine altersspezifische Entwicklungsaufgabe erfolgreich bewältigt, stabilisiert sich die Persönlichkeit des Kindes und es lernt, Veränderungen und Stresssituationen als Herausforderung zu begreifen. Ist dies nicht der Fall, ist mit einer Stagnation, mit Entwicklungsdefiziten oder gar psychischen Fehlentwicklungen oder somatischen Erkrankungen zu rechnen" (Wustmann 2004, 20; vgl. auch Petermann et al. 2004, 339ff).

Resilienz ist keine angeborene Persönlichkeitseigenschaft, sondern wird im Verlauf des Lebens entwickelt. Von besonderer Bedeutung sind dabei die frühen Lebensjahre. Die Resilienzforschung zeigt, dass es sich um eine dynamische Eigenschaft handelt. Das Kind wird als aktiver „Bewältiger" und (Mit-)Gestalter seines Lebens gesehen. Die Fähigkeit der seelischen Widerstandskraft entwickelt sich aus der Interaktion mit den Bezugspersonen und realen positiven Bewältigungserfahrungen. Es handelt sich bei „Resilienz um eine dynamische Kapazität (...), die sich über die Zeit im Kontext der Mensch- und Umweltinteraktion entwickelt" (Petermann et al. 2004, 345).

Dem Resilienzkonzept liegt also das Bild von einem (selbst-)aktiven Kinde zugrunde. Dieses Bild deckt sich mit den Ergebnissen der empirischen Säuglingsforschung (Dornes 1995, 1997) und Entwicklungswissenschaften (Petermann et al. 2004). Dabei ist zu beachten, dass Resilienz eine „variable Größe" darstellt; es gibt keine „absolute Unverwundbarkeit gegenüber negativen Lebensereignissen und psychischen Störungen" (Wustmann 2004, 30), sondern diese muss je nach Belastung und Lebenssituation neu aktualisiert und weiterentwickelt werden. Weiterhin zeigen Untersuchungsergebnisse, dass

> „Resilienz in einem spezifischen Lebensbereich (...) nicht automatisch auf alle anderen Lebens- oder Kompetenzbereiche übertragen werden [kann] (Luthar et al. 2000). So können Kinder, die chronischen elterlichen Konflikten ausgesetzt sind, zum Beispiel hinsichtlich ihrer schulischen Leistungen resilient, hinsichtlich sozialer Kontakte und Beziehungen dagegen nicht resilient sein" (Wustmann 2004, 32).

Für die Entwicklung der Resilienz ist es offensichtlich wichtig, dass Kinder immer wieder die Erfahrungen machen, dass sie Aufgaben und Anforderungen erfolgreich bewältigen müssen. Das Ausmaß der Belastungen bzw. Stressoren muss dabei moderat sein, damit entsprechende Bewältigungsfähigkeiten und -strategien entwickelt werden können. Zu geringer Stress bzw. fehlende Anforderungen führen andererseits dazu, dass die Resilienzfähigkeit nur unzureichend entwickelt wird (s. a. Fröhlich-Gildhoff/Rönnau-Böse 2011).

1.2 Risiko- und Schutzfaktoren

Aus den verschiedenen Studien konnten relativ übereinstimmend risikoerhöhende bzw. risikomildernde Faktoren für die kindliche Entwicklung identifiziert werden, die allerdings miteinander in komplexen Wechselwirkungen stehen.

Empirisch konnten folgende wesentliche protektive (schützende) Faktoren identifiziert werden, die die Widerstandskraft von Kindern gegenüber Belastungen stärken und die Bewältigungsfähigkeit von Krisensituationen verbessern (Egle et al. 1997b; Bender/Lösel 1998; Petermann et al. 1998, 2004; Opp et al. 2008; Werner 2000; Dornes 2000; Wustmann 2003, 2004; Frick 2003):

- mindestens eine stabile emotionale Beziehung zu einer primären Bezugsperson (das ist im Optimalfall ein Elternteil, allerdings können auch andere Personen aus dem Umfeld, wie z. B. Großeltern, andere nahe Verwandte, aber auch professionelle Erzieherinnen diese Funktion erfüllen)
- Bindungsfähigkeit und die Realisierung „feinfühligen" Verhaltens durch die Bezugspersonen, um sicheres Bindungsverhalten zeigen zu können
- emotional warmes, offenes, aber auch klar strukturierendes Erziehungsverhalten der Bezugspersonen (eine besonders positive Bedeutung hat hier ein autoritativer bzw. demokratischer Erziehungsstil; Wustmann 2004, 108ff; Petermann et al. 1998, 2004)
- soziale Unterstützung außerhalb der Familie
- soziale Modelle, die angemessenes Bewältigungsverhalten in Krisensituationen zeigen, die Kinder ansprechen und sie ermutigen
- frühe Möglichkeiten, Selbstwirksamkeitserfahrungen machen zu können und so entsprechend positive internale Kontrollerwartungen/-überzeugungen herauszubilden

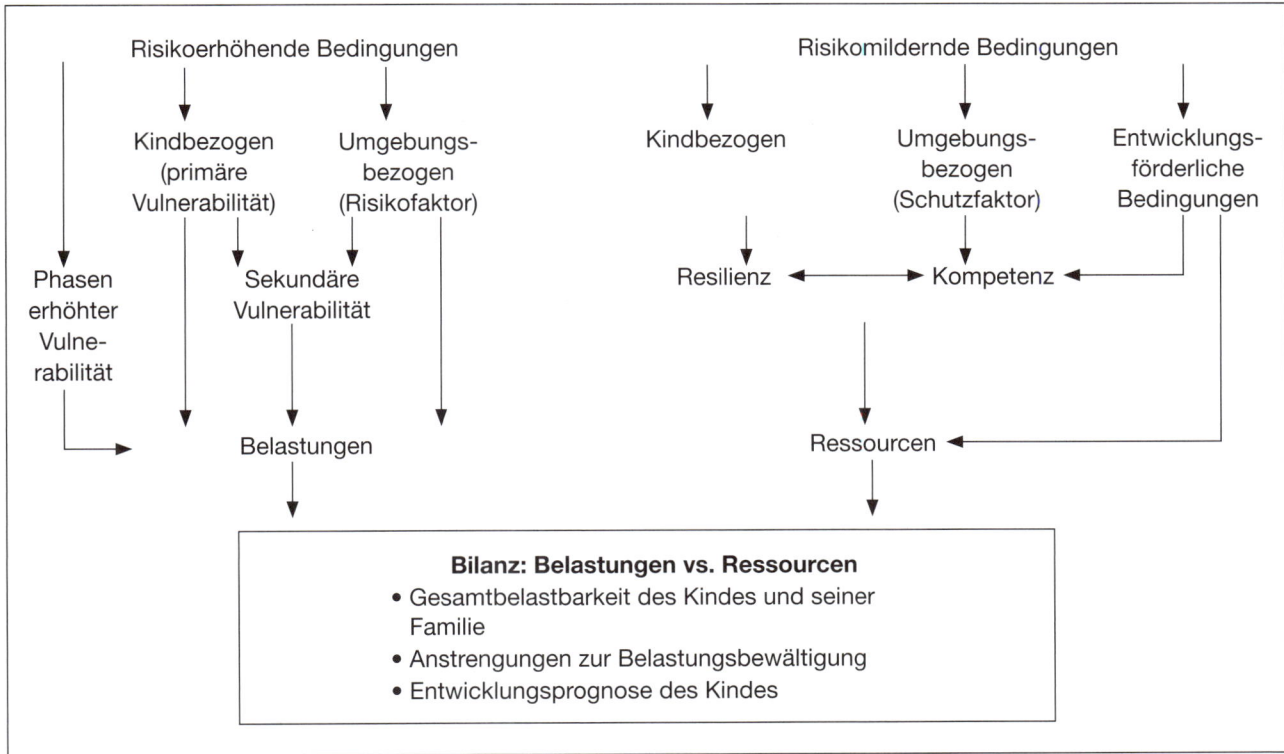

Abbildung 2: Zusammenspiel von risikomildernden und risikoerhöhenden Bedingungen (Petermann et al. 2004, 324)

■ Selbstvertrauen, positiver Selbstwert, positives Selbstkonzept
■ dosierte soziale Verantwortlichkeit
■ kognitive Kompetenzen, die angemessen angeregt werden müssen
■ Selbststeuerungs- bzw. Selbstregulationsfähigkeiten, die mit Unterstützung durch Bezugspersonen (vor allem bei der Affektregulation) heraus gebildet werden
■ Fantasie
■ ein stabiles „Kohärenzgefühl", also das Gefühl der Verstehbarkeit von Ereignissen und Erlebnissen, der Bewältigbarkeit bzw. Handhabbarkeit von Anforderungen und der Sinnhaftigkeit bzw. Bedeutsamkeit des eigenen Tuns (Antonovsky 1997)
■ damit verbunden ist allgemeiner das Erfahren und das Erleben eines Sinns und einer Bedeutung der eigenen Existenz; hier kann Glaube eine wichtige Bedeutung haben
■ gute oder zumindest sichere sozio-ökonomische Bedingungen

Generell werden die Schutzfaktoren in drei Gruppen eingeteilt: Eigenarten des Kindes (zum Teil angeboren), außerfamiliäre Besonderheiten und Besonderheiten des Familien- und Beziehungsmilieus (Dornes 2000, 105). Andere Autoren differenzieren zwischen individuellen Merkmalen des Kindes („personale Faktoren") sowie sozialen und famili-

ären Faktoren (z. B. Wustmann 2003). Aus dem Zusammenspiel zwischen risikoerhöhenden und risikomildernden Faktoren ergibt sich eine Bilanz aus Belastungen (siehe Abb. 2).

Das komplexe Zusammenspiel hat Kumpfer (1999) in einem Rahmenmodell von Resilienz zusammengefasst (siehe Abb. 3).

Danach treffen Stressoren bzw. Belastungen auf Umweltbedingungen mit spezifischen Risiko- oder Schutzfaktoren. Im Zusammenwirken zwischen Person und Umwelt kommen die personalen Ressourcen bzw. Resilienzfaktoren zum Tragen. Aus diesem Zusammenspiel ergibt sich eine Anpassung, letztlich also eine Bewältigung der stressauslösenden Situationen – oder es kommt zur Fehlanpassung, also zur Nichtbewältigung, und damit zu einem negativen Entwicklungsergebnis. Auch hieraus wird deutlich, dass Resilienz immer individuumsspezifisch betrachtet werden muss und es sich um eine höchst komplexe Kind-Umwelt-Interaktion handelt.

1.3 Resilienzfaktoren

Aus den Ergebnissen der Langzeitstudien lassen sich folgende personale Resilienzfaktoren identifizieren, die Kinder grundsätzlich „stark" machen (Zusammenstellung bei Wustmann 2004; Petermann et al. 2004):

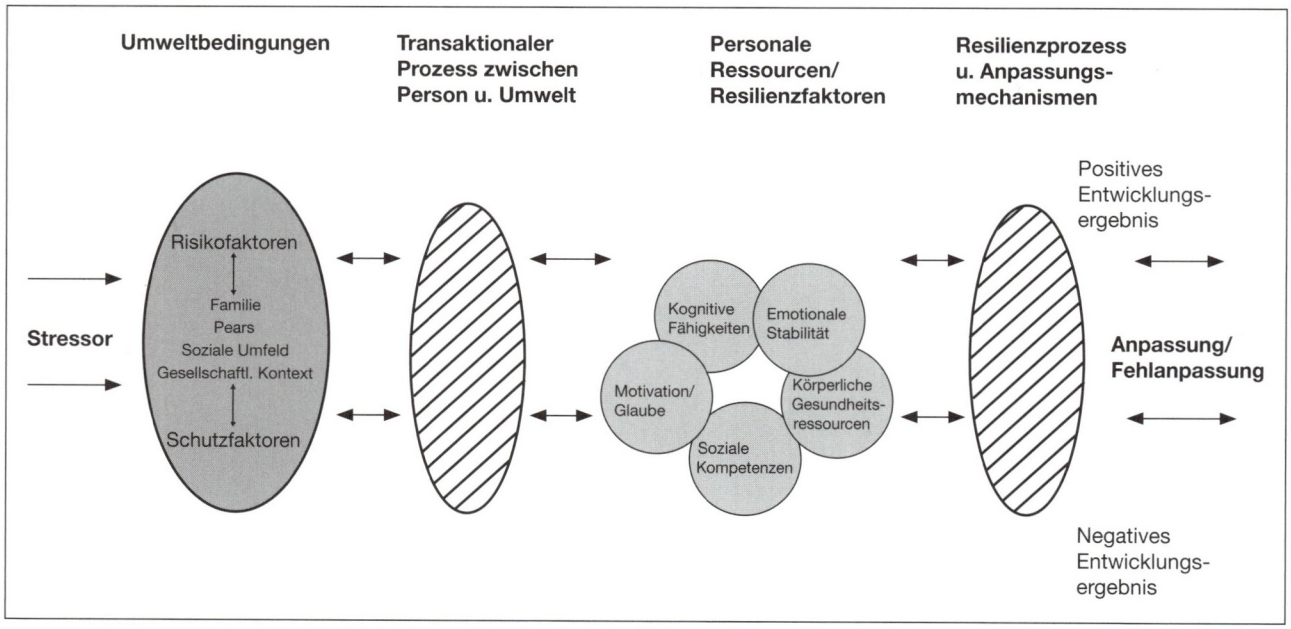

Abbildung 3: Rahmenmodell von Resilienz (Wustmann 2004, 65)

- angemessene Problemlösefähigkeit
- positive Selbstwirksamkeit
- positives Selbstkonzept bzw. Selbstvertrauen
- angemessene Selbstwahrnehmung
- Fähigkeit zur Selbstregulation bzw. Selbststeuerung
- internale Kontrollüberzeugungen
- hohe Soziale Kompetenzen und damit verbunden die Fähigkeit, sich Unterstützung von anderen Menschen zu holen
- proaktives und flexibles Handeln in Stresssituationen
- sicheres Bindungsverhalten
- optimistische Lebenseinstellung
- körperliche Gesundheitsressourcen

Es finden sich hier deutliche Parallelen zum Konzept der sogenannten „life skills" (Lebenskompetenzen), die von der Weltgesundheitsorganisation (WHO) folgendermaßen definiert werden: Es sind diejenigen Fähigkeiten, „die einen angemessenen Umgang sowohl mit unseren Mitmenschen als auch mit Problemen und Stress-Situationen im alltäglichen Leben ermöglichen. Solche Fähigkeiten sind bedeutsam für die Stärkung der psychosozialen Kompetenz" (WHO 1994; nach Aßhauer et al. 1999, 12). Die „life skills" werden in fünf „Gruppen" gegliedert:

- Selbstwahrnehmung und Einfühlungsvermögen
- Umgang mit Stress und negativen Emotionen
- Kommunikation
- kritisches Denken/Standfestigkeit
- Problemlösen

Zusammenfassend hat Grotberg (1995) sehr anschaulich das „resiliente Kind" beschrieben; folgende Aufstellung kann Anhaltspunkte zur Förderung resilienten Verhaltens geben (Wustmann 2004, 118):

„Ein resilientes Kind sagt, …

… ich habe

- Menschen um mich, die mir vertrauen und die mich bedingungslos lieben,
- Menschen um mich, die mir Grenzen setzen, an denen ich mich orientieren kann und die mich vor Gefahren schützen,
- Menschen um mich, die mir als Vorbilder dienen und von denen ich lernen kann,
- Menschen um mich, die mich dabei unterstützen und bestärken, selbstbestimmt zu handeln,
- Menschen um mich, die mir helfen, wenn ich krank oder in Gefahr bin, und die mich darin unterstützen, Neues zu lernen.

… ich bin

- eine Person, die von anderen Personen wertgeschätzt und geliebt wird,
- froh, anderen helfen zu können und ihnen meine Anteilnahme zu signalisieren,
- respektvoll gegenüber mir selbst und anderen,
- verantwortungsbewusst für das, was ich tue,
- zuversichtlich, dass alles gut wird.

Palavazelt

Methode

Das Palaverzelt unterstützt Kinder in schwierigen Auseinander- setzungen, ohne ihnen den Konflikt aus der Hand zu nehmen. Gemeinsam mit den Kindern spielt die Anleiterin die 5 Phasen des Rituals durch:

1. Streitgeschichten erzählen

2. Gefühle beschreiben

3. Wünsche äußern

4. Lösungen sammeln

5. sich einigen & Frieden schließen

Das Palaverzelt besteht aus einem Koffer mit einem halboffenen Zelt, einem Anleitungsheft sowie Spielmaterial zu den 5 Stufen des Rituals, wie Sprechbälle, Delfinkarten, Wunschmuscheln, Ideenkarten und Friedenstauben.

Konflikte positiv verstehen

Kinder streiten sich um Spielsachen, um den ersten Platz in der Reihe, darum, wer mitspielen darf.

Konflikte sind ein wichtiger Motor sozialer Entwicklung.

Uns geht es darum, soziale Fähigkeiten der Kinder frühzeitig zu stärken und einen konstruktiven Umgang mit Konflikten zu fördern.

Das Palaverzelt orientiert sich an der Mediationsmethode und bezieht Elemente der gewaltfreien Kommunikation mit ein.

Es basiert auf wissenschaftlichen Studien und ist ein Beitrag zur Konflikt- und Friedenserziehung.

Zielsetzung

Das Konfliktlösungsritual Palaverzelt® ist ein Beitrag zur Konflikt- und Friedenserziehung, die bereits im Kindergartenalter beginnen sollte. Kinder lernen ein Modell, das ihnen auch im späteren Leben hilft, schwierige Situationen im Umgang mit anderen Menschen zu meistern und sich in Gruppen und Teams zu integrieren. Konflikt- und Teamfähigkeit sind in der Schule sowie im Arbeitsleben unverzichtbar. Durch wiederholte Erfahrung, dass Konflikte vorübergehend und lösbar sind, werden Lernblockaden aufgehoben, die auf mangelnder Wertschätzung, Diskriminierung oder Ausgrenzung beruhen. Das Ritual basiert auf gegenseitigem Respekt, stärkt das Selbstwertgefühl und erweitert die sozialen und emotionalen Kompetenzen der Kinder. Weitere Ziele sind u.a.:

- Aufbau eines positiven Lernklimas sowie gegenseitiger Wertschätzung,
- Unterstützung eines gewaltfreien Umgangs zwischen Kindern,
- Kinder lernen durch eigene Erfahrung ihren Streit weitgehend selbständig zu lösen,
- Förderung der Integration einzelner Kinder in die Gruppe,
- Aufbau einer konstruktiven Konfliktkultur in Kita und Grundschule,
- Erfüllung des Erziehungs- und Bildungsauftrags in Bezug auf Nachhaltigkeit, Gewaltprävention,

Persönlichkeitsentwicklung und Partizipation
Das Palaverzelt® – mit Kindern Konflikte lösen

Das Palaverzelt® ist ein Konfliktlösungsritual für Kinder im Kindergarten- und Grundschulalter. Es basiert auf der Mediationsmethode und bezieht Elemente der Gewaltfreien Kommunikation mit ein.

Unter Anleitung eines Erwachsenen bearbeiten 5 bis 10-jährige Kinder ihren Konflikt weitgehend selbstbestimmt.

Der Palaverzeltkoffer enthält verschiedene Spielmaterialien zu den 5 Phasen des Rituals. Ein Phasenrad visualisiert allen Beteiligten den Ablauf Schritt für Schritt, von Streitgeschichten erzählen bis zur Einigung und dem Friedensschluss. Anleitungskarten zu den einzelnen Phasen vereinfachen die Durchführung des Rituals. Zusätzliche Hintergrundinformationen bietet das Anleitungsheft.

Das Konfliktlösungsritual Palaverzelt® ist ein Beitrag zur Friedens- und Konflikterziehung. Es unterstützt einen konstruktiven Umgang mit Konflikten, fördert Kinder in ihren sozialen Fähigkeiten, stärkt ihr Selbstbewußtsein und ihre Eigenständigkeit und vertieft gegenseitige Wertschätzung und Fairness.

Entwickelt wurde das Palaverzelt® von Prof. Dr. Ansgar Marx und einem Team von Kitaleiterinnen. Es basiert auf wissenschaftlichen Studien und wird kontinuierlich evaluiert.

In der pädagogischen Arbeit hat sich das praxiserprobte Ritual in Kitas, Familienzentren und Grundschulen bewährt. Es ist auch in der Familie einsetzbar, z.B. bei Streitigkeiten zwischen Geschwistern.

Je nach Situation und Alter der Kinder ist das Konfliktlösungsritual im Zelt oder am Tisch durchführbar. Holzkoffer mit Inhalt:

Holzkoffer mit Inhalt
- 1 Anleitungsheft
- 6 Anleitungskarten für die Phasen
- 1 Phasenrad
- 1 Sprechball
- 14 Delfinkarten
- 6 Wunschmuscheln und Steine
- 8 Ideenkarten
- 1 Einigungsklingel
- 24 Friedenstauben
- 1 halboffenes Zelt

... ich kann

- mit anderen sprechen, wenn mich etwas ängstigt oder mir Sorgen bereitet,
- Lösungen für Probleme finden, mit denen ich konfrontiert werde,
- mein Verhalten in schwierigen Situationen kontrollieren,
- spüren, wann es richtig ist, eigenständig zu handeln oder ein Gespräch mit jemanden zu suchen,
- jemanden finden, der mir hilft, wenn ich Unterstützung brauche."

1.4 Resilienzförderung

Die Darlegungen veranschaulichen, dass es sich sowohl bei der Entwicklung als auch bei der Realisierung von Resilienz um ein komplexes bio-psycho-soziales Geschehen handelt. Je nach Betrachtungsweise ist es nötig und sinnvoll, Resilienz bzw. Schutzfaktoren bei einem Kind selbst, in seiner familiären oder auch außerfamiliären Umwelt zu stärken. In diesem Zusammenhang sind eine Reihe von Programmen entstanden (Zusammenstellung bei Wustmann 2004), die auf unterschiedlichen Ebenen ansetzen. Allgemein geht es im Sinne primärer Prävention um die

„Förderung wichtiger Resilienzfaktoren, wie zum Beispiel Problemlösefähigkeit, Selbstwirksamkeitsüberzeugungen und positive Selbsteinschätzung. Zentral ist außerdem die Stärkung der Motivation zur Bewältigung von Herausforderungen: Kinder sollen insbesondere erkennen, dass sie selbst aktiv zur Bewältigung von Stress- und Problemsituationen beitragen können und nicht in passiver Hilflosigkeit verharren müssen. Dazu müssen sie lernen, sich selbständig Hilfe zu holen sowie ihre eigenen Ressourcen realistisch wahrzunehmen und dann problem- und situationsgerecht einzusetzen. Auf diesem Wege wird ihre positive Selbstzuschreibung von Bewältigungsmöglichkeiten effektiv gestärkt, und dies führt wiederum zu einer positiveren Einschätzung der Stress- und Risikosituation selbst, indem diese dann als weniger belastend und bedrohlich, sondern vielmehr als herausfordernd erlebt wird" (Wustmann 2004, 71).

Präventiv und kompensatorisch kann die Entwicklung entsprechender Faktoren und Fähigkeiten gezielt unterstützt werden.

Eine ganz wesentliche Bedeutung haben dabei im institutionellen Kontext die pädagogischen Fachkräfte: Eine sichere Beziehung zu einer erwachsenen Bezugsperson ist der wichtigste Schutzfaktor (s. o.) und hier können Pädagoginnen stützend wirken (Pianta et al. 2008). Eine wertschätzende, stärkenorientierte und haltgebende Begegnung ist dabei besonders wichtig; einzelne Kinder brauchen darüber hinaus in der alltäglichen Interaktion zusätzliche Zuwendung und Unterstützung.

Wenn die systematische Förderung der Resilienz von Kindern als neues Programm oder Projekt eingeführt wird, kann – und sollte – sie allerdings eine (neue) konzeptionelle Verankerung in der gesamten Kindertageseinrichtung finden; nur dies sichert Nachhaltigkeit von Innovationen.

Die Ergebnisse der Präventionsforschung zeigen übereinstimmend, dass Programme am erfolgreichsten sind, wenn sie

- die Kinder, deren Eltern und das soziale Umfeld erreichen (multimodale oder systemische Perspektive) und in deren Lebenswelt ansetzen (Setting-Ansatz),
- in „natürliche" Lebensumwelten – wie z.B. Kindertageseinrichtungen – eingebettet sind,
- langfristig eingesetzt werden: nach Röhrle (2008, 246) sollten die Programme mindestens 9 Monate dauern,
- klar strukturiert sind und Übungsbestandteile beinhalten (Fröhlich-Gildhoff/Rönnau-Böse 2011; Heinrichs et al. 2002; Beelmann 2006).

Dies bedeutet, dass man ein Programm, wie es in diesem Buch vorgestellt wird,

- in einen Prozess der Entwicklung der Organisation Kita einbinden sollte,
- dabei nicht nur mit den Kindern arbeiten sollte, sondern auch die pädagogischen Fachkräfte, die Eltern und das Netzwerk der Kita einbeziehen muss und
- bei der Umsetzung des Programms immer wieder den Bezug zum pädagogischen Alltag in der Kita herstellen sollte (Rönnau-Böse/Fröhlich-Gildhoff 2010).

Als wesentliche Grundlage ist es nötig, eine Übereinstimmung im Team über das neue Konzept zu finden, sich die Unterstützung von Trägern und Eltern zu sichern – ein wichtiger „Motor" für diese Entwicklung ist die Leitung der Einrichtung.

Ein solcher ganzheitlicher Prozess der Resilienzförderung auf den vier Ebenen (1) Fortbildung der pädagogischen Fachkräfte, (2) Umsetzung des PRiK-Konzeptes (dieses Buches) auf der Ebene der Kinder, (3) Angebote für Eltern (resilienzfördernde Elternkurse und Familienberatungen) und (4) Knüpfen neuer Netzwerke (v.a. mit Erziehungsberatungsstellen) wurde in den zwei großen Projekten im Zentrum für Kinder- und Jugendforschung an der Ev. Hochschule Freiburg erfolgreich umgesetzt: Die begleitende wissenschaftliche Untersuchung zeigte, dass bei den Kindern nicht nur der Selbstwert stieg und sie weniger ängstlich wurden, sondern im Unterschied zur Vergleichsgruppe vor allem deutliche Entwicklungsfortschritte im kognitiven Bereich aufwiesen. Zudem stieg die Sicherheit der Eltern in Erziehungsfragen und die Arbeitszufriedenheit der Fachkräfte verbesserte sich (Fröhlich-Gildhoff et al. 2008a; Rönnau et al. 2008; Fröhlich-Gildhoff et al. 2011a).

In diesen Projekten zeigte sich auch, dass die (seelische) Gesundheit und Resilienz der pädagogischen Fachkräfte von großer Bedeutung ist: Nur wenn sich die Erzieherinnen und Frühpädagoginnen selbst wohl fühlen, können sie wirklich stabilisierend und ressourcenstärkend den Kindern begegnen und diese in ihrem seelischen Wohlbefinden und ihren Bewältigungsfähigkeiten unterstützen. Aus diesem Grund wird dem Thema Gesundheit der Pädagoginnen ein eigenes Kapitel gewidmet.

2 Konzept des Programms „PRiK"

2.1 Allgemeines

Das vorliegende Programm setzt bei den zu entwickelnden Fähigkeiten des Kindes an, wobei grundsätzlich die Ebene der Eltern und sonstigen Bezugspersonen mit berücksichtigt werden (siehe unten). Der individuumbezogene Ansatz bietet einen einfacheren Zugang. Überdies soll das Programm in der Kindertageseinrichtung umgesetzt werden. Kindertagesstätten sind diejenigen gesellschaftlichen Institutionen, welche Kinder als erste und über längere Zeiträume in ihrer Entwicklung systematisch begleiten. So besteht hier die Chance, Kinder frühzeitig und auf breiter Ebene zu erreichen. Bei der Konzeption eines Resilienzförderprogramms müssen die empirisch ermittelten Faktoren weiter operationalisiert und in einem Handlungskonzept umgesetzt werden. Wustmann (2004, 125) schlägt auf der individuellen Ebene folgende Ansatzpunkte vor:

- Förderung von Problemlösefertigkeiten und Konfliktlösestrategien
- Eigenaktivität und persönliche Verantwortungsübernahme (Schaffung von Möglichkeiten der Partizipation und des kooperativen Lernens)
- Selbstwirksamkeit und realistische Rollenüberzeugung
- positive Selbsteinschätzung des Kindes (Stärkung des Selbstwertgefühls)
- kindliche Selbstregulationsfähigkeiten
- Soziale Kompetenzen, insbesondere Empathie und soziale Perspektivenübernahme
- Stressbewältigungskompetenzen (z. B. Coping-Strategien)
- körperliche Ressourcen/Gesundheitsressourcen

Bei diesen Ansatzpunkten wird der Aspekt der angemessenen Selbst- und Fremdwahrnehmung als Basisvoraussetzung, zum Beispiel bei der Ausbildung Sozialer Kompetenzen, aber auch der Selbsteinschätzung, nicht explizit berücksichtigt (Aßhauer et al. 1999, 12f).

Für die Entwicklung eines Förderprogramms im Bereich der Kindertagesstätte werden aus den dargelegten Konzepten sechs übergeordnete Faktoren beschrieben und operationalisiert („handhabbar" gemacht), die für die Entwicklung der seelischen Widerstandskraft und Bewältigungsfähigkeit eine zentrale Bedeutung haben:

Übergeordnete Faktoren zur Entwicklung eines Förderprogramms

1. angemessene und differenzierte **Selbst- und Fremdwahrnehmung**
2. Fähigkeit zur eigenständigen Steuerung und Regulation von Emotionen und inneren Spannungszuständen **(Selbststeuerung)**
3. Vorhandensein und Verfügbarkeit von **Sozialen Kompetenzen**
4. hoher Selbstwert und als Voraussetzung dafür: hohe **Selbstwirksamkeitserwartungen** bzw. hohes Selbstwirksamkeitserleben
5. Fähigkeiten zur **Stressbewältigung**
6. Vorhandensein und Verfügbarkeit von (übergeordneten) Strategien zum **Lösen von Problemen**

Diese sechs Faktoren existieren nicht unabhängig voneinander, sondern stehen in einem engen Zusammenhang (siehe Abb. 4). Demzufolge sind die Fähigkeit zur Selbst- und Fremdwahrnehmung sowie eine gute Selbststeuerungsfähigkeit Voraussetzungen zum Aufbau Sozialer Kompetenzen. Selbststeuerung ist ebenfalls beim Problemlösen von Bedeutung – oft gilt es hierbei ruhig zu bleiben und einen „kühlen Kopf" zu bewahren. Ein hoher Selbstwert verbessert eine angemessene, vollständige Wahrnehmung von sich und anderen Personen; andererseits führt das erfolgreiche Lösen von Problemen oder der erfolgreiche Einsatz Sozialer Kompetenzen im Kontakt mit anderen zu einer Erhöhung des Selbstwirksamkeitserlebens und zum Aufbau entsprechender Erwartungen. Die Aufzählung über diese Zusammenhänge ließe sich beliebig fortsetzen – entscheidend ist, dass es bei den Faktoren, die im Folgenden ausführlich dargestellt werden, nicht um voneinander unabhängige Konstrukte handelt. Eine getrennte Betrachtung ist aus analytischen Gründen sinnvoll, wird aber der Komplexität des Seelenlebens nur ansatzweise gerecht.

Abbildung 4: Zusammenwirken der sechs operationalisierbaren Resilienzfaktoren

Ergänzend zur Förderung der Resilienz auf individueller Ebene ist es von Bedeutung, in Kooperation mit Eltern und weiteren Bezugspersonen Fähigkeiten zu einer angemessenen Eltern-Kind-Interaktion und zur Stärkung elterlicher Erziehungskompetenzen zu fördern. Auch hierfür stehen eine Reihe von Programmen zur Verfügung (Zusammenstellung bei Wustmann 2004; Tschöpe-Scheffler 2003; Fröhlich-Gildhoff et al. 2008b).

Daher wird empfohlen, ergänzend zum Programm, zwei Elternabende durchzuführen (s. Kap. 3.5, S. 33), besser jedoch parallel Elternberatung und -kurse anzubieten.

Wie schon dargelegt ist es am wirkungsvollsten, das Programm PRiK in ein systematisches Konzept zur Resilienzförderung in der Kindertageseinrichtung einzubetten. Hierzu gehört die Entwicklung eines Leitbildes der resilienzförderlichen Kita, die Qualifizierung des Teams, die Intensivierung einer ressourcenorientierten und -aktivierenden Zusammenarbeit mit den Eltern sowie die Systematisierung der Vernetzung mit Diensten und Institutionen im Sozialraum (vgl. die Zusammenstellungen bei Rönnau-Böse/Fröhlich-Gildhoff 2010).

Das vorliegende Programm PRiK ist an den oben dargelegten sechs Resilienzfaktoren ausgerichtet. Diese werden im Folgenden detailliert – unter Hinzuziehung empirischer Studienergebnisse – betrachtet.

2.2 Selbst- und Fremdwahrnehmung

Eine angemessene Selbst- und Fremdwahrnehmung bildet eine wichtige Grundlage für das Gestalten sozialer Beziehungen, das Herangehen an neue Aufgaben und das Bewältigen von Schwierigkeiten und Problemen. Die Selbstwahrnehmung steht in engem Bezug zu Selbstwertgefühl und Selbstwirksamkeitserleben, zu Sozialen Kompetenzen, aber auch zu den Prozessen der Selbststeuerung. Im Gegensatz zu dieser Bedeutung finden sich in der Literatur relativ wenige Ansätze, die sich mit dem Bereich der Selbstwahrnehmung auseinandersetzen (viele Erörterungen beziehen sich auf die Arbeit von Bem 1972).

Bei der Selbstwahrnehmung geht es erstens darum, sich selbst, die eigenen Empfindungen oder etwa Gedanken adäquat, d. h. möglichst ganzheitlich und unverzerrt, wahrzunehmen. Zum Zweiten ist es bedeutsam, sich zu sich selbst in Beziehung setzen zu können (Selbstreflexivität). Zum Dritten geht es darum, soziale Situationen und andere Personen ebenso angemessen wahrzunehmen und sich ins Verhältnis zur Wahrnehmung anderer zu setzen.

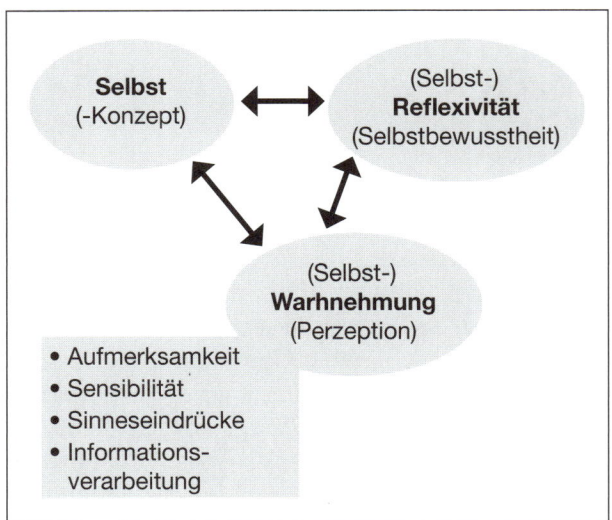

Abbildung 5: Elemente der Selbstwahrnehmung

„Angestrebt wird in diesem Bereich zunächst ein differenziertes und reflektiertes Bild von der eigenen Person. Dies setzt Kenntnisse der eigenen Stärken und Schwächen voraus, gleichzeitig aber auch ein gewisses Maß an positivem Selbstwertgefühl und Vertrauen in die eigenen Fähigkeiten. Das Gefühl der Einzigartigkeit der eigenen Person wird gestärkt" (Aßhauer et al 1999, 13).

Der Prozess der Selbstwahrnehmung lässt sich analytisch in drei eng miteinander zusammenhängende Faktoren zerlegen: Das Selbst(-Konzept), die (Selbst-)Wahrnehmung im engeren Sinne und die (Selbst-)Reflexivität (siehe Abb. 5). Diese Faktoren sollen im Folgenden genauer betrachtet werden:

Selbst und Selbstkonzept

Die Forschung zu Selbst und Selbstkonzept ist vielfältig und kaum zu überblicken. So bemängelte Pior (1998), dass eine einheitliche Gegenstandsbestimmung kaum noch möglich sei; Greve (2000), der einen guten Überblick über die Geschichte der Selbstkonzeptforschung gibt, beklagt die „Unverbundenheit der verschiedenen Theorien und Methoden in diesem Feld" (Greve 2000, 15); Eggert et al. (2003, 15) definieren: „Im Selbstkonzept finden wir sowohl die Summe individueller Einstellungen, Werthaltungen, Handlungsziele, einfach das individuelle Abbild der gemachten Erfahrungen im Umgang mit der Umwelt."

Hier deutet sich an, dass man nicht von einem einheitlichen Selbstkonzept ausgehen kann, sondern verschiedene Bereiche unterscheiden muss, die ihrerseits hierarchisch aufgebaut sind: Pior stellt zum Beispiel das Modell von Shavelson et al. (1976) vor, die das „allgemeine Selbstkonzept" aufteilen in ein schulisches Selbstkonzept, ein emotionales

Selbstkonzept, ein Körperselbstkonzept und ein soziales Selbstkonzept. Diese unterschiedlichen Selbstkonzeptanteile lassen sich wiederum aufteilen. So kann beispielsweise das Körperselbstkonzept differenziert werden in körperliche Fähigkeiten und körperliche Erscheinung (Pior 1998, 18).

Ein davon abweichendes, doch gleichfalls hierarchisch aufgebautes Konzept stellen Eggert et al. (2003) dar, die das Selbstkonzept in fünf Faktoren unterteilen, die ihrerseits wiederum in Wechselwirkung miteinander stehen: Selbstbild, Selbstwert, Selbsteinschätzung, Fähigkeitskonzept, Körperkonzept.

Greve (2000) hingegen entwickelt eine „dreidimensionale Topographie des Selbst". Zum einen eine kognitive Perspektive, zum anderen eine emotionale Perspektive, die wiederum jeweils unter einem Entwicklungsaspekt betrachtet (Unterscheidung von möglichem und realistischen Selbst) werden können.

Einig sind sich die Autoren darin, dass das Selbst bzw. das Selbstkonzept aus konkreten Erfahrungen resultiert und durch Erfahrungen auch wieder verändert wird. Es stellt somit einerseits eine stabile seelische Grundstruktur dar, ist andererseits jedoch dynamisch. Aus einer entwicklungspsychologischen Perspektive hat Stern das Selbst als innere handlungsleitende Substanz beschrieben:

„Wir empfinden ein Selbst als einzelnen, abgegrenzten, integrierten Körper; wir empfinden ein Selbst als Handlungsinstanz, ein Selbst, das unsere Gefühle empfindet, unsere Absichten erfasst, unsere Pläne schmiedet, unsere Erfahrungen in Sprache umsetzt und unser persönliches Wissen mitteilt. Meistens bleiben diese Selbstempfindungen, wie das Atmen, außerhalb des Bewusstseins, aber sie können in das Bewusstsein gebracht und dort behalten werden. Instinktiv verarbeiten wir unsere Erfahrungen so, dass sie zu einer Art einzigartigen, subjektiven Organisation zu gehören scheinen, die wir gewöhnlich als das Selbstempfinden bezeichnen" (Stern 1992, 18; vgl. Dornes 1995, 1997).

Stern beschreibt die Entstehung des Selbst bzw. der (hierarchisch geordneten) Selbststruktur resultierend aus Interaktionserfahrungen: Wahrnehmungen, real gelebte Erfahrungen werden bewertet, also mit Affekten (Erregungen und Gefühlen) gekoppelt und auf diese Weise zu Erinnerungen. Verschiedene Erinnerungen werden zusammengefasst zu so genannten „generalisierten Repräsentationen von Interaktionserfahrungen" (verallgemeinerte innerseelische Abbilder von Beziehungserfahrungen; Stern 1992, 1995). Mehrere dieser übergeordneten Schemata erster Ordnung wiederum können zusammengefasst werden zu handlungsleitenden Schemata zweiter Ordnung, zu so genannten Selbststrukturelementen.

Zusammenfassend kann festgehalten werden: Das Selbst (und als Teilaspekt darunter das Selbstkonzept) ist eine situations- und bereichsübergreifende Handlungsdisposition. Es ist die handlungsleitende innerseelische Instanz. Sie resultiert aus Erfahrungen und prägt Informationsaufnahme und -verarbeitung und den Kontakt zur (Außen-)Welt.

(Selbst-)Wahrnehmung

„Bei der Herausbildung eines Selbst spielt die Erfahrung, dass sich das Kleinkind als von der Außenwelt abgehobene Entität [Einheit, Ganzheit, d. Verf.] erkennt, eine wichtige Voraussetzung zur

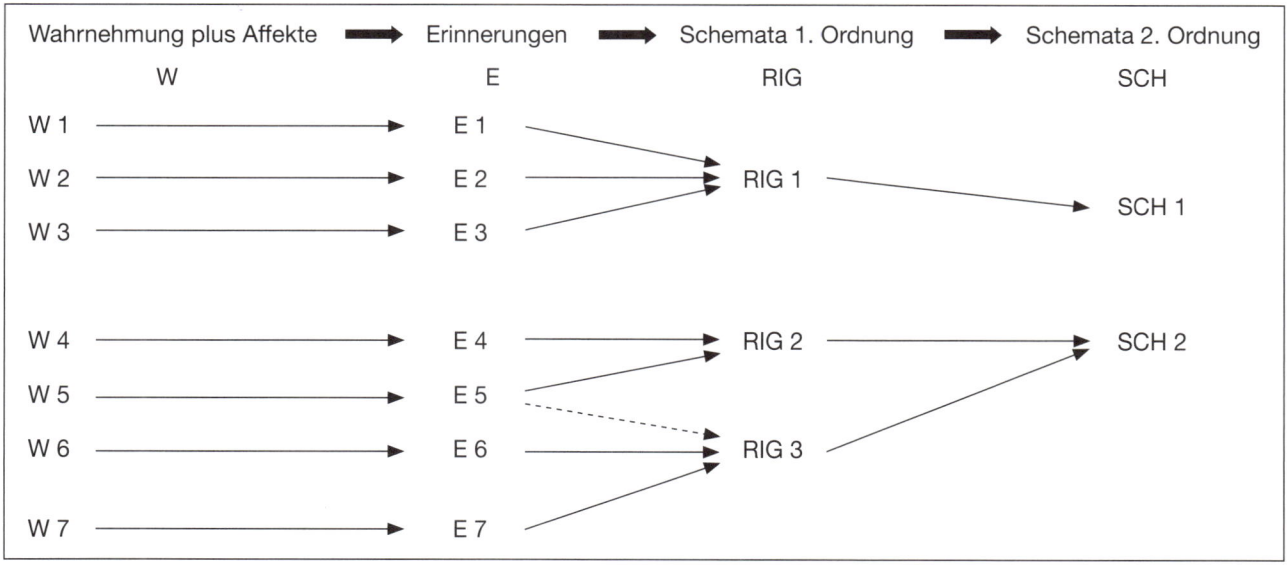

Abbildung 6: Entstehung der Selbststruktur (nach Stern 1992, 1995; Hufnagel/Fröhlich-Gildhoff 2002; Fuhrer et al. 2000)

Herausbildung eines Selbstbildes" (Fuhrer et al. 2000, 54). Kinder können sehr früh zwischen sich und anderen differenzieren; diese Unterscheidung wird durch Interaktionen mit der Außenwelt, insbesondere den Bezugspersonen geprägt. „So steht in der frühesten Kindheit der eigene Körper als materielles Substrat des ‚Ich' im Zentrum, dessen räumliche Abgrenzung zur Außenwelt durch propriozeptive [aus dem Körper kommende, d. Verf.] und kinästhetische [bewegungsbezogene, d. Verf.] Rückmeldungen (…) vermittelt wird" (Fuhrer et al. 2000, 54)). Das Kind lernt also über Körper- und Sinneserfahrungen, was „Ich" und „Nicht-Ich" sind sowie was zum eigenen Körper gehört. „Wenn z.B. ein Säugling die Rassel gegen den Laufstall schlägt, tut es nicht weh, schlägt er dagegen mit der Hand gegen den Laufstall, tut es weh" (Pior 1998, 21). Kontingente, also regelmäßige und eindeutige Rückmeldungen aus der Umwelt „führen nicht nur zu der Erkenntnis, dass der eigene Körper begrenzt ist, sondern auch zu dem Wissen, dass man ein handelndes Subjekt ist" (Pior 1998, 21). Es handelt sich also um einen Kreislaufprozess aus Wahrnehmung und Rückmeldungen aus der Umwelt, die wiederum die Wahrnehmung als Strukturelement des Selbst weiter differenzieren und präzisieren (auf die Bedeutung der Sinnessysteme für die Selbstkonzeptbildung weisen unter anderem auch Eggert et al. 2003 hin). Für die Differenzierung der Gefühls-(selbst-)wahrnehmung ist die Phase des „subjektiven Selbst", die nach Stern (1992) etwa ab dem neunten Lebensmonat beginnt und bis zum 18. Monat reicht, von wesentlicher Bedeutung: Hier lernen Kinder durch die Spiegelung – und das „affect attunement" [Abgleichung und Abstimmung von Affekten zwischen Kind und Bezugspersonen, d. Verf.] – ihre Gefühlslage auszudifferenzieren und in das Verhältnis zu anderen Menschen zu setzen. Folgende Elemente haben bei Ausbildung und Entwicklung der Selbstwahrnehmung eine besondere Bedeutung:

- Wahrnehmungen über den eigenen *Körper* und körperliche Zustände:
  Eggert et al. gehen davon aus, dass „das individuelle Körperkonzept eines Menschen (…) als Grundlage für die Entwicklung des Selbst und eines Selbstkonzepts betrachtet werden [kann], da der Körper der Ausgangspunkt für jegliche Erfahrung (affektiv wie kognitiv, bewusst wie unbewusst) ist". Sie unterscheiden das Körperkonzept nach Körperschema und Körpergefühl (Eggert et al. 2003, 32); auch Aßhauer et al. (1999) betonen die Bedeutung des Körpererlebens für die Selbstwahrnehmung.
- Die *Gefühle* des Kindes differenzieren sich im Laufe der Entwicklung zunehmend. Dies geschieht in beschriebenen Interaktionen mit den Bezugspersonen. Wenn Kinder keine entsprechende Unterstützung durch Rückmeldungen haben, kann diese *Differenzierung* nur unzureichend in die verschiedenen Qualitäten erfolgen. Gefühle hängen (zunächst) eng mit Körperempfindungen zusammen, ohne dass eine Differenzierung erfolgt. So kann Herzklopfen als Angstempfindung oder als Zeichen für eine angenehme Erregung verstanden werden.
- Eine wichtige Grundlage – und Informationsquelle – des Selbstkonzepts sind die *Sinnessysteme* in engerem Sinne. Die verschiedenen Sinnesmodalitäten dienen dazu, Informationen über sich und den eigenen Körper zu gewinnen und auch Informationen über die Umwelt aufzunehmen. Ein Training der Selbstwahrnehmung muss Bezug nehmen auf die Stärkung der Sinneswahrnehmung (Zimmer 1998; Eggert et al. 2003).
- Zur Selbstwahrnehmung zählt auch die Schulung der *Selbstaufmerksamkeit*, also eine Fokussierung auf bestimmte Wahrnehmungsgegenstände. Eng damit verbunden ist die *Sensibilität*, also die Fähigkeit und Bereitschaft, Wahrnehmungsinformationen aufzunehmen.

Im Wahrnehmungsprozess geht es folglich darum, Informationen aus dem Körper oder von außerhalb zuzulassen, diese zu differenzieren und in einem weiteren Schritt mit dem bisherigen System in Verbindung zu bringen, es im besten Falle einzuordnen.

Dieser Prozess steht in engem Bezug zur bisher entwickelten Selbststruktur, zum bisherigen Selbstkonzept: In der Regel werden nur diese Erfahrungen bzw. Sinneseindrücke weiterbearbeitet, die an vorhandene Strukturen „anknüpfen" und für das Individuum Bedeutung haben. Dies kann dazu führen, dass immer wieder systematisch Informationen ausgeblendet oder nicht integriert werden.

> „Mit den Erfahrungen, die der Mensch macht, kann er auf verschiedene Weise umgehen: Sie können ignoriert werden, wenn sie für das Selbstkonzept nicht relevant sind, sie können bewusst gemacht und in das Selbstkonzept aufgenommen werden oder sie können verzerrt bewusst gemacht und verändert in das Selbstkonzept übernommen werden (vgl. Rogers 1991, 29ff)" (Eggert et al. 2003, 20f).

Im optimalen Fall kommt es zu einer Übereinstimmung, zu einer „Kongruenz" zwischen den Erfahrungen und dem Selbst(-Konzept) – wenn dies nicht gelingt, also eine „Inkongruenz" vorliegt, kann es zu Störungen kommen.

„Die Bedrohung des Selbstkonzeptes kann abgewendet werden, indem die Erfahrung von der Gewahrwerdung fern gehalten wird (Wahrnehmungsverleugnung) oder indem die Erfahrung anders als erlebt symbolisiert wird (Wahrnehmungsverzerrung). Beide Mechanismen dienen dazu, eine Bedrohung des Selbstkonzepts zu vermeiden und werden als ‚Abwehrverhalten' bezeichnet" (Eggert et al. 2003, 20f; vgl. auch Rogers 1991; Weinberger 2004).

Der Prozess der Informationsverarbeitung wurde systematisch aus einer kognitiven Perspektive von Crick und Dodge (1994) analysiert, die ein fünfstufiges Modell beschreiben:

- Schritt 1 – *Dekodierung*: Erkennen von Hinweisreizen („breites" Wahrnehmen von Informationen und Hinweisreizen)
- Schritt 2 – *Interpretation der Information*: Fähigkeit zur Interpretation; auch: Umgehen mit „Vieldeutigkeit"
- Schritt 3 – *Reaktionssuche*: breites Spektrum von Reaktionsmöglichkeiten/Handlungsformen
- Schritt 4 – *Entscheidung für eine Reaktion*: situations- und sozial angemessen
- Schritt 5 – *Umsetzung*

Eine besondere Bedeutung hat noch die Symbolisierung der Selbstwahrnehmungsinhalte: Während kleine Kinder Erfahrungen (vor dem sicheren Sprachgebrauch) ganzheitlich abspeichern und ins Verhältnis zur bisher entwickelten inneren Struktur setzen, steht mit dem Gebrauch der Sprache ein Symbolsystem zur Verfügung: Hier werden die Wahrnehmungen und Erfahrungen über Sprache kodiert [erkannt, bearbeitet und eingeordnet, d. Verf.] und anschließend auch über Sprache dem Bewusstsein zugänglich gemacht, verändert und „verbreitert".

Selbstreflexivität

Ein wichtiger Bestandteil der Selbst- und Fremdwahrnehmung ist das Nachdenken und nachträgliche Beurteilen des eigenen Wahrnehmungs- und Handlungsprozesses. Durch Selbstbeobachtung, selbstbezogenes Denken und den inneren Dialog ist es möglich, das Selbstkonzept weiterzuentwickeln und zu neuen Bewertungen zu kommen – dieser Selbstreflexionsprozess muss zunächst angeleitet werden. Eine wichtige Funktion haben hier – auch als Vorbilder – die unmittelbaren Bezugspersonen, aber auch weitere Menschen im pädagogischen Kontext.

Zusammenfassung 1 – Programm zur Resilienzförderung

Ein Programm zur Förderung der Selbstwahrnehmung (und Fremdwahrnehmung) sollte auf folgende Einzelaspekte Bezug nehmen:

- Verbesserung der Selbstaufmerksamkeit
- Erhöhung der Sensibilität für den eigenen Körper
- Erhöhung der Sensibilität für die Wahrnehmung der eigenen Gefühle
- Unterstützung bei der Differenzierung der unterschiedlichen Gefühle und Gefühlsqualitäten
- Entwicklung einer differenzierten Sinneswahrnehmung – dort, wo es sinnvoll und nötig ist; hierzu gehört es auch, die Qualität der Sinneseindrücke zu „verbreitern"
- Erhöhung der „Offenheit" für neue Erfahrungen
- Unterstützung einer strukturierten und „unverzerrten" Informationsverarbeitung
- Förderung der sprachlichen Verarbeitung und Kodierung von Wahrnehmungen, insbesondere bei der Erweiterung und Präzisierung des Wahrnehmungsspektrums
- Unterstützung bei der Entwicklung der Selbstreflexivität
- Unterstützung bei der Differenzierung von Selbst- und Fremdwahrnehmung und beim Prozess, sich selbst ins Verhältnis zu anderen Menschen zu setzen

2.3 Selbststeuerung

Die folgenden Darstellungen zur Entwicklung der Emotionsregulation bzw. Selbststeuerung orientieren sich an Fröhlich-Gildhoff (2006a, Kap. 3).

Selbstregulation umfasst die Fähigkeit, eigene innere Zustände, vor allem Gefühle (Emotionen) und Spannungszustände

- herzustellen und aufrechtzuerhalten,
- deren Intensität und Dauer zu modulieren und zu kontrollieren sowie
- die begleitenden physiologischen Prozesse und Verhaltensweisen zu beeinflussen.

Diese Fähigkeit entwickelt sich ab der ersten Lebensminute in enger „Abstimmung" mit den Bezugspersonen. Diese unterstützen das Kind bei der (zunehmenden Selbst-)Regulation seiner Emotionen. Nach Papoušek (2004, 82) geht es dabei um

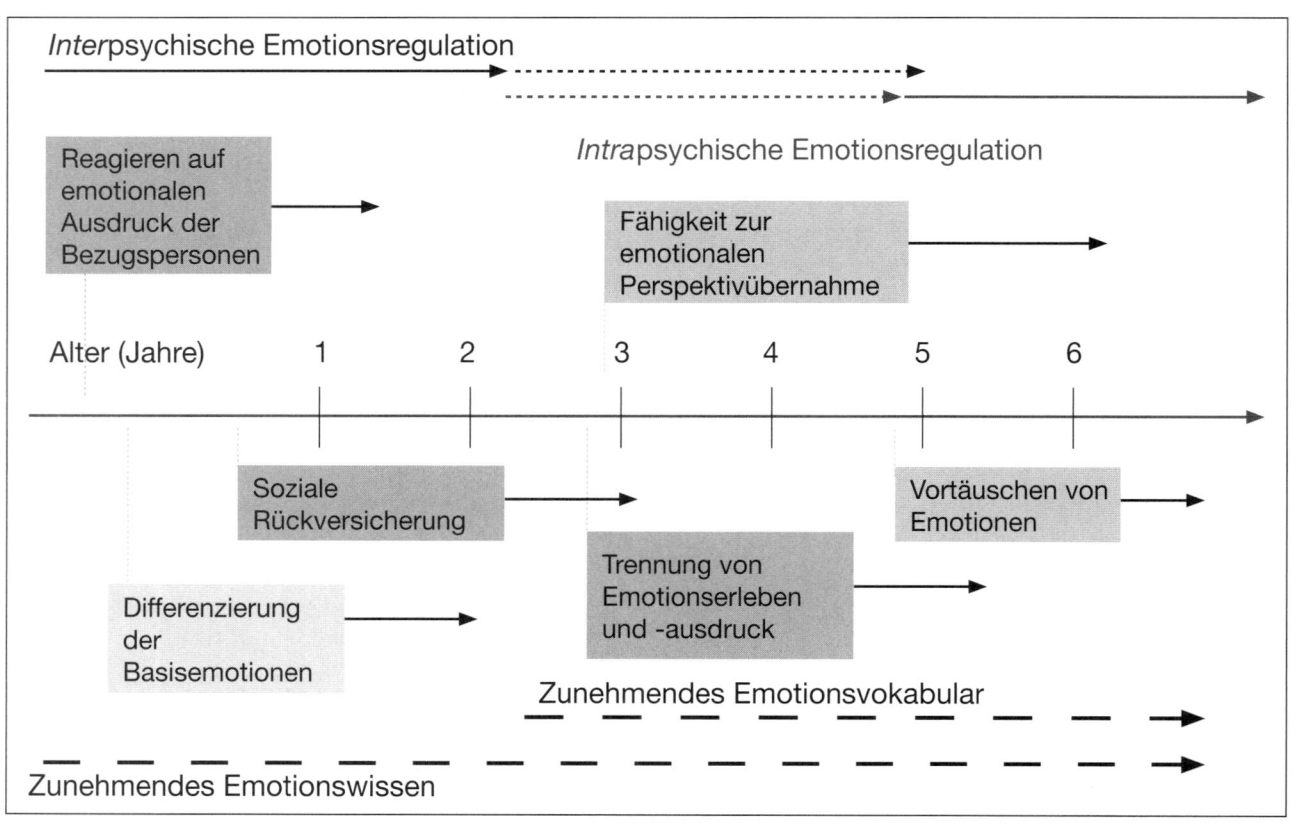

Abbildung 7: Die Entwicklung der Emotionsregulation im Lebenslauf (Fröhlich-Gildhoff 2006a)

„die Regulation von arousal (Erregung [allgemein, z. B. Schlaf/Wachrhythmus, d.Verf.]), activity (motorische Aktivität), affect (affektive/emotionale Erregung) und attention (Aufmerksamkeit)". Säuglinge, die unruhig sind, benötigen „ruhige" Bezugspersonen, die ihnen über beruhigende Aktivitäten (schaukeln, auf den Arm nehmen und langsam umherlaufen, „brummen") helfen, sich selbst „herun-

ter zu regulieren". Über diese Unterstützung „von außen" erwerben Kleinkinder die Fähigkeit zur Selbstberuhigung.

Nach Petermann und Wiedebusch (2003) findet in der Eltern-Kind-Interaktion eine „gemeinsame Regulation von Gefühlen" statt.

Tabelle 1: Entwicklung von der inter- zur intrapsychischen Emotionsregulation (Petermann/Wiedebusch 2003, 65)

Phasen der Emotionsregulation (Friedlmeier 1999)	
1.– 2. Lebensmonat	Die Bezugspersonen regulieren das Erregungsniveau des Säuglings, indem sie ihn vor Überregung schützen und bei negativen emotionalen Reaktionen beruhigen.
3.– 6. Lebensmonat	Die Säuglinge tolerieren bereits höhere Erregungszustände und entwickeln Distress-Erholungszyklen. Außerdem können sie ihre visuelle Aufmerksamkeit steuern und von einer Erregungsquelle abwenden.
6.– 12. Lebensmonat	Die Regulationsstrategien des Säuglings erweitern sich: zum einen kann er sich durch Blickkontakt am Verhalten der Eltern orientieren, zum anderen ist er aufgrund seiner fortschreitenden motorischen Entwicklung in der Lage, sich aus emotional erregenden Situationen zurückzuziehen.
2.– 5. Lebensmonat	In dieser Altersspanne vollzieht sich der Wechsel zur intrapsychischen Emotionsregulation. Die Kinder setzen zunehmend eigenständige Regulationsstrategien ein, suchen aber bei stärkerer emotionaler Erregung weiterhin nach sozialer Unterstützung durch die Bezugspersonen.
ab dem 5. Lebensjahr	Die Kinder regulieren ihre Emotionen in der Regel selbstständig und ohne soziale Rückversicherung.

> „Dabei sind die Neugeborenen noch ganz auf die Regulation ihrer Emotionen durch die Bezugspersonen angewiesen, während ältere Säuglinge und Kleinkinder in zunehmendem Maße geringe emotionale Belastungen selbst regulieren können, jedoch beim Erleben negativer Gefühle auf Bewältigungshilfen seitens der Eltern angewiesen sind" (Petermann/Wiedebusch 2003, 62; vgl. auch Papoušek 2004; Beebe/Lachmann 2002; Lachmann 2004).

Der Entwicklungsverlauf lässt sich zusammenfassend folgendermaßen darstellen:

Auch Streeck-Fischer betont den engen Zusammenhang zwischen „Selbstregulation und interaktiver Regulation": „Autonomie in selbstregulatorischen Fähigkeiten entsteht durch eine ausreichend gute interaktive Regulation zwischen früher Pflegeperson und Kind"(2006, 87).

Neben der Regulation geht es um die Affektabstimmung („affect attunement", nach Stern 1992), dabei steht die Richtung der Affekte, etwa Neugier versus Furcht, angesichts eines unbekannten Objekts mit Unterstützung der Bezugspersonen im Vordergrund (siehe Abb. 7).

> „Das affektive Erleben ist eine wesentliche Grundlage dafür, dass ein Mensch von einem anderen in seinem Erleben verstanden werden kann (…), andere Menschen können sich in das Baby einfühlen, können sein Erleben erkennen, verstehen und das Kind in diesem mehr oder weniger akzeptieren" (Biermann-Ratjen 2002, 18).

In diesen, bereits am Ende des ersten Lebensjahres stattfindenden, hoch bedeutsamen Prozessen, liegen zugleich die Wurzeln für die Herausbildung von Empathie und emotionaler Perspektivenübernahme (Fröhlich-Gildhoff 2006a). Weiterhin liegen in diesen frühen Prozessen der Affektabstimmung mit großer Wahrscheinlichkeit Wurzeln für geschlechtsspezifische Unterschiede in der Emotionsregulation: Auf sehr feine Weise werden Mädchen eher „unterstützt", aufbrausende Emotionen herunterzuregulieren und mimisch und gestisch für prosoziales Verhalten bestärkt – Jungen hingegen werden eher in expansiverem Emotionsausdruck „geduldet" bzw. unterstützt. Spätestens im Vorschulalter zeigt sich dann, „dass Mädchen über eine bessere Emotionsregulation" verfügen (Zahn-Waxler et al. 1996, nach Petermann et al. 2001, 17; Petermann/Wiedebusch 2003).

In den Prozessen der Emotionsregulation und Affektabstimmung liegen Wurzeln für Entwicklungsstörungen: Die Bezugspersonen können etwa die (emotionalen) Spannungen von Kindern nicht adäquat „herunterregulieren" oder sie „überregu-

lieren" sie – dies kann dann zu einer dauerhaften dysfunktionalen Emotionsregulation führen, mithin zu einem interaktionellen „Teufelkreis": Wenn das Kind die Erfahrung macht, dass seine Erregung bzw. innere Spannung nicht durch die/mit der Bezugsperson reduziert werden kann, bleibt es in einem permanenten Spannungszustand, der durch Aktivitäten wie Schreien usw. aufrechterhalten wird. Dadurch steigen die Spannungen bei der (überforderten) Bezugsperson, es kommt zu negativen Emotionen, die die Unruhe beim Kind wiederum verstärken. Der Prozess dieser dysfunktionalen Regulation und der Herausbildung von „Teufelskreisen" ist ausführlich bei Papoušek (2004) beschrieben und kann folgendermaßen dargestellt werden (Fröhlich-Gildhoff 2006b; Streeck-Fischer 2006; siehe Abb. 8).

Das Kind macht so „fast permanent Inkongruenzerfahrungen [Erfahrungen von Nicht-Übereinstimmung, die Konflikte und Spannungen erzeugen, d. Verf.] im Hinblick auf sein Bindungsbedürfnis, sein Kontrollbedürfnis (…)" (Grawe 2004; Grosse-Holtforth/Grawe 2004). Der bedeutende Einfluss der Eltern auf die Entwicklung der Emotionsregulation – und damit verbunden und allgemeiner: der Selbstregulation, der Selbststeuerung und der emotionalen Kompetenz – ist durch eine Vielfalt von Studien belegt.

> „Die bisherigen Befunde deuten darauf hin, dass Eltern die Entwicklung emotionaler Fertigkeiten fördern können, indem sie durch
>
> ■ ein positives emotionales Klima in der Familie,
> ■ den offenen Ausdruck eigener Emotionen,
> ■ häufige Gespräche über Gefühle,
> ■ einen angemessenen Umgang mit den Gefühlen des Kindes und
> ■ Hilfen bei der Emotionsregulation
>
> das Emotionsverständnis, den sprachlichen Emotionsausdruck und die Emotionsregulationsstrategien ihrer Kinder verbessern" (Petermann/Wiedebusch 2003, 73).

Im Umkehrschluss ist empirisch bestätigt, dass dysfunktionale Regulation, eine angespannte emotionale familiäre Atmosphäre, ausdrucksarmes oder negativ getöntes elterliches Ausdrucksverhalten zu fehlenden bzw. unzureichenden emotionalen und selbstregulatorischen Kompetenzen und verringerter Empathiefähigkeit bei den Kindern führen. Eine Folge daraus sind möglicherweise besonders aggressive oder überaktive Formen der „Weltbegegnung" (Zusammenstellung bei Fröhlich-Gildhoff et al. 2009, 2006a und Streeck-Fischer 2006).

Auch bei der Affektabstimmung kann durch ein

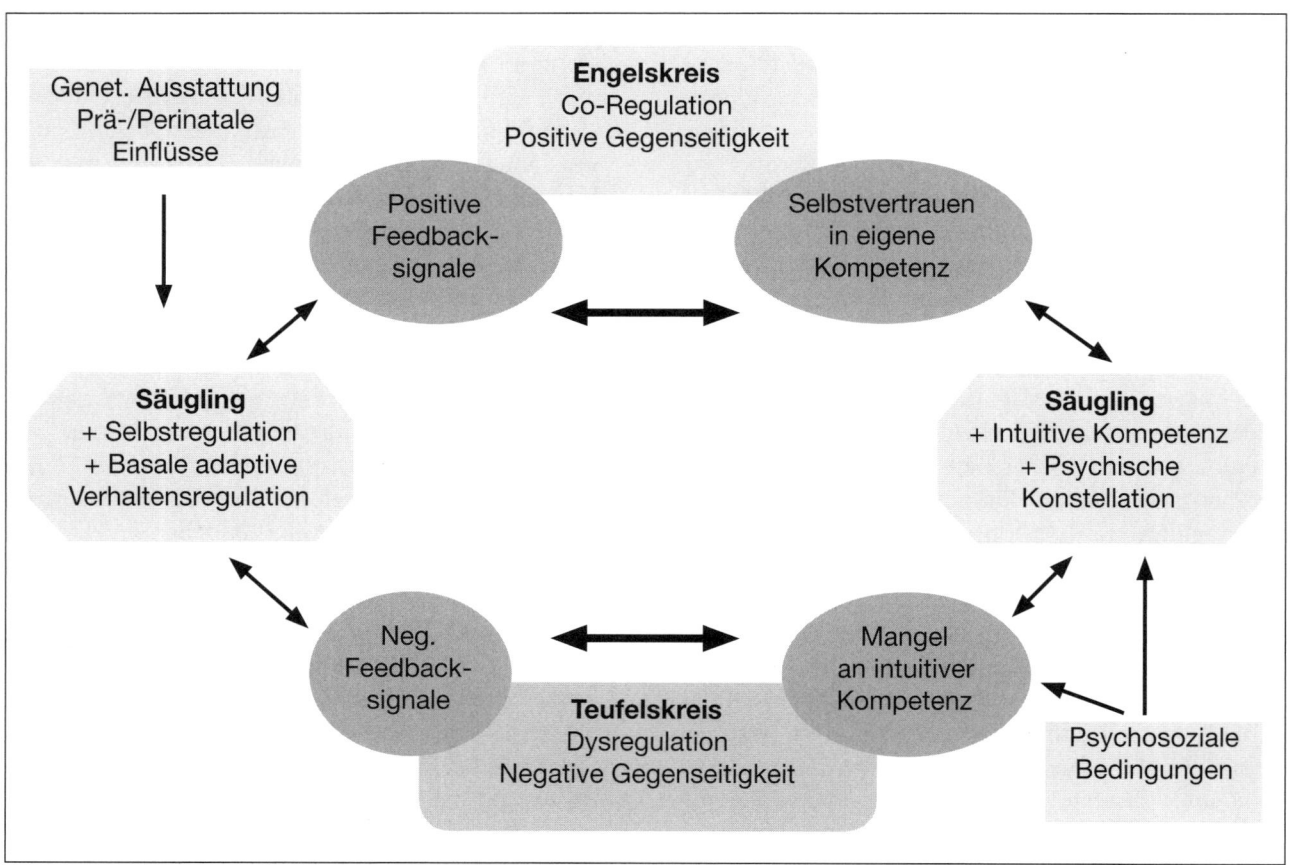

Abbildung 8: Modell zur Genese früher Regulationsstörungen (Papoušek et al. 2004, 101)

zu starkes „tuning" (Stern 1992; Dornes 1995) durch die Bezugspersonen verhindert werden, dass Kinder ein ausreichendes Spektrum an Affekten aufbauen, mit dem sie dann neuen Situationen begegnen. Eine übersensible oder stark angespannte Bezugsperson wird die explorativen Aktivitäten des Kindes und die damit verbundenen Gefühle eher einschränken, wodurch dem Kind die Möglichkeit einer angemessenen Eigen-Regulation genommen wird. Eine ähnliche Folge ergibt sich bei überwiegend ungenauer „Affektspiegelung" durch die Bezugspersonen, wenn „der kindliche Gefühlszustand verkannt und eine andere Emotion gespiegelt wird. Durch diese Fehlwahrnehmung bei der Bezugsperson erfährt das Kind eine unangemessene Rückmeldung über sich und es entsteht eine Inkongruenz zwischen dem inneren Erleben und der reflexiven Interpretation" (Resch 2004, 41). Biermann-Ratjen (2002, 19f) beschreibt ebenfalls, wie „störanfällig" der Prozess der Affektregulierung und – abstimmung zwischen Kind und Bezugsperson ist, und dass inkongruente und nicht wertschätzende Erfahrungen zu Störungen im Prozess der Selbstkonzeptbildung führen.

Wenn Kinder nicht ausreichend Gelegenheit hatten, Fähigkeiten zur Selbststeuerung von Gefühlen und Spannungen aufzubauen, also ihre Impulse zu kontrollieren, sich selbst zu beruhigen oder aber

auch sich selbst anzuregen, so können sie diese Fähigkeiten in einem „gestuften" Programm erwerben – die „Stufen" entsprechen dabei im Prinzip dem „normalen" Entwicklungsverlauf (siehe oben). Wichtige Elemente sind:

■ Selbstbeobachtung, damit die Kinder eigene Erregungszustände (hoch oder niedrig) bei sich wahrnehmen können
■ Fähigkeit zur richtigen Interpretation dieser Zustände, vor allem eine differenzierte Gefühlswahrnehmung (Abschnitt „Selbstwahrnehmung")
■ Fähigkeit und Möglichkeit zur sozialen Rückversicherung (um eigenes Erleben mit den Interpretationen und „Antworten" der sozialen Mitwelt abgleichen zu können)
■ Beherrschen von „Selbstinstruktionen", um Handlungsstrategien zur Emotionsregulation anwenden zu können
■ Verfügen über angemessene Regulationsstrategien, die dann angemessen eingesetzt werden können

Solche Regulationsstrategien können sein:

■ *interaktive Regulationsstrategien* (Kleinkind: Kontakt aufnehmen zu Bezugspersonen, um Unter-

stützung zu erhalten; später: aktiv Unterstützung durch Eltern oder Gleichaltrige suchen)
- *Aufmerksamkeitslenkung* (Aufmerksamkeit von der Erregungsquelle abwenden, „Ablenkung")
- *Selbstberuhigungsstrategien* (Kleinkind: selbstberuhigendes Verhalten, z. B. saugen, schaukeln; später: selbstberuhigende Rituale oder Gespräche)
- *Rückzug* aus emotionsauslösenden Situationen
- *Manipulation* der emotionsauslösenden Situation (z. B. durch spielerische Aktivität)
- *kognitive Regulationsstrategien* (internale Aufmerksamkeitslenkung; positive Selbstgespräche; kognitive Neu- oder Umbewertung der emotionsauslösenden Situation; Verleugnung von Gefühlen)
- *externale Regulationsstrategien* (z. B. Emotionen körperlich ausagieren)

Zusammenfassung 2 – Programm zur Resilienzförderung

Wichtige Elemente bei der Förderung der kindlichen Selbststeuerung sind:

- Vertiefung der Selbstbeobachtung und der Differenzierung der Gefühlswahrnehmung
- Modulation von Erregung und Emotionen; Erwerb/Verbesserung von Regulationsstrategien ggfs. durch gezielte Formen der Selbstinstruktion
- Förderung der Fähigkeit zur emotionalen Perspektivenübernahme als Voraussetzung für die Entwicklung von Empathie.

2.4 Selbstwirksamkeit

Entsprechend seiner Lebenserfahrungen, die ein Individuum insbesondere in den ersten Lebensjahren macht,

> „entwickelt es eine Grundüberzeugung darüber, inwieweit das Leben einen Sinn macht, ob Voraussehbarkeit und Kontrollmöglichkeit besteht, ob es sich lohnt, sich einzusetzen und zu engagieren (…). Diese lebensgeschichtlichen Erfahrungen führen zu bestimmten Erwartungen, in welchem Ausmaß dieses Grundbedürfnis befriedigt wird" (Grawe 1998, 350; vgl. auch Rotter 1966).

Das Erleben von Kontrolle steht in engem Zusammenhang mit dem Erleben von Selbstwirksamkeit („self-efficacy", Bandura 1977, 1995, 1997). Selbstwirksam zu sein heißt, aufgrund bisheriger Erfahrungen auf seine Fähigkeiten und verfügbaren Mittel vertrauen zu können und davon auszugehen, ein

bestimmtes Ziel auch durch Überwindung von Hindernissen am Ende tatsächlich erreichen zu können.

Eine große Bedeutung haben dabei die Erwartungen, ob das eigene Handeln zu Effekten führt oder nicht. Diese Erwartungen steuern schon im Vorfeld das Herangehen an Situationen und Aufgaben und damit die Art und Weise der Bewältigung; sie führen so oftmals zu einer Bestätigung des eigenen Selbstwirksamkeitserlebens.

> „Zahlreiche empirische Untersuchungen belegen, dass optimistische Kompetenz- und Selbstwirksamkeitserwartungen eine Grundbedingung dafür darstellen, dass Anforderungen mit innovativen und kreativen Ideen aufgenommen und mit Ausdauer durchgesetzt werden" (Schwarzer/Jerusalem 2002, 37).

Selbstwirksamkeitserwartungen werden nach Bandura (1977) aus vier wesentlichen Quellen gespeist:

> „direkte Handlungserfahrungen, stellvertretende Erfahrungen, sprachliche Überzeugungen und die wahrgenommene physische Erregung. Die einflussreichste und überzeugendste Informationsquelle stellen eigene Handlungen dar, wobei Erfolge die Erwartung von Selbstwirksamkeit stärken und Misserfolge sich entsprechend ungünstig auswirken" (Jerusalem 1990, 33).

Die Ergebnisse der empirischen Säuglingsforschung haben gezeigt, dass die Wurzeln für die Entstehung des Selbstwirksamkeitserlebens schon in einem sehr frühen Entwicklungsabschnitt, nämlich dem der Kern-Selbstbildung (ca. 6.–9. Lebensmonat) liegen. Dabei ist entscheidend, in welchem Ausmaß und mit welcher Eindeutigkeit Kinder so genannte „Urheberschaftserfahrungen" machen können (Stern 1992; Dornes 1995, 1997).

Fehlendes Kontroll- oder Selbstwirksamkeitserleben führt zu Stress (Jerusalem 1990), zu verringertem Selbstwerterleben bis hin zu Gefühlen genereller Handlungsunfähigkeit (zur Bedeutung der Selbstwirksamkeitserfahrungen für die kindliche Entwicklung Jaede 2002). In der Kauai-Studie

> „besaßen die resilienten Kinder Selbstwirksamkeitsüberzeugungen, d. h. die subjektive Überzeugung, schwierige Aufgaben aufgrund eigener Kompetenzen bewältigen und mit dem eigenen Handeln tatsächlich etwas bewirken zu können (…). Die schützende Wirkung von Selbstwirksamkeit liegt v. a. in der Motivation für und Ausführung von aktiven Bewältigungsversuchen (…): Wer nicht erwartet, mit seiner Handlung etwas zu bewirken, wird gar nicht erst versuchen,

etwas zu verändern bzw. zu riskieren, sondern die Situation meiden und sich selbst negativ einschätzen. Wer hingegen positive Erwartungen hinsichtlich seiner eigenen Selbstwirksamkeit hat, wird diese auch auf neue Situationen übertragen und sich ein gewisses Schwierigkeitsniveau zutrauen" (Wustmann 2004, 101).

Resiliente Kinder zeigten auch in häufigerem Ausmaß internale Kontrollüberzeugungen, also Erwartungen oder Überzeugungen, in der Lage zu sein, Kontrolle über sein Leben oder bevorstehende Ereignisse auszuüben. „Die resilienten Kinder nehmen an, *für* sie kontrollierbare Probleme oder Ereignisse mit steuern zu können; sie waren jedoch nicht der Überzeugung, einen Einfluss auf de facto *unkontrollierbare* Situationen wie den Streit der Eltern oder die Alkoholkrankheit eines Elternteils zu haben (*realistische* Kontrollüberzeugungen)" (Wustmann 2004, 102; Hervorh. im Original).

Eng damit verknüpft ist ein realistischer Attributionsstil: Dies bedeutet, dass Ereignisse auf ihre wirklichen Ursachen hin realistisch bezogen werden und das Kind die Gründe für Missgeschicke oder Misserfolge nicht ausschließlich bei sich selbst sucht.

Selbstwirksamkeit, Kontrollüberzeugungen und Attributionsstil sind wesentliche Quellen für einen positiven (oder negativen) Selbstwert und ein positives (oder negatives) Selbstkonzept: Wer grundsätzlich davon überzeugt ist, dass das eigene Handeln zu Wirkungen führt, wer davon überzeugt ist, zumindest grundsätzlich Einfluss auf die Geschehnisse im eigenen Leben zu haben, und wer realistisch die Ursachen von Ereignissen auf eigene Anstrengung – oder andere Einflüsse – bezieht, dessen Selbstwert ist stabil positiv. Dies wirkt sich wiederum auf das Herangehen an neue Aufgaben und Anforderungen aus.

Es ist folglich bedeutsam, dass Kinder Selbstwirksamkeitserfahrungen machen und die Effekte des Handelns dann realistisch auf sich beziehen können.

Zusammenfassung 3 – Programm zur Resilienzförderung

Wichtige Elemente im Programm sollten sein:

- Ermöglichung von „Urheberschaftserfahrungen" (Erfahrung, selbst Verursacher von Effekten zu sein)
- Förderung des Kontrollerlebens; dazu zählt auch die Fähigkeit, real schlecht kontrollierbare Situationen von kontrollierbaren zu unterscheiden
- Fähigkeit, Erfolge/Effekte in realistischer Weise auf das eigene Handeln zu beziehen (internale Attribution)

- Stärkung des Kompetenzerlebens („ich kann etwas erreichen und ich habe dazu die Fähigkeiten")

2.5 Soziale Kompetenzen

Es gibt eine Vielzahl von *Definitionen* von Sozialen Kompetenzen; exemplarisch sollen zwei vorgestellt werden: Unter Sozialen Kompetenzen werden

„Fähigkeiten und Fertigkeiten von Individuen und Gruppen (verstanden), die den sozialen Umgang zwischen diesen strukturieren, erleichtern und steuern" (Manns/Schultze 2004, 53).

Nach Sommer sind Soziale Kompetenzen die

„Verfügbarkeit und angemessene Anwendung von Verhaltensweisen (motorischen, kognitiven und emotionalen) zur Auseinandersetzung mit konkreten Lebenssituationen, die für das Individuum und/oder seine Umwelt relevant sind" (Sommer 1977, 75). Das Verhalten ist dann effektiv, wenn es „dem Individuum kurz- und lang fristig ein Maximum an positiven oder ein Minimum an negativen Konsequenzen bringt, gleichzeitig für die soziale Umwelt und Gesellschaft kurz- und langfristig zumindest nicht negativ, möglichst aber auch positiv ist" (Sommer 1977, 75).

Entscheidend ist, dass in dieser Definition zwischen der Verfügbarkeit und der angemessenen Anwendung von sozial kompetenten Verhaltensweisen unterschieden wird: Es ist nicht sicher, dass jemand, der etwa über gute Kommunikationsfähigkeiten verfügt, diese dann auch entsprechend umsetzt. Unterschieden wird zwischen motorischen, kognitiven und emotionalen Verhaltensweisen; das Verhalten wird auch auf einen Bewertungsmaßstab bezogen.

Verhalten in sozialen Situationen

Das Verhalten in sozialen Situationen besteht immer aus einer Wechselwirkung zwischen einer Person und der (sozialen) Situation (siehe Abb. 9). Die einzelne Person hat aufgrund ihrer Lebensgeschichte, ihrer Lerngeschichte und ihrer bisherigen Erfahrungen Soziale Kompetenzen erworben sowie eine ethische Orientierung und weitere spezifische Persönlichkeitseigenschaften entwickelt. Auf diesem Hintergrund tritt sie altersspezifisch in einer Situation auf. Die sozialen Situationen sind ihrerseits durch Gruppenfaktoren, das Maß an Überschaubarkeit und situative Regeln gekenn-

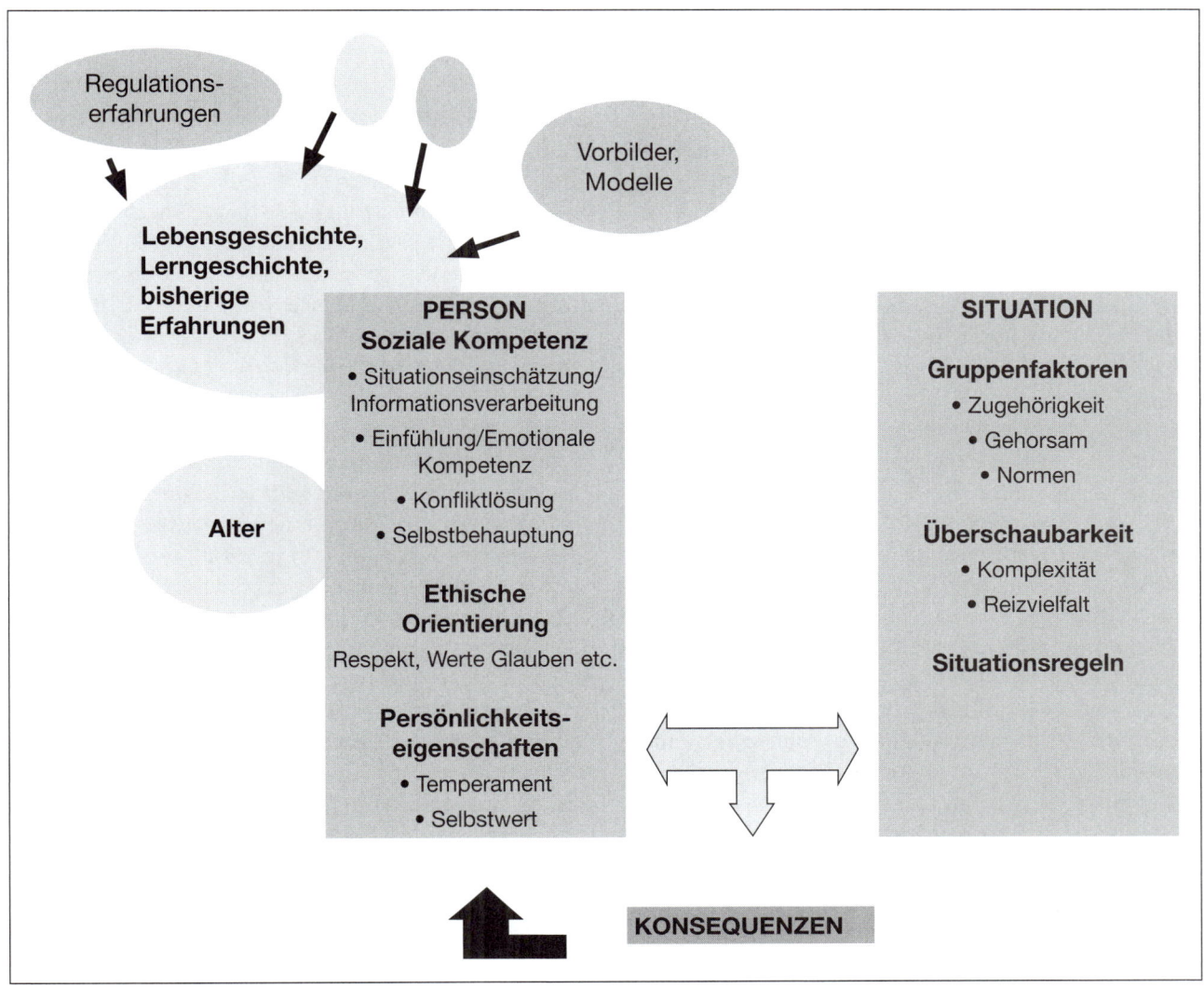

Abbildung 9: Verhalten in sozialen Situationen

zeichnet. Je nach Art dieses Personen-Situationen-Zusammenspiels kommt es zu Konsequenzen, die wiederum auf die Person zurückwirken und Einflüsse auf Persönlichkeit, ethische Orientierung und auch Kompetenzen haben.

Im Zusammenhang mit der Förderung von Resilienz geht es nicht nur um ein „angemessenes" Verhalten in Situationen, sondern auch um die Fähigkeit, sich soziale Unterstützung zu sichern sowie diese mobilisieren und nutzen zu können. Kinder müssen also erlernen, sich unterstützende Netzwerke aufzubauen und diese in Krisenfällen zu aktivieren und für sich zu nutzen (Wustmann 2004, 103).

Elemente Sozialer Kompetenz

Bei der Betrachtung Sozialer Kompetenz lassen sich unterschiedliche Elemente vertiefen:

1. Wahrnehmung und Interpretation sozialer Situationen; Informationsverarbeitung
2. emotionale Kompetenz und Empathie

3. Verhaltensmöglichkeiten in der Situation (Bestandteile von Kommunikation)
4. spezifische Verhaltensrealisierung (vor allem bei der Lösung von Konflikten und bei der Selbsteinbringung bzw. -durchsetzung)
5. selbstreflexive Beurteilung von Konsequenzen

Zu 1: Wie bereits im Abschnitt „Selbstwahrnehmung" dargestellt, ist die Wahrnehmung und Interpretation sozialer Situationen durch einen Prozess gekennzeichnet, der vom Erkennen von Verhaltensweisen über deren Interpretation zur Reaktionssuche, zur Reaktionsentscheidung und schließlich -umsetzung gekennzeichnet ist. Soziale Kompetenz basiert also auf einer möglichst unverzerrten Verarbeitung von Informationen in sozialen Situationen. Verzerrungen, die bereits bei der Informationsverarbeitung (z. B. durch ein geringes Selbstwerterleben) zustande kommen, lenken von vornherein die Aktivierung und Realisierung von konkreten Handlungsmöglichkeiten in der sozialen Situation und schränken diese ein.

Zu 2: Emotionale Kompetenz verstehen Petermann und Wiedebusch (2003) als Fähigkeit

- sich seiner eigenen Gefühle bewusst zu sein
- Gefühle mündlich und sprachlich zum Ausdruck zu bringen und kommunizieren zu können
- Gefühle eigenständig regulieren zu können
- Gefühle anderer Personen zu erkennen und zu verstehen (Empathie).

Auf den Aspekt der Emotionsregulation wurde im Abschnitt „Selbststeuerung" ausführlich eingegangen. Ein enger Zusammenhang zwischen emotionaler Kompetenz und Sozialer Kompetenz konnte nachgewiesen werden (z. B. Scheithauer et al. 2003).

Ein weiteres wichtiges Element Sozialer Kompetenz ist die Empathie:

> „Empathie, d. h. das Vermögen, sich in andere Personen hineinversetzen zu können, ihre Gedanken nachvollziehen und ihre Gefühle identifizieren und nachempfinden zu können, ist eine wesentliche Voraussetzung für adäquates Verhalten in zahlreichen sozialen Interaktionen. Empathische Fähigkeiten unterstützen unter anderem das Verständnis und die Akzeptanz von Menschen aus anderen Kulturkreisen oder sozialen Schichten, helfen Missverständnissen und Konflikten vorzubeugen und machen nicht zuletzt auch sensibler im Umgang mit Menschen, die Hilfe brauchen" (Aßhauer et al. 1999, 13).

Voraussetzungen hierfür sind wiederum eine differenzierte Wahrnehmung und Deutung der Situationen sowie der beteiligten Personen, die Fähigkeit zum Perspektivenwechsel und das Antizipieren [Vorhersehen, d. Verf.] von Konsequenzen (Petermann et al. 1999, 36ff).

Zu 3: In jeder Situation geht es darum, Kommunikation aufzunehmen, aufrechtzuerhalten und zu beenden. Hierzu gehören eine Reihe von Grundfähigkeiten, die in der Regel in der (frühen) Kindheit erlernt werden; eine wichtige (auch Vorbild-) Funktion haben hier die Bezugspersonen:

a. Eröffnung Kontaktaufnahme: Blickkontakt, Mimik und Gestik (Lächeln!), Worte und Angebote
b. Aufrechterhaltung: Anwendung von Kommunikationsregeln (ausreden lassen, zuhören, Pausen), Wahrung angemessener (räumlicher) Distanz, „Spiegeln" von Worten oder Emotionen, angemessenes Abgrenzen, Komplimente geben und empfangen können, (konstruktive) Kritik üben und annehmen können

c. Beendigung: Verabschiedung und Abgrenzung bei „negativem" Einfluss

Zu 4: Sowohl bei der *Lösung von* (zwischenmenschlichen) *Konflikten*, aber auch bei Selbsteinbringung oder *Selbstbehauptung*, also der Fähigkeit, eigene Ansprüche und Bedürfnisse in angemessener nicht-aggressiver Weise durchzusetzen, „verdichten" sich die dargestellte Einzelbestandteile Sozialer Kompetenz in besonderer Weise. In beiden Fällen geht es darum, eine soziale Situation angemessen wahrzunehmen: Bei einem Konflikt ist es wichtig, die unterschiedlichen Interessenlagen zu berücksichtigen; auch bei der Selbstbehauptung geht es zunächst darum, die eigenen Interessen überhaupt erkennen zu können. Zum Zweiten geht es darum, die wahrgenommenen Bestandteile der Situation angemessen zu interpretieren und aufgrund dieser Deutung zu einem Abwägen des eigenen Handelns zu kommen. Eine Voraussetzung hierfür ist, dass es gelingt, die in der Situation aufkommenden Emotionen und Spannungen zu regulieren. Im nächsten Schritt müssen die zur Verfügung stehenden Handlungsmöglichkeiten abgewogen und im Weiteren realisiert werden. Im Falle der Selbstbehauptung geht es zum Beispiel darum, negative Gefühle und Kritik angemessen zum Ausdruck zu bringen, „nein" sagen zu können, Wünsche äußern zu können und Forderungen zu stellen. Beim Konflikt geht es darum, mögliche Konsequenzen deutlicher in Betracht zu ziehen und Ziele bzw. Lösungen nach möglichen Ausgängen zu bewerten. Ebenso bedeutsam ist es hier, Verständnis für das Verhalten und die Bedürfnisse anderer zu zeigen. Im letzten Schritt geht es dann darum, die gerade erfolgten Konsequenzen zu bewerten und innerpsychisch zu integrieren.

Zu 5: Die angemessene, selbstreflexive Beurteilung des eigenen Handelns ist ein wesentlicher Bestandteil Sozialer Kompetenz. Es geht darum, das eigene Verhalten in der Situation allein oder mit der Unterstützung anderer nachgehend zu beurteilen und Konsequenzen für zukünftige Situationen daraus zu ziehen.

Methoden der Kompetenzförderung

Es wird deutlich, dass die Förderung Sozialer Kompetenz über die Förderung von Konfliktfähigkeit oder Selbstdurchsetzung, wie sie in manchen Programmen vorgeschlagen wird, weit hinausgeht. Es handelt sich um eine komplexe Fähigkeit, zu deren Umsetzung bzw. zu deren Erlernen unterschiedliche Methoden angewandt werden können: Besonders wirksam ist es, wenn das sozial kompetente Verhalten real (vor allem in Rollenspielen) eingeübt wird; dazu müssten allerdings die damit zusammenhängenden Voraussetzungen bzw. „Bestandteile" erst aufgebaut sein. Weitere Methoden, die im pädagogischen Alltag und in Kompetenzförderungsprogrammen umgesetzt werden können:

■ Beobachtung und Nachahmung (Pantomime etc.)
■ Bilder mit verschiedenen Gefühlsausdrücken
■ Geschichten, Märchen (Wahrnehmung, Empathie, Perspektivenübernahme)
■ Erleben und Zulassen von Anderssein
■ Kommunikationstraining (Ich, Zuhören, „kontrollierter Dialog", Bitten, Entschuldigen etc.)
■ Konfliktlösungskompetenzen aufbauen (z.B. „Streitampel")
■ Rollenspiele (Konflikt/Streit, Forderungen angemessen stellen, Kritik üben, etwas nicht wollen etc.)

Zusammenfassung 4 – Programm zur Resilienzförderung

Wichtige Aspekte bei der Förderung der Sozialen Kompetenzen sind:

■ Stärkung der emotionalen Kompetenz
■ Förderung der Empathiefähigkeit
■ (Weiter-)Entwicklung der Kommunikationsfähigkeiten, also der Fähigkeiten zur Kontaktaufnahme, -aufrechterhaltung und -beendigung
■ Entwicklung angemessener, nicht-aggressiver Konfliktlösungsstrategien
■ Förderung einer klaren, sozial angemessenen Selbstbehauptung
■ Aufbau/Verbesserung der Reflexion und Selbsteinschätzung

2.6 Stressbewältigung

Die Stressforschung hat eine lange Geschichte und wird von verschiedenen wissenschaftlichen Disziplinen betrieben (z.B. Faltermaier 2005, Kap. 4). Als mittlerweile allgemein anerkannt gilt das interaktionistische Stresskonzept von Lazarus (Lazarus/Launier 1981; Lazarus/Folkman 1984). Es legt zugrunde, dass Stress dann auftritt, „wenn ein Ungleichgewicht zwischen den Anforderungen der Umgebung und den Reaktionskapazitäten der Person besteht" (Faltermaier 2005, 74).

Stress wird von Lazarus folgendermaßen definiert: Stress ist „jedes Ereignis, in dem äußere oder innere Anforderungen (oder beide) die Anpassungsfähigkeit eines Individuums (oder sozialen Systems) oder eines organischen Systems bean-

spruchen oder übersteigen" (Lazarus/Launier 1981, 226). Deutlich wird hierbei, dass sowohl externe Anforderungen aus der Umgebung, aber auch innere, selbstgesetzte Anforderungen, wie etwa selbstgestellte Aufgaben, die einzelne Person bzw. den Organismus herausfordern. Dem gegenüber stehen die Anpassungsmöglichkeiten der Person bzw. des Organismus. „Stress entsteht nur dann, wenn die Anforderungen die Anpassungskräfte des personalen Systems beanspruchen oder übersteigen, d. h. wenn ein Ungleichgewicht zwischen Umgebung und Person besteht" (Faltermaier 2005, 75). Die stresserzeugenden Faktoren (Stressoren) lassen sich grundsätzlich unterteilen in:

■ Entwicklungsaufgaben, die sich gewissermaßen regelhaft im Lebensprozess stellen; eine besondere Bedeutung haben hier Wechsel und Übergänge (z.B. von der Familie in den Kindergarten oder vom Kindergarten in die Schule)
■ kritische Lebensereignisse, die belastend wirken (z.B. Tod naher Verwandter, Scheidung der Eltern oder chronische Erkrankungen)
■ alltägliche Belastungen, die noch differenziert werden können in Dauerbelastungen (z.B. permanente Überforderung durch sehr hohe Erwartungen oder Ansprüche von Eltern an ein Kind) und so genannte „Alltagsärgernisse" (Lohaus/Klein-Heßling 2001; Faltermaier 2005).

Oftmals kommt es zu einer Kumulation [Anhäufung, d. Verf.] von Stressfaktoren, die dann die Bewältigungsmöglichkeiten des Individuums übersteigen. Faltermeier (2005) betont, dass diese Stressoren immer eingebettet sind in die konkrete Lebens-(um-)welt des Kindes. Wenn sich verschiedene Belastungen kumulieren, kann es zu einer Destabilisierung der im Alltag zuvor erreichten Balance führen. Auch wenn viele kleinere Alltagsanforderungen zusammenkommen, können diese zu einer Überforderungssituation führen und Probleme, die vorher zu bewältigen waren, bereiten dann Mühe (Lohaus/Klein-Heßling 2001). Es ist ebenfalls zu berücksichtigen, dass Erwachsene und Kinder dieselbe Situation völlig unterschiedlich einschätzen können: Was von Erwachsenen als harmlos eingeschätzt wird, kann für Kinder eine hohe Stressrelevanz haben; dabei kann es sich auch um alltägliche Ereignisse (z.B. Ausgelacht-Werden) handeln.

Was als belastend eingestuft wird, hängt demnach von subjektiven Erwartungen und Bewertungen des potenziellen Stressors ab sowie von den Emotionen, die in dieser Situation auftreten. Es gibt folglich keine „objektiven" Stressoren, sondern Stressoren sind letztlich nur aus der Perspektive des jeweiligen Kindes zu betrachten, wobei es große interindividuelle Unterschiede gibt.

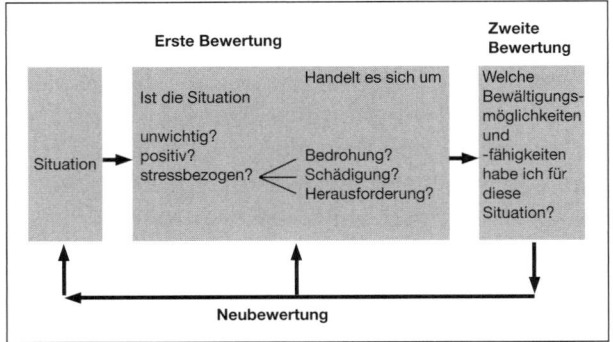

Abbildung 10: Bewertungsprozess von (potenziellen) Stress-Situationen (Aßhauer et al. 1999, 14)

Nach dem Stresskonzept von Lazarus ist der Bewertungsprozess durch drei Bewertungsstufen gekennzeichnet (siehe Abb. 10).

Die stresserzeugende Situation kann in der ersten Bewertung als unwichtig, positiv-angenehm oder stressbezogen eingeschätzt werden. Bei einer stressbezogenen Bewertung wird erneut differenziert, ob es sich um eine Bedrohung handelt, um eine potenzielle Schädigung oder um eine Herausforderung. Daraufhin kommt es zu einer zweiten Bewertung: Die betreffende Person prüft, welche Bewältigungsfähigkeiten und Möglichkeiten für sie in der jeweiligen Situation zur Verfügung stehen.

> „Natürlich beeinflussen sich beide Bewertungsprozesse gegenseitig doppelt. Z.B. kann die Erwartung, eine bestimmte Anforderung bewältigen zu können, eine erste Bewertung als bedrohlich verhindern. Die zweite Bewertung wird analog zur ersten Bewertung als stressbezogen bezeichnet, wenn die Person ihre Möglichkeiten als nicht ausreichend für eine Bewältigung der jeweiligen Anforderung einschätzt" (Aßhauer et al. 1999, 15).

Es kommt dann in einem dritten Schritt zu einer Neubewertung, die wiederum zu einer Änderung der ersten oder zweiten Bewertung führen kann, etwa aufgrund neuer eigener Überlegungen oder durch Unterstützung aus der Umwelt. Die Art der Bewertung ist abhängig von bisherigen Lebenserfahrungen, Möglichkeiten der kognitiven Informationsverarbeitung, dem Verstehen von Situationen sowie den Fähigkeiten zur Emotionsregulation bzw. zur Selbststeuerung. Hier wird ein deutlicher Zusammenhang mit den anderen beschriebenen Resilienzfaktoren erkennbar.

Nach der subjektiven Einschätzung der Situation und den Bewältigungsmöglichkeiten kommt es entweder zu einem aktiven Herangehen in einer Auseinandersetzung mit den Stressoren oder zu Rückzug bzw. Flucht.

> „Ergeben sich aus den subjektiven Bewertungen (...) bedrohliche Einschätzungen und erweisen sich die Bewältigungshandlungen (...) als nicht erfolgreich, dann lassen sich als Folge physiologische oder psychische Stressreaktionen feststellen. Die Stärke und Dauer dieser ausgelösten Stressreaktion entscheidet wesentlich über den gesundheitlichen Ausgang, d.h. ob auf Dauer psychische und körperliche Veränderungen entstehen (...)" (Faltermaier 2005, 84).

Eine wichtige Folge nicht bewältigter Stresssituationen ist Angst (Aßhauer et al 1999, 15). Offensichtlich ist es wichtig, bei der Stressbewältigung ein (abstraktes) Verständnis der Stresssituation zu gewinnen: Dies bedeutet „1. Kennenlernen eines anschaulichen Stressmodells, 2. Wahrnehmung eigener Stressreaktionen, 3. Erkennen von Stresssituationen, 4. Einsatz von Bewältigungsstrategien" (Aßhauer et al. 1999, 15).

Welche Stressbewältigungsstrategie am günstigsten einzusetzen ist, hängt neben dem Einschätzen der eigenen Handlungsfähigkeit oder etwa der Verfügbarkeit von Bewältigungsressourcen davon ab, wie viel Kontrolle jemand über potenzielle Stresssituationen hat. Wenn die Situation nicht oder nur schlecht kontrolliert werden kann, profitieren Kinder mehr von palliativen [lindernde, nicht die Ursachen beseitigende, d. Verf.] Strategien zur Emotionsregulierung (z.B. Entspannungsverfahren, Ablenkung, Bewegung) und emotionaler sozialer Unterstützung, die Sicherheit bietet. Kann eine Situation kontrolliert werden, so wirken sich instrumentelle Strategien wie Problemlösungen, die den Stressor verändern, Informationssuche, kognitive Umbewertung oder problembezogene soziale Unterstützung günstiger aus (Klein-Heßling 1997; Hampel/Petermann 2003a).

Bei den Bewältigungsformen unterscheiden Aßhauer et al. zwischen „offenen Handlungen" und „inneren psychischen Vorgängen":

> „Zu Handlungen zählen etwa Problemlöseverhalten, Vermeidungs-, Flucht- und Angriffsverhalten, Suche nach sozialer Unterstützung, Entspannungsübungen oder Konsum von Genussmitteln. Zu den intrapsychischen Formen lassen sich z.B. Verdrängung, Verharmlosung, Ablenkung oder Selbstbemitleidung, aber auch positive Selbstermutigung rechnen" (Aßhauer et al. 1999, 15).

**Zusammenfassung 5 – Programm
zur Resilienzförderung**

Es gibt mittlerweile eine Reihe von (Trainings-)-
Programmen, die speziell die Stressbewälti-
gungskompetenz von Kindern erhöhen (z. B.
Dirks et al. 1993; Klein-Heßling 1997; Lohaus/
Klein-Heßling 1999; Hampel/Petermann 2003b).
Diese Trainings haben einige wesentliche Ele-
mente gemeinsam:

- Verständnis der Entstehung von Stress und
  insbesondere der Auseinandersetzung mit
  den eigenen Handlungsmöglichkeiten, das
  Ansetzen an der eigenen (kognitiven) Bewertung
- systematische Verbesserung der Fähigkeit
  des Problemlösens
- Einholen bzw. Einfordern von sozialer Unterstützung
- unterschiedliche direkte Formen des Stressabbaus (z. B. Ablenkung oder Bewegung)
- Einüben von Entspannungsverfahren

2.7 Problemlösen

Die Fähigkeit, Probleme zu lösen ist einerseits generell wichtig, um Schwierigkeiten angemessen bewältigen zu können; sie ist aber auch wichtig für die
allgemeine Weiterentwicklung des Kindes und die
Ausbildung von Gehirnstrukturen.

> „Das Gehirn, so lautet die vielleicht wichtigste
> Erkenntnis der Hirnforscher, lernt immer, und es
> lernt das am besten, was einem Heranwachsen-
> den hilft, sich in der Welt, in die er hineinwächst,
> zurechtzufinden, und die Probleme zu lösen, die
> sich dort und dabei ergeben. Das Gehirn ist also
> nicht zum Auswendiglernen von Sachverhalten,
> sondern zum Lösen von Problemen optimiert"
> (Gebauer/Hüther 2004, 38).

So verstanden ist Problemlösen eine übergeordnete,
lebens- und lernbereichsübergreifende Fähigkeit. In
ihrer breiten Analyse kommt Beinbrech zu dem
Schluss, dass Probleme „sowohl als Auslöser als
auch beim Ablauf von Erfahrungs- und Handlungs-
prozessen eine Rolle spielen" (Beinbrech 2003, 34).
Aus der Analyse verschiedener pädagogischer Konzepte wird deutlich, „dass eine problemhaltige Situation bzw. das Auftreten eines Widerspruchs oder
Konflikts das Entstehen von neuen Erfahrungen er-
möglicht, so dass erkenntnisgewinnende Erfah-
rungsprozesse in Form von Problemlöseprozessen
erfolgen können" (Beinbrech 2003, 34).

Aßhauer et al. schreiben einer ausgebildeten Problemlösefähigkeit gesundheitsfördernde Wirkung
zu,

> „da schwer wiegende Probleme, die aufgrund
> mangelnder Fertigkeiten ungelöst bleiben, Stress
> erzeugen und so langfristig die körperliche Ver-
> fassung schwächen können (…). Eine Verbesse-
> rung von Problemlösestrategien hat zur Folge,
> dass auch Selbstbild und Stressmanagement ge-
> fördert werden – die Personen machen insgesamt
> die Erfahrung, mit ihrem Leben besser zurecht zu
> kommen" (Aßhauer et al. 1999, 17).

Hüther und Dohne (2006) beschreiben eine Reihe
von Fähigkeiten, „die neben in der Schule erworbe-
nem Wissen entscheidend dafür sind, ob und wie
junge Menschen die Herausforderungen annehmen
und meistern können." Sie beschreiben

> „sogenannte komplexe Fähigkeiten, wie voraus-
> schauend zu denken und zu handeln (Gestal-
> tungskompetenz), komplexe Probleme zu erken-
> nen (Problemlösungskompetenz) und die Folgen
> des eigenen Handelns abzuschätzen (Handlungs-
> kompetenz, Umsicht), die Aufmerksamkeit auf
> die Lösung eines bestimmten Problems zu fokus-
> sieren und sich dabei entsprechend zu konzent-
> rieren (Motivation und Konzentrationsfähigkeit),
> Fehler und Fehlentwicklungen bei der Suche
> nach Lösungen erkennen und rechtzeitig korri-
> gieren zu können (Einsicht und Flexibilität) und
> sich bei der Lösung von Aufgaben nicht von auf-
> kommenden Gefühlen überwältigen zu lassen
> (Frustrationstoleranz, Impulskontrolle)" (Hüther/
> Dohne 2006).

Die Elemente dieser Bewältigungsfähigkeit finden
sich als Einzelelemente im Problemlösezyklus wieder (siehe unten).

In der Vergleichsstudie PISA 2003 wurde „Problemlösen als fächerübergreifende Kompetenz"
gezielt abgeprüft. Hierunter wurde die Fähigkeit
verstanden, „komplexe, fachlich nicht eindeutig
zuzuordnende Sachverhalte gedanklich zu durch-
dringen und zu verstehen, um dann unter Rückgriff auf vorhandenes Wissen Handlungsmöglichkeiten zu entwickeln, zu bewerten und erfolgreich
umzusetzen" (Leutner et al. 2005, 125).

Eine gute Problemlösefähigkeit zeichnet sich dadurch aus, dass der Mensch in der Lage ist, angemessene Entscheidungen besonders in belastenden
Situationen zu treffen; er verfügt über ein breites
Repertoire an Entscheidungsalternativen. Diese
Entscheidungsalternativen können strukturiert gegeneinander abgewogen werden, Vor- und Nachteile der einzelnen Entscheidungen können diffe-

renziert und gewichtet werden. Bei einer Verbesserung von Problemlösestrategien werden auch das Selbstbild der betreffenden Person und ihr Stressmanagement verbessert. Dies geschieht deshalb, weil positive Bewältigungs- und Selbstwirksamkeitserfahrungen gemacht werden.

Problemlösen steht natürlich in einem engen Zusammenhang mit sozialen und Beziehungsprozessen: Zum einen hängen Probleme oft mit sozialen Situationen zusammen, zum anderen aber wird die Fähigkeit zum Problemlösen in Kooperation mit anderen, zumeist erwachsenen Bezugspersonen, aufgebaut und weiterentwickelt (siehe unten). Nach Dörner (1976) spricht man von einem Problem,

> „wenn ein unerwünschter Anfangszustand in einen erwünschten Endzustand transformiert werden soll, diese Transformation jedoch durch eine ‚Barriere' behindert wird. Von Problemen ist also die Rede, wenn die Mittel zum Erreichen eines Zieles unbekannt sind, oder die bekannten Mittel auf neue Weise zu kombinieren sind, aber auch dann, wenn über das angestrebte Ziel keine klaren Vorstellungen existieren" (Beinbrech 2003, 48).

Problemlösen ist ein komplexer Prozess, der in eine Reihe von Teilfähigkeiten untergliedert werden kann. Dabei reicht das Zurückgreifen auf vorhandene Informationen und Fähigkeiten in der Regel nicht aus, sondern es muss zu einer Neuorganisation vorhandener Strategien oder zur Neuentwicklung von Strategien kommen.

Bei dieser Definition liegt eine Unterscheidung von Aufgaben vor. Bei Aufgaben „liegen dem Individuum Algorithmen [Ablaufpläne, d. Verf.] oder Methoden vor, die bei richtiger Anwendung garantiert zur Lösung führen. Es handelt sich hierbei um reproduktives Denken, weil die erforderlichen Verfahren aus dem Gedächtnis abrufbar sind" (Beinbrech 2003, 49). Dies bedeutet, dass es vom Vorwissen und den Fähigkeiten eines jeweiligen Individuums abhängt, ob es sich bei einer Anforderung um ein Problem oder „nur" um eine Aufgabe handelt.

Probleme lassen sich hinsichtlich ihrer Komplexität unterscheiden: „Der Grad der Definiertheit von Anfangs- und Zielzustand führt zu einer Unterscheidung zwischen ‚wohl definierten' und ‚schlecht definierten' Problemen (vgl. Dörner 1976; Putz-Osterloh 1988), der Grad an erforderlichem Wissen zu einer Unterscheidung zwischen ‚wissensarmen' und ‚wissensreichen' Problemen." (Beinbrech 2003, 49) Es gibt also Probleme, die einen klar präzisierten Anfangszustand haben und einen relativ klar präzisierten Endzustand, bei denen die Mittel zur Zielerreichung unklar sind. Die

Komplexität bzw. Schwierigkeit steigt, wenn Anfangs- und/oder Endzustand nicht klar eingrenzbar sind.

Problemlösekompetenz

Nach Laux (1992, 46) setzt sich die Problemlösekompetenz aus folgenden Teilkompetenzen zusammen: Entdeckungskompetenz, Zielfindungskompetenz, Planungskompetenz, Entscheidungskompetenz und Handlungskompetenz. Auch hier wird der Bezug zu dem allgemeinen Problemlösezyklus (siehe unten) deutlich.

Das Lösen von Problemen trägt dann zur Weiterentwicklung allgemeiner kognitiver und „wissensunabhängiger Kompetenzen" (Hüther/Dohne 2006) bei, wenn die Probleme so gestellt sind, dass die problemlösende Person weder unter- noch überfordert ist. Probleme müssen lösbar sein und möglichst in der „Zone der nächsten Entwicklung" (Vygotskij 2002) eines Kindes liegen. Nach Reinmann-Rothmeier und Mandl (1999) gibt es eine Reihe von Gründen, die für den gezielten Einsatz von Problemen zur Entwicklung der allgemeinen wissensunabhängigen Kompetenzen sprechen:

- lösbare Probleme regen das Interesse an und wirken motivierend bezüglich einer aktiven Auseinandersetzung auch mit neuen Inhalten
- Lernende können sich mit Problemen selbstgesteuert beschäftigen, d. h. bei der Problemlösung können eigene Vorerfahrungen eingebracht und Verhandlungsstrukturen erweitert werden
- Probleme lassen sich auch in sozialen Situationen bewältigen

Damit Problemstellungen in dieser Weise wirksam sind, ist es wichtig, dass die Probleme für die Lernenden relevant sind sowie Aktualität und allgemeine oder persönliche Präferenzen besitzen (Reinmann-Rothmeier/Mandl 1999, 38f). Dabei ist entscheidend, dass das zu lösende Problem erreichbar und realisierbar sein muss. Es muss zudem in den individuellen „persönlichen Plan" passen. Das bedeutet, dass die problemlösende Person, sich für das Thema (Problem) interessieren und selbst „Regie führen" muss. Im Hintergrund muss ein Erwachsener zur Verfügung stehen, der helfend eingreifen kann. Um Probleme in beschriebenem Sinne gut lösen zu können, bedarf es in der Regel eines sicheren, stress- und angstfreien Rahmens, in denen Erwachsene prinzipiell unterstützend bereitstehen.

Die Problemlösefähigkeit steht einerseits im Zusammenhang mit vorhandenem Wissen – bei der Problemlösung muss auf vorhandenes Wissen zurückgegriffen werden – andererseits entwickelt sich diese Fähigkeit als eine übergeordnete Kompetenz, die grundsätzlich als Strategie vorhanden und nicht an Wissensinhalte gebunden ist. Allerdings wird diese Fähigkeit im Zusammenhang mit dem Lösen *konkreter* Probleme entwickelt (siehe unten).

Problemlösen steht in engem Zusammenhang mit Gedächtnisleistungen und Gedächtnisstrategien. Beim Identifizieren von wichtigen Informationen in einer Problemsituation ist der effektive Zu- und Rückgriff auf Gedächtnisinhalte besonders wichtig. Daher müssen Strategien zum Abruf der gespeicherten Informationen zur Verfügung stehen. Die Entwicklung dieser Strategien ist altersabhängig (Zusammenstellung bei Beinbrech 2003, 66f).

Bestandteile des Problemlöseprozesses (Problemlösezyklus)

Meichenbaum (1995) hat einen Problemzyklus von sechs Schritten beschrieben; diese decken sich im Wesentlichen mit Vorgaben anderer Autoren:

Schritt 1 – *Problemanalyse*: In diesem Schritt geht es darum, das Problem und seine Struktur, den Anfangszustand genau zu erfassen. Um zu dieser Überlegung zu gelangen, ist es nötig, die Aufmerksamkeit zu fokussieren und andere impulsive Reaktionen, etwa durch Selbstinstruktionen wie „Halt, denk zuerst nach!", zu unterdrücken; hier finden sich unmittelbar Zusammenhänge zur Emotions regulation bzw. zur Selbststeuerung. Problemanalyse bedeutet auch, möglichst genau Anfangs- und Endzustand zu definieren.

Schritt 2 – *Benennung von Alternativen und Möglichkeiten*: Hier geht es darum, zunächst unterschiedliche Handlungsmöglichkeiten (gedanklich) zu sammeln, die zur Problemlösung beitragen könnten.

Schritt 3 – *Beschaffung näherer Informationen unter Berücksichtigung der Ziele*: Die verschiedenen Handlungsmöglichkeiten (als Mittel zur Zielerreichung) werden dahin gehend überprüft, ob sie der Problemlösung (Zielerreichung) dienen.

Schritt 4 – *Auflistung der Vor- und Nachteile aller Möglichkeiten*: Hierbei werden alle Handlungsmöglichkeiten auf ihre Effizienz hin überprüft und geschaut, welche Möglichkeiten die meisten Vorteile und die wenigsten Nachteile mit sich bringen.

Schritt 5 – *Entscheidungsfindung und Benennung der Gründe*: Begründete Auswahl der Handlungsalternative, die am besten geeignet scheint.

Schritt 6 – *Überprüfung der Entscheidung, gegebenenfalls Modifikation*: Erfolg wird kritisch bewertet, Misserfolg wird berücksichtigt und die Entscheidung gegebenenfalls geändert.

Dieser Problemlösezyklus lässt sich weiter zerlegen: So ist es bei der *Problemanalyse* wichtig, möglichst viele Fragen zu stellen, die Ausgangs- und Endvariablen möglichst präzise zu definieren (und damit zu kontrollieren), die eigenen Fähigkeiten oder etwa den darüber hinausgehenden Unterstützungsbedarf zu bestimmen. Besonders wichtig ist dabei die Fähigkeit zur Selbstreflexivität, also eine angemessene Einschätzung der eigenen Problembearbeitungsfähigkeit. In der Literatur sind unterschiedliche Strategien zur Problemlösung benannt:

- Versuchs-/Irrtumsverhalten: Ziel ist eine Anfangsorientierung
- systematische Ziel-/Mittelanalyse: „Ziel dieses Verfahrens ist es, die Unterschiede zwischen Anfangs- und Zielzustand zu reduzieren, indem größere Ziele in Teilziele zerlegt werden (Dörner 1976, 74f; Lüer/Spada 1992)" (Beinbrech 2003, 54)
- „Problemlösen durch ‚Analogie': mit diesen Verfahren werden bereits bekannte Lösungsstrukturen auf ein neues Problem angewandt" (Beinbrech 2003, 54); es werden also Strukturen bisher bekannter Problemlösungen zur Orientierung genutzt, um das aktuell vorliegende Problem zu lösen
- „Situations- und Zielanalyse": Ziel ist es, sich selbst deutlich in Beziehung zum Problem zu setzen und sich zu fragen, was man prinzipiell will, aber auch, welche Möglichkeiten man nicht möchte oder worum es einem eigentlich nicht geht (Beinbrech 2003, 54)
- „Vorwärts- und Rückwärtssuche" (Dörner 1976): hierbei geht es darum, nicht nur vom Anfangszustand zum Endzustand nach Lösungsmöglichkeiten zu suchen, sondern sich auch die Situation bzw. das Problem vom Endzustand her zu betrachten und Wege zur Ausgangssituation zu finden

In ihrem Problemlösetraining setzen Shure und Spivack (1988) drei Schwerpunkte: Alternativlösungen finden, Handlungskonsequenzen erkennen und Denken in Wenn-Dann-Beziehungen (Welche Lösungen führen zu welchen Folgen?) (Aßhauer et al. 1999, 18, unter Bezugnahme auf Shure/Spivack 1988)

Allgemeine Problemlösestrategien entwickeln sich langfristig, allerdings sind schon einfache Formen von Ziel-/Mittelanalysen bei Kindern im Alter von zwölf Monaten zu beobachten. Mit zunehmendem Alter steigen die Komplexität und das

Ausmaß von Teilzielen an. Ältere Kinder sind „eher in der Lage, vorausschauend zu planen und Teilziele aufzustellen als jüngere Kinder. Aber auch bei sechsjährigen Kindern ist zu beobachten, dass sie nur ungern Zwischenschritte machen, die mit einer Entfernung vom eigentlichen Ziel verbunden sind" (Beinbrech 2003, 68). Auch bei einjährigen Kindern können schon Prozesse der Analogiebildung beobachtet werden. Doch auch hier gilt: Je älter die Kinder sind, desto besser können sie komplexe Analogien bilden. Anfangs werden Analogien eher aufgrund oberflächlicher Merkmale gebildet, später werden Strukturen berücksichtigt. Kausales, also Ursachewirkung-Denken ist systematisch spätestens im Alter von fünf Jahren zu beobachten – allerdings können bereits Säuglinge sehr einfache kausale Beziehungen herstellen.

Förderung der allgemeinen Problemlösefähigkeiten

Bereits in den 60er Jahren des vergangenen Jahrhunderts wurden Ansätze entwickelt, fächer- oder lernbereichsübergreifend Problemlösekompetenzen zu fördern. Die Evaluation dieser Programme brachte relativ unterschiedliche Ergebnisse, insbesondere bezüglich der Frage, inwieweit die Problemlösefähigkeiten mittels abstrakter Probleme zu fördern sind oder ob es konkrete Probleme sein sollen, die mit dem Lebensalltag bzw. unmittelbaren Interesse von Kindern verbunden sind (Zusammenstellung bei Beinbrech 2003, 83ff). Allerdings ist es wichtig, dass Kinder über Reflexion mit dem allgemeinen Problemlösezyklus vertraut werden. Sie müssen ein Schema erwerben, das sie prinzipiell auf unterschiedliche Probleme anwenden können. Übereinstimmende Erkenntnis besteht darin, dass beim Erwerb dieser Strategien Erwachsene unterstützend zur Bewältigung von Problemen in der „Zone der nächsten Entwicklung" (Vygotskij 2002) bereitstehen. Aebli spricht hier vom „Prinzip der minimalen Hilfen". Diese sollen dazu dienen, „das Problem immer klarer zu erkennen und es der Lö-

sung entgegenzuführen" (Aebli 1994, 300). Die Unterstützung kann in der Zergliederung des Hauptproblems, in der Formulierung von Zwischenzielen oder etwa in der Hilfe bei der Suche nach Zusatzinformation liegen. Es kommt also darauf an, Probleme nach dem „Prinzip der optimalen Passung" auszuwählen, so dass jedes Kind das seinem Entwicklungsstand entsprechende Problem zur Bearbeitung erhält, an dem es dann seine Strategien und Fähigkeiten weiterentwickeln kann. Unter diesen Bedingungen zeigen offene bzw. selbstgesteuerte Lernformen bessere Ergebnisse (Beinbrech 2003, 101f).

Zusammenfassung 6 – Programm zur Resilienzförderung

Die Fähigkeit zum Problemlösen ist eine wissensbereichübergreifende Kompetenz. Sie entwickelt sich anhand der Bewältigung konkreter Problemstellungen und in der Regel mit Unterstützung von Erwachsenen. Problemlösen lässt sich auf allgemeiner Ebene durch einen Zyklus mit folgenden Schritten beschreiben:

- spezifische Problemanalyse, vor allem Beschreibung und Definition von End- und Zielzustand; hierbei gilt es, die Aufmerksamkeit zu fokussieren und Emotionen selbststeuernd zu regulieren
- Suche nach geeigneten Mitteln, um vom Anfangs- zum Zielzustand zu kommen (mittels unterschiedlicher Strategien)
- begründete Auswahl eines Mittels bzw. einer Handlungsalternative (kritische Reflexion)
- Handlungsumsetzung
- (selbstkritische) Bewertung des Erfolgs der angewandten Strategie

Diese Elemente des Zyklus sind in das Programm zu integrieren.

3 Allgemeines zur Durchführung des Programms

Das gesamte Programm umfasst 20 Einheiten, davon jeweils drei bis vier zur Förderung eines jeden der sechs Resilienzfaktoren:

- Selbst- und Fremdwahrnehmung
- Selbstregulation bzw. Selbststeuerung
- Selbstwirksamkeit
- Soziale Kompetenzen
- Umgang mit Stress
- Problemlösung

Das Programm sollte zehn Wochen lang zweimal pro Woche durchgeführt werden. Eine Einheit dauert zwischen 35 und 50 Minuten.

Empfehlenswert ist eine Gruppengröße von acht bis zehn Kindern; zwei Pädagoginnen sollten die Gruppe leiten. Begleitend sollten zwei Elternabende stattfinden.

Vorab muss deutlich werden, dass ein solches Programm nicht zu Persönlichkeitsveränderungen führt, jedoch Lern- oder Entwicklungsanstöße geben und spezifische Verhaltensalternativen aufzeigen kann, die von den Kindern erfolgreich umgesetzt werden können. Es ist sinnvoll, wenn Bestandteile des Kursprogrammes und die gegebenen Anregungen im Kindergartenalltag, aber auch zu Hause aufgegriffen und weiterentwickelt werden.

Es ist empfehlenswert, den Kurs in einem ausreichend großen, separaten Raum durchzuführen, der möglichst wenige weitere Ablenkungsmöglichkeiten bietet. Wenn diese, zum Beispiel in einem Turnraum oder ähnlichem, gegeben sind, sollten Regeln zum Miteinander in der Gruppe aufgestellt werden. Störungen von außerhalb sollten möglichst ausgeschlossen werden.

Es ist überdies empfehlenswert, den Kurs immer wieder zu gleichen Zeiten stattfinden zu lassen.

3.1 Die Kursleiterinnen

Alle Lernprozesse haben zum einen Sicherheit, zum anderen tragfähige Beziehungsprozesse zur Grundlage. Dies bedeutet, dass die Leiterinnen den Kindern einen sicheren Rahmen bieten müssen; einen Rahmen, in dem sie sich wohl fühlen und für neue Lernanregungen „öffnen" können. Die Haltung der Pädagoginnen sollte durch Wertschätzung, Empathie und Kongruenz einerseits gekennzeichnet sein. Eine sichere, verlässliche und haltgebende Beziehung zwischen der pädagogischen Fachkraft und den Kindern ist letztlich für die Entwicklung von Selbstvertrauen, Selbstsicherheit und der Resilienz bedeutsamer als einzelne Interventionen oder ein Programm. Daher müssen – als Grundlage – immer wieder die Stärken der Kinder beachtet, hervorgehoben und rückgemeldet werden. Es ist auch wichtig, den Kindern immer wieder Struktur und Orientierung anzubieten. Dies betrifft insbesondere die grundsätzliche Gestaltung des Ablaufs, aber auch das Regeln von Konflikten etc.

Wie schon im einleitenden theoretischen Teil deutlich wurde, sind die sechs Faktoren, die das Programm strukturieren, nicht eindeutig und exakt voneinander zu trennen. Dies bedeutet, dass zum einen mit dem Manual, aber auch mit den konkreten Situationen immer wieder flexibel umgegangen werden muss.

3.2 Grenzen und Möglichkeiten des Manuals

Ein Manual, wie das vorgestellte, bietet eine Handlungsorientierung für die Gruppenleiterinnen (Pädagoginnen) und im zweiten Schritt dann auch für die Kinder, die am Training teilnehmen. Das Manual ist sozusagen ein roter Faden, der aber *immer* auf die jeweilige Gruppe und die Situation bezogen werden muss. So ist es sinnvoll und nötig, immer wieder flexibel einzelne Übungen bezogen auf die Gruppe zuzuschneiden und gegebenenfalls auch Alternativen anzubieten. Die angebotenen Übungen sollen Lernanlässe bieten und Anstöße geben. Dabei wird es immer zu „Störungen" kommen, derart etwa, dass Kinder etwas nicht verstehen oder nicht mit dem Ablauf einverstanden sind. Es ist wichtig, gerade diese Störungen aufzugreifen und gleichzeitig partizipativ wie regulierend/strukturierend damit umzugehen. Störungen sind Krisen, und es geht ja gerade darum, zu lernen, wie man Krisen bewältigt – vor allem hier sind die Pädagoginnen als Vorbilder gefragt.

Die vorgestellten Übungen, Spiele, Lieder etc. haben sich bewährt, um die Ressourcen von Kindern zu stärken und ihre Resilienzfaktoren zu fördern. Allerdings sollten diese Programmelemente nicht nur durchgeführt oder gar „abgearbeitet" werden – es ist wichtig, dabei mit den Kindern über ihre Erfahrungen zu sprechen. Erst die Reflexion der Erfahrungen führt zu einer wirklichen innerseelischen „Verankerung".

3.3 Gruppenzusammenstellung und Arbeit mit einzelnen Kindern

Eine empfehlenswerte Gruppengröße sind acht bis zehn Kinder, die hinsichtlich ihres Entwicklungsstandes homogen sein sollten. Vor allem Kinder im Vorschulalter zeigen bei gleichem Alter oftmals einen unterschiedlichen Entwicklungsstand. Es ist bei der Gruppenzusammenstellung darauf zu achten, dass hier keine zu große Bandbreite gegeben ist, da dies einzelne Kinder leicht über- oder unterfordert. Es hat sich als positiv erwiesen, wenn die Gruppen geschlechtsheterogen sind, also sollten möglichst die gleiche Anzahl von Jungen und Mädchen in einer Gruppe sein.

Ziel ist es weiterhin, eine „gute" Mischung aus „lebendigen" und „ruhigeren" Kindern zu erreichen – bei sehr vielen lebhaften Kindern kann es viel Energie kosten, die Kurseinheiten immer wieder zu strukturieren.

Grundsätzlich handelt es sich bei dem Kursprogramm um ein Gruppenprogramm. Dennoch kann es in einzelnen Situationen entscheidend sein, sich einzelnen Kindern zuzuwenden sowie spezifisch auf diese einzugehen; dies ist ausdrücklich erwünscht. Eine solche Arbeit mit Einzelnen kann in der Gruppe erfolgen, aber ebenfalls auch in einer in parallelen Einzelarbeit. Auch dafür ist es wichtig, dass möglichst zwei Pädagoginnen die Gruppe leiten.

3.4 Pädagogische „Hinweise"

Je nach Alter und Gruppenerfahrung der Kinder kann es sinnvoll sein, spezifische Regeln gemeinsam mit den Kindern zu vereinbaren. Diese Regeln müssen dann konsequent eingehalten werden. Einzelne Kinder werden ihre Grenzen austesten wollen. Auch in solchen Fällen ist es wichtig, in angemessener Weise darauf einzugehen und eine Balance zwischen der Zuwendung zu dem entsprechenden Kind einerseits und dem Beachten des Gesamtgruppenprozesses andererseits herzustellen.

Bei besonders schwierigen Gruppenprozessen – wenn zum Beispiel ein besonders impulsives Kind in der Gruppe ist und immer wieder droht, den Rahmen zu sprengen – kann es sinnvoll sein, ergänzend so genannte Belohnungsprogramme (z. B. Fröhlich-Gildhoff 2006b) einzusetzen. Hierbei ist es wichtig, das erwünschte Verhalten präzise zu definieren und dann mit mittelbaren oder unmittelbaren Verstärkern zu koppeln.

In Einzelfällen oder -situationen kann es erforderlich sein, den Kindern kurzfristig eine Auszeit, zum Beispiel in Form eines „Nachdenkstuhls", anzubieten: Das Kind, das eine zuvor vereinbarte Regel überschreitet, kann die Alternative wählen, sich an die Regel zu halten oder sich für kurze Zeit auf einen gesonderten Stuhl zum Nachdenken zu setzen. Auch solche Prozesse können der Verbesserung der Selbstregulationsfähigkeit dienen.

3.5 Zusammenarbeit mit den Eltern

Die Zusammenarbeit mit den Eltern ist mittlerweile zentraler Bestandteil der pädagogischen Arbeit in Kindertageseinrichtungen. Eltern und pädagogische Fachkräfte wirken im Sinne einer Erziehungs- und Bildungspartnerschaft zusammen (z. B. Kasüschke/Fröhlich-Gildhoff 2008; Textor 2005, 2006; Roth 2010); dies gilt auch für die Durchführung des Programms zur Resilienzstärkung: Für die Umsetzung bzw. das Erreichen des Ziels, Kinder stark und widerstandfähig zu machen, ist es daher grundsätzlich von hoher Bedeutung, auch die Eltern bzw. Bezugspersonen mit einzubeziehen. In dem Kinderkurs werden Impulse gesetzt und ein Prozess in Gang gebracht. Für die Umsetzung des Gelernten bzw. für die Verinnerlichung und Intensivierung spielen gelegentliches „Aufgreifen" und Anwenden zu Hause eine entscheidende Rolle.

Es sollten folglich im Rahmen des Kursprogramms zwei zusätzliche Elternabende durchgeführt werden. An einem ersten Elternabend, der etwa zwei Wochen vor der ersten Kurseinheit eingeplant werden kann, erhalten die Eltern grundsätzliche Informationen zu dem Programm. Die unterschiedlichen und vielfältigen Methoden werden im Ansatz erläutert.

Der zweite Elternabend wird nach Abschluss des Kurses durchgeführt. Hier haben die Eltern die Möglichkeit, eine allgemeine Rückmeldung über Verlauf und Entwicklung des Trainings zu erhalten. Besonders betont werden sollte an diesem Abend, dass die Widerstandskraft keine stets gleichbleibende, stabile Fähigkeit ist, die – erst einmal erworben – immer gegeben ist. Stattdessen ist es wichtig, immer wieder auf die resilienzfördernden Faktoren einzugehen und diese spielerisch weiter zu festigen. Dafür werden noch einmal einzelne Methoden aus dem Kursprogramm erläutert, sodass die Eltern Anregungen bekommen, wie sie diese zu Hause selbst umsetzten können.

Abschließend kann den Eltern angeboten werden, dass sie an einem separaten Termin eine Einzelrückmeldung zu ihrem Kind bekommen können.

Manche Eltern sind schwer zu erreichen. Um eine möglichst gute Teilnahme an den Elternabenden zu sichern, ist es wichtig, die Eltern schriftlich *und* persönlich einzuladen. Die Einladung für den

Ort, Datum

An die Eltern der Kinder
der Kindertageseinrichtung

_____
(Name der Einrichtung)

in _____
(Ort der Einrichtung)

„Kinder Stärken! – Resilienzförderung in der Kindertageseinrichtung"
– Einladung zu einem Informationselternabend –

Liebe Eltern,

Ihr Kind hat viele Fähigkeiten und Stärken!
Diese können am besten auf spielerische Weise mit viel Freude
entdeckt und weiterentwickelt werden.

Aus diesem Grund würden wir gerne das Projekt
„Kinder Stärken! – Resilienzförderung in der Kindertageseinrichtung"
durchführen.

Um Sie näher über dieses Projekt zu informieren, möchten wir Sie zu
einem Informationselternabend.

am _____ , den _____ um _____ Uhr

in den Kindergarten _____ in _____ einladen.

Über Ihr zahlreiches Erscheinen würden wir uns freuen.

Herzliche Grüße

Abbildung 11: Einladung Elternabend 1

ersten Elternabend könnte, wie in Abb. 11 musterhaft dargestellt aussehen.

Der erste Elternabend

Der erste Elternabend dient vor allem der Kontaktaufnahme mit den Eltern und der Informationsmitteilung. Dabei ist es wichtig, klar zu formulieren, dass das Kursprogramm einen präventiven Charakter hat und für alle Kinder da ist. Ebenso sollte betont werden, dass der Grundgedanke darin besteht, die Stärken und Fähigkeiten der Kinder in den Mittelpunkt zu stellen und nicht ihre Schwächen und Fehler.

Überdies sollte auf jeden Fall erwähnt werden, dass der Kurs für die Kinder freiwillig ist. Sollte ein Kind einmal keine Lust haben, wird versucht, es zu motivieren, doch letztendlich ist der Wille des Kindes zu respektieren. Der Ablauf des Elternabends kann wie folgt gestaltet werden:

1. Vorstellung der Kursleiterinnen (wenn diese noch nicht bekannt sind)
2. Hintergrund (kurze Erläuterung, worum es in dem Projekt geht und was das Ziel ist)
3. Präventionsgedanke und Ressourcenorientierung (siehe oben)
4. Resilienzfaktoren (kurze Erläuterung der sechs Faktoren: Selbstwahrnehmung, Selbststeuerung,

Ort, Datum

An die Eltern der Kinder
der Kindertageseinrichtung

_____
(Name der Einrichtung)

in _____
(Ort der Einrichtung)

„Kinder Stärken! – Resilienzförderung in der Kindertageseinrichtung"
– Einladung zu einem Abschlusselternabend –

Liebe Eltern,

Ihr Kind hat an dem Kurs „Kinder Stärken!" teilgenommen.
Dieser ist nun erfolgreich abgeschlossen.

Wir würden Ihnen nun gerne eine Rückmeldung zum Verlauf und
zur Entwicklung des Kurses geben und laden Sie daher zu einem
Abschlusselternabend

am _____ , den _____ um _____ Uhr

in den Kindergarten _____ in _____ einladen.

Wir sind auch sehr an Ihrer Rückmeldung und Ihren Anregungen
interessiert.

Über Ihr zahlreiches Erscheinen würden wir uns freuen.

Herzliche Grüße

Abbildung 12: Einladung Elternabend 2

Selbstwirksamkeit, Soziale Kompetenzen, Umgang mit Stress und Problemlösen)
5. Durchführungszeitraum (kurze Erläuterung, wie viele Wochen der Kurs insgesamt dauert, wann er anfängt und an welchen Tagen und zu welcher Uhrzeit er stattfindet)
6. Gruppenzusammenstellung (kurze Erläuterung, wie die Gruppenzusammenstellung der Kurse abläuft)
7. Struktur des Programms (kurze Erläuterung, wie eine Kurseinheit aufgebaut ist)
8. Vorstellung einzelner Methoden (einzelne Elemente werden exemplarisch vorgestellt)
9. Fragen der Eltern

Die zweite Einladung für den Abschlusselternabend könnte analog gestaltet sein, siehe Abb. 12.

Der zweite Elternabend

Der zweite Elternabend soll genutzt werden, um den Kontakt zu den Eltern zu intensivieren und diese zu motivieren, weiterhin den Austausch zu suchen. Zusätzlich können Methoden aufgezeigt werden, die die Eltern zu Hause fortführen können. Optional kann der Abend auch mit einer ersten „Blitzlichtrunde" begonnen werden, in der jeder Anwesende kurz sagt, was er von dem Kurs mitbekommen und welchen Eindruck er gewonnen hat. Der Ablauf des Elternabends kann wie folgt gestaltet werden:

1. Blitzlichtrunde
2. Rückmeldung zu Verlauf und Entwicklung des Kurses
3. Vorstellung einiger Methoden
4. Fragen, Austausch und Anregungen
5. Evaluation bzw. Rückmeldung der Eltern zu beobachteten Veränderungen

Projektinformation für Eltern im Alltag

Um Eltern in der Kita über die aktuellen Inhalte und Kurselemente zu informieren, hat sich das Anlegen eines Ordners bewährt, der allen Eltern (sowie allen Mitarbeiterinnen) zugänglich ist. Zusätzlich kann ein Übersichtsplan ausgehängt werden, an dem der jeweilige Stand des Kurses mit einem Pfeil (o. ä.) versehen wird. Die Eltern können durch die Visualisierung bestimmte Inhalte besser nachvollziehen und sind stärker angebunden an die Erfahrungen, die ihr Kind während der Resilienzförderung macht.

3.6 Gesundheit der pädagogischen Fachkräfte

In verschiedenen Studien zeigte sich, dass pädagogische Fachkräfte in Kindertagesstätten zwar einerseits eine hohe Arbeitszufriedenheit – insbesondere in der direkten Arbeit mit den Kindern – aufweisen, andererseits jedoch aufgrund der steigenden Anforderungen im Berufsfeld deutlich höhere körperliche und seelische Belastungen zeigen (GEW 2007, Sächsisches Staatsministerium für Soziales 2008; Böhmer/Näpel 2009). Erzieherinnen und Frühpädagoginnen müssen selbst mit diesen Belastungen gut umgehen können und ihre eigenen seelischen Widerstandskräfte stärken – zugleich sind sie hierbei Vorbilder für Kinder und Eltern.

Wie im Kapitel 2.6. schon dargelegt, sind Stress und Belastungen keine ‚absoluten‘, für jeden Menschen gleich wirkenden Größen – das Erleben dessen, was als belastend empfunden wird, ist interindividuell sehr unterschiedlich. (Seelische) Gesundheit lässt sich demzufolge relativ schwer für alle Menschen gleichartig bestimmen, es existiert eine Vielfalt von Definitionen. Eine breit gefasste aber doch Orientierung vermittelnde Begriffsbestimmung bietet Hurrelmann an: „Gesundheit ist ein Stadium des Gleichgewichts von Risikofaktoren und Schutzfaktoren, das eintritt, wenn einem Menschen die Bewältigung sowohl der inneren (körperlichen und psychischen) als auch der äußeren (sozialen und materiellen) Anforderungen gelingt. Gesundheit ist ein Stadium, das einem Menschen Wohlbefinden und Lebensfreude vermittelt" (Hurrelmann 2000, zit. n. Franke 2006, 30).

Zum Erhalt der (seelischen) Gesundheit ist es also wichtig, Risikofaktoren zu minimieren, Schutz- und Bewältigungsfaktoren zu stärken und eine Arbeitsatmosphäre zu schaffen, in der „Wohlbefinden und Lebensfreude" gefördert werden.

Eine wichtige Rolle haben dabei – neben der Gesundheitsförderung durch den Kita-Träger – die Einrichtungsleitungen. Diese tragen Verantwortung dafür, dass ein Austausch im Team der Fachkräfte über Gesundheitsfragen stattfindet und in regelmäßigen Abständen eine Analyse des „Gesundheitsstatus" erfolgt. Leitfragen hierzu können sein:

- Welche gesundheitlichen Risiken und Belastungen sind in den Arbeitsbedingungen zu erkennen?
- Welche gesundheitlichen Ressourcen sind am Arbeitsplatz und bei den Mitarbeiterinnen vorhanden?
- Welche Risikoverhaltensweisen zeigen die Mitarbeiterinnen?

Eine einfache Analysemethode, die zur Entwicklung gesundheitsförderlicher Ziele hinführt, ist folgende:

1. In einem ersten Schritt sollte dazu in einer Einzelübung auf Karteikarten folgende Frage beantwortet werden: „Was tut mir gut bei der Arbeit?" (Einzelübung mit Karteikarten).
2. Im zweiten Schritt wird – wiederum zunächst einzeln – ein „Zeitkuchen" ausgefüllt:

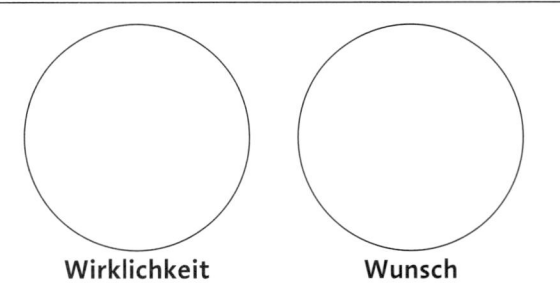

So viel Zeit verbringe ich ...

(1) ... im Einzelkontakt mit einem Kind
(2) ... mit Kleingruppen-/-projektarbeit
(3) ... mit organisatorischen Tätigkeiten
(4) ... mit Dokumentation und Beobachtung
(5) ... mit der Zusammenarbeit mit Eltern
(6) ... mit sonstigen Aktivitäten (wie z.B. Tests)
(7) ... mit Ruhezeiten/Pause

Abbildung 13: Zeitkuchen

Ein einfaches Instrument zur Analyse, aber auch als Diskussionsgrundlage für Teamgespräche ist der sog. Zeitkuchen: Hiermit sollen Mitarbeiterinnen die mit bestimmten Tätigkeiten verbundenen Zeitanteile in ein Schema (Abb. 13) eintragen und dabei zwischen Wunsch und Wirklichkeit differenzieren.

3. Danach, im dritten Schritt, werden in Zweiergesprächen die Zeitkuchen besprochen; mögliche Fragen sind dabei: „Was stört mich am meisten? Womit bin ich am zufriedensten?"

4. In einem vierten Schritt kann dann individuell eine „Zieltreppe" erstellt werden: Es werden einzelne Veränderungsziele beschrieben, in kleine (Treppen-)Schritte zerlegt und die zum „Begehen" der Treppe nötigen Ressourcen formuliert.

Dieser Prozess kann natürlich auch für ein gesamtes Team durchgeführt werden.

4 Evaluation

Das Programm PRiK – Prävention und Resilienzförderung in Kindertagesstätten – wurde in seiner
ersten Fassung von April 2006 in fünf Kindertagesstätten der Stadt Freiburg und des Landkreises
Breisgau-Hochschwarzwald in einer Vorstudie er-
probt und evaluiert. Die Ergebnisse dieser Evaluation sind Gegenstand dieses Kapitels.

4.1 Design und Ergebnisse der ersten Evaluation

Die erste Fassung des Manuals des Programms
PRiK – Prävention und Resilienzförderung in Kindertageseinrichtungen – wurde im April 2006 in
fünf Kindertageseinrichtungen der Stadt Freiburg
und im Umland evaluiert. Das Evaluationsdesign
baute auf einer Prozess- und Ergebnisevaluation
auf, beinhaltete quantitative und qualitative Verfahren und wurde in einem Kontrollgruppendesign
durchgeführt.

Als Instrument zur Ergebnisevaluation wurde
der „Verhaltensbeobachtungsbogen für Vorschulkinder" (VBV 3–6; Döpfner et al. 1993) eingesetzt
und zwar in der Fassung für Eltern und der für Erzieherinnen. Die Items dieses Fragebogens sind
vier Skalen zugeordnet:

1. sozial-emotionale Kompetenzen,
2. oppositionell-aggressives Verhalten,
3. Aufmerksamkeitsschwächen und Hyperaktivität
   versus Spielausdauer,
4. emotionale Auffälligkeiten.

Der Verlauf des Kurses mit der Durchführungsgruppe wurde anhand von standardisierten Doku-
mentationsbögen festgehalten. Die Kursleiterinnen
füllten nach jeder Einheit einen Fragebogen zum
Gruppenprozess und einen Fragebogen zum Verhalten jedes einzelnen Kindes in der Einheit aus.
Am Ende des Programms wurde ein weiterer
schriftlicher Bericht von den Kursleiterinnen ver-
fasst und dabei noch einmal ausführlich die Kurs-
durchführung reflektiert.

Der standardisierte Test VBV wurde vor und
nach dem Programm für Durchführungs- und
Kontrollgruppe eingesetzt. Im Nachhinein zeigte
sich, dass das Instrument VBV nur eingeschränkt
für die Evaluation eines ressourcenorientierten
Programms zu verwenden ist; das Verfahren ist
eher defizitorientiert, da es Kompetenzen nur in

einer Skala erhebt. Zum Zeitpunkt der Evaluation
gab es im deutschsprachigen Raum keine adäquaten
Instrumente.

Die Stichprobe setzte sich aus 39 Kindern zusammen, die an dem Kurs teilnahmen (Durchführungsgruppe) und 37 Kindern aus der Kontrollgruppe.
Die durchschnittliche Größe der Kursgruppen in
den einzelnen Kindertagesstätten lag bei acht Kindern im Alter von 4–6 Jahren.

Ergebnisse

Da die Evaluationsergebnisse in der ersten Auflage
dieses Kursmanuals ausführlich dargestellt sind, erfolgt an dieser Stelle nur eine Zusammenfassung:

In dem Instrument VBV konnten bei jeder Skala
in der Durchführungsgruppe Verbesserungen festgestellt werden. In der durchgeführten multivaria-
blen Varianzanalyse konnte eine Wechselwirkung
zwischen Gruppen- und Zeitfaktoren festgestellt
werden. Dabei zeigten sich signifikant positive Ergebnisse auf Seiten der Durchführungsgruppe in
den Skalen sozial-emotionaler Kompetenzen ($p = 0,001$), Hyperaktivität vs. Spielausdauer ($p = 0,003$)
und emotionaler Auffälligkeiten ($p = 0,002$) in den
Fragebögen der Erzieherinnen. Die Eltern der Kinder der Durchführungsgruppe sehen eine Verbesse-
rung des oppositionell-aggressiven Verhaltens ($p = 0,008$). Hier erkennen auch die Erzieherinnen Veränderungen, diese sind allerdings statistisch nicht
signifikant. Die Kontrollgruppe verschlechtert sich
nach der Einschätzung der Erzieherinnen in der
Skala oppositionell-aggressives Verhalten.

Die Reflexionsberichte der Kursleiterinnen wie-
sen insbesondere darauf hin, dass das Manual aufgrund seiner Übersichtlichkeit und Gliederung
eine gute Arbeitsgrundlage darstellt, es allerdings
stets an die jeweilige Gruppe, den Gruppenprozess
und die Gruppeninteressen angepasst werden muss.
Darüber hinaus erwies es sich als besonders wichtig, auf einzelne Teilnehmerinnen einzugehen. Eine
Voraussetzung dafür ist eine genaue Beobachtung
des Entwicklungsstandes. Für die Zusammenarbeit
im Team der Kursleiterinnen ist es bedeutsam, klare
Absprachen zu treffen und die Stunden gemeinsam
vor- und nachzubereiten.

Der Prozess der Durchführung wurde anhand
von Beobachtungsbögen kontinuierlich dokumentiert und in einer vierstufigen Skala bewertet. Dabei
zeigten sich überdurchschnittlich positive Effekte
auf den Ebenen Beteiligung/ Mitarbeit, Offenheit,
Spaß/Freude, Altersangemessenheit in Übungen,
Interesse sowie Anregung von Phantasie und Eigenaktivität.

Zusammenfassend lässt sich feststellen, dass auch
bei einer relativ kurzzeitigen Intervention statistisch bedeutsame Effekte erzielt werden konnten,

die Durchführungsgruppe verbesserte sich im Vergleich t0 zu t1 in allen Skalen; im Vergleich zur Kontrollgruppe entwickelte sich die Durchführungsgruppe besser.

4.2 Evaluation größerer Projekte zur Resilienzförderung mit Bezug zum Projekt PRiK

Das Programm PRiK – Prävention und Resilienzförderung in Kindertageseinrichtungen – war ein wichtiger Bestandteil in zwei großen Studien zur Resilienzförderung in Kindertageseinrichtungen. In beiden Studien fanden Interventionen auf vier Ebenen statt:

1. Die pädagogischen Fachkräfte der Einrichtungen wurden qualifiziert, um die Resilienz der Kinder in der Einrichtung systematisch zu stärken,
2. alle Kinder der Einrichtungen nahmen an dem Programm PRiK teil,
3. durch spezifische Angebote (Familienberatung, Elternkurse) wurden die Eltern in die Resilienzförderung einbezogen und
4. es wurden Netzwerke insbesondere zu umgebenden Institutionen sowie zu Erziehungsberatungen geknüpft.

In dem Projekt „Kinder stärken! – Resilienzförderung in der Kindertageseinrichtung" wurde in den Jahren 2005 bis 2007 jeweils in zwei Kindertageseinrichtungen der Stadt Freiburg und des Landkreises Breisgau-Hochschwarzwald der dargelegte multimodale Ansatz auf vier Ebenen realisiert. Die Durchführung und Wirksamkeit dieses Projekts wurde mittels Prozess- und Ergebnisevaluation untersucht, diese Evaluation erfolgte im Kontrollgruppendesign (Durchführungsgruppe: n = 278 Kinder, Kontrollgruppe: n = 188 Kinder) mit quantitativen und qualitativen Methoden. Zu unterschiedlichen Zeitpunkten wurden standardisierte Tests eingesetzt und alle Prozessschritte darüber hinaus sorgfältig dokumentiert (zum Evaluationsdesign und den Ergebnissen z.B. Rönnau et al. 2008).

Die Ergebnisse der standardisierten Testverfahren weisen eindeutig darauf hin, dass sich der Selbstwert der Kinder in der Durchführungsgruppe im Vergleich zum Ausgangszeitpunkt und zur Kontrollgruppe signifikant verbesserte. Die kognitive Entwicklung – gemessen an dem standardisierten Wiener Entwicklungstest (WET, Kastner-Koller/Deimann 2002) – veränderte sich ebenfalls positiv bei den Kindern der Durchführungsgruppe gegenüber Ausgangszeitpunkt und Kontrollgruppe (signifikante Wechselwirkungen in der durchgeführten multivariaten Varianzanalyse). Gerade letzteres Ergebnis war erstaunlich, weil es in dieser Hinsicht nicht erwartet wurde. Es konnte gezeigt werden, dass die – durch das Programm initiierte – verbesserte Selbststeuerung, die erhöhte Selbstsicherheit und die verbesserten Problemlösefähigkeiten bei den Kinder der Durchführungsgruppe dazu führten, dass sie die angebotenen Inhalte in den Kindertageseinrichtungen besser aufnahmen.

Möglicherweise führt auch ein reflektierteres Verhalten der Eltern dazu, dass die Kinder adäquater in ihren Entwicklungsprozessen unterstützt werden konnten. Die besten Effekte zeigten sich bei den Kindern, deren Eltern an den Elternkursen und zusätzlich an den Kinderkursen teilnahmen. Aber auch aufgrund der alleinigen Teilnahme am Kinderkurs ergaben sich signifikante Verbesserungen im Vergleich zur Kontrollgruppe. Ein weiterer Nebeneffekt konnte beobachtet werden: Eine Veränderung des Blickwinkels hin zu den Ressourcen und Stärken bewirkte sowohl bei den Erzieherinnen als auch bei den Eltern eine positivere Wahrnehmung des Kindes und der eigenen Kompetenzen. Dies führte zu mehr Sicherheit in Erziehungsfragen bei den Eltern und zu einer generell höheren Arbeitszufriedenheit bei den pädagogischen Fachkräften.

Im zweiten Projekt „Prävention zur Verhinderung von Exklusion – Förderung der seelischen Gesundheit in Einrichtungen der Kindertagesbetreuung in Quartieren mit besonderen Problemlagen" wurde der schon beschriebene multimodale Ansatz in sechs Kindertageseinrichtungen – mit einem sehr hohen Anteil an sozial benachteiligten Familien – an drei Standorten in Deutschland umgesetzt. Dazu war es notwendig, das Programm an die konkreten Gegebenheiten und Situationen der Kinder und Familien zu adaptieren; so mussten beispielsweise einige stark sprachorientierte Teile verändert werden. Auch dieses Projekt wurde im Kontrollgruppendesign mit quantitativen und qualitativen Methoden evaluiert. Dabei zeigte sich, dass in der Durchführungsgruppe die externalisierten Verhaltensprobleme und die Probleme mit Gleichaltrigen abnahmen und gleichzeitig das pro-soziale Verhalten – auch im Vergleich zur Kontrollgruppe – zunahm. Dabei fiel auf, dass die Kinder selbstbewusster und mutiger wurden, ihre Selbstwahrnehmungs- und Selbststeuerungskompetenzen zunahmen und sich das Verhaltensrepertoire dahingehend erweiterte, dass sie insbesondere mehr konstruktive Konfliktlösungsstrategien wählten.

Aus den Dokumenten der Prozessevaluation ergaben sich zahlreiche Hinweise auf die Wirksamkeit des Programms. Hilfreich waren hier vor allen Dingen die gezielte Unterstützung von Kindern in den Kleingruppen und die Übertragung einzelner Kurselemente (wie z. B. der „Gefühlsuhr" oder des „Mut-Steins") in den pädagogischen Alltag der Kita. Auch in diesem Projekt zeigte sich auf der Ebene der pädagogischen Fachkräfte eine sichtbare Änderung in den Durchführungsgruppen: Die Kinder wurden deutlicher in ihren Stärken wahrgenommen, die Zusammenarbeit mit den Eltern verbesserte sich und die Fachkräfte erlebten ihre Arbeit befriedigender, da sie auch stärkenorientierter im Team zusammenarbeiteten (Fröhlich-Gildhoff et al. 2011a).

Teil II: Die Trainingseinheiten

1 Das Manual

1.1 Das Resilienzförderprogramm

Allgemeines

Das Programm besteht aus sechs Bausteinen, die sich an den sechs Resilienzfaktoren orientieren (Selbstwahrnehmung, Selbststeuerung, Selbstwirksamkeit, Soziale Kompetenz, Umgang mit Stress und Problemlösen). Für jeden Baustein sind drei bis vier Einheiten vorgesehen, so dass das Programm insgesamt 22 Einheiten umfasst, einschließlich einer allgemeinen Vorstellungs- oder Einführungseinheit und einer Abschlusseinheit. Je nach Möglichkeiten der Einrichtung kann das Programm einmal oder zweimal pro Woche durchgeführt werden. Um den Kindern die nötige Orientierungsmöglichkeit zu geben, sind feste Termine unbedingt empfohlen.

Eine Gruppengröße von etwa acht bis zehn Kindern mit einem etwa gleichen Entwicklungsstand, bietet beste Voraussetzungen um allen Kindern ausreichend Zeit für die einzelnen Aktivitäten einzuräumen und sie intensiv zu begleiten. Besteht die Möglichkeit, zwei Fachkräfte mit einer Gruppe arbeiten zu lassen, können intensive Beobachtungen oder Einzelbegleitung durchgeführt werden.

Die Durchführung einer Einheit dauert ungefähr 35 bis 45 Minuten. Je nach Motivation, Ausdauer, Interesse, Engagiertheit und Mitteilungsbedürfnis der Kinder können die Einheiten in Einzelfällen auch bis zu 60 Minuten dauern. Es bietet sich deshalb an, genügend Zeit einzuplanen, um auf aktuelle Themen und Interessen entsprechend eingehen zu können und spontan mehr Zeit auf die jeweilige Einheit zu verwenden. Da die Voraussetzungen in den jeweiligen Gruppen sehr heterogen sind, wird auf detaillierte Zeitangaben bei den einzelnen Übungen verzichtet.

Jedes Hauptkapitel wird mit thematischen Fragestellungen, Zielsetzungen und Fördermöglichkeiten, bezogen auf den jeweiligen Resilienzfaktor, eingeführt. Zur besseren Orientierung werden die einzelnen Bausteine jeweils am Kapitelanfang in einer Übersicht dargestellt.

Neben gezielten Aktivitäten zur Resilienzförderung innerhalb des Programms, spielt der Transfer in den Alltag eine wesentliche Rolle. Dort erleben alle Kinder reale Situationen, in denen beispielsweise Probleme und Konflikte gelöst werden müssen oder belastende Ereignisse Stressreaktionen herbeiführen. Um die Strategien, die sich die Kinder in den verschiedenen Einheiten angeeignet haben, in

diesen realen Situationen einsetzen zu können, sind sie auf die Begleitung durch sensible Fachkräfte angewiesen. Anregungen zur Weiterführungen und Übertragbarkeit der Übungen und Inhalte in den Alltag werden immer wieder aufgeführt.

Das Manual zeigt verschiedene Wege und Möglichkeiten auf, wie man sich mit Kindern gemeinsam unterschiedlichen Themen annähern und/oder diese vertiefen kann. Da aber jedes Kind anders ist und somit auch jede Gruppe ihren eigenen Charakter und ihre eigene Dynamik hat, wird empfohlen, Inhalte und Zeitdauer an die jeweilige Gruppe anzupassen (z. B. die Entscheidung, welche Geschichten passen oder welche geändert/ausgetauscht werden müssen, welche und wie viele Spiele an welchen Stellen durchgeführt werden, sollte mehr oder weniger im künstlerisch/kreativen Bereich gemacht werden, aber auch, welche Methoden am ehesten geeignet sind etc.). Um die Veränderungsprozesse in der Gruppe von Einheit zu Einheit berücksichtigen zu können und um konkrete Aufgabenverteilungen vorzunehmen, wenn zwei pädagogische Fachkräfte die Einheiten gemeinsam umsetzen, sind regelmäßige Planungs- und Reflexionsgespräche erforderlich.

Einbindung in den Jahreskreis

Eventuell erscheint es aufgrund der Vorbereitung und Durchführung von (z.T. kirchlichen) Feier- und Festtagen schwierig, die 22 Kurseinheiten in das Kindergartenjahr einzubetten. Das Programm sollte den Rahmenbedingungen und Voraussetzungen der jeweiligen Kita angepasst werden, es sollen Verbindungen zur Lebenswelt der Kindertageseinrichtungen hergestellt werden. Die Geschichten von St. Martin oder vom Bischof Nikolaus bieten sich beispielsweise als Kursthemen an. Genauso kann eine anstehende Aufführung mit den Kindern (bzw. in kirchlichen Einrichtungen auch ein Gottesdienst) in den Kinderkurs eingebunden und Verknüpfungen hergestellt werden.

Spezielle Zielgruppen

Eine Durchführung des Kurses mit speziellen Kindergruppen (z. B. Kinder mit geringen deutschen Sprachkenntnissen, Kinder mit Lernbeeinträchtigungen) birgt besondere Herausforderungen. Das Konzept sollte dementsprechend variiert und angepasst werden.

Tipps für die Durchführung mit Kindern mit geringen deutschen Sprachkenntnissen: Einerseits ist bei der Durchführung auf ein gutes Sprachanregungsniveau zu achten, so dass die Kinder Lust auf die Auseinandersetzung mit der Sprache haben und gleichzeitig ausreichend Raum, um sich mit ihren vielfältigen Kommunikationsformen auszudrücken. Andererseits ist es erforderlich die Inhalte so zu präsentieren, dass sie von allen Kindern verstanden werden. Hierfür kann die Komplexität der Inhalte reduziert werden, indem z. B. das dreistufige Ampelprinzip auf zwei Stufen „rot" und „grün" minimiert wird.

Werden Geschichten erzählt und nicht gelesen, können die Texte besser auf die Kinder abgestimmt werden, sie können sich sprachlich aktiv beteiligen und die pädagogischen Fachkräfte können den nötigen Blickkontakt mit den Kindern halten, um ihnen über Mimik und Gestik eine weitere Verstehens-ebene zu ermöglichen. Abstrakte Inhalte können über Bildmaterial oder Spiele die Verständnismöglichkeit der Kinder unterstützen.

Tipps für die Durchführung mit Kindern mit Lernbeeinträchtigungen: Für Kinder mit Lernbehinderungen sind die Einheiten kürzer zu gestalten. Die Inhalte sollten individuell auf die Bedürfnisse und Fähigkeiten der Kinder angepasst werden. Der Einsatz von Medien, Materialien zum Anfassen und freies Geschichtenerzählen unterstützen den direkten Kontakt zu den Kindern. Einzelbegleitungen von Kindern oder das Arbeiten in zwei Gruppen sollte genutzt werden.

Partizipation der Kinder

Die Einbindung der Kinder in die Gestaltung des Programms beinhaltet viele Chancen und Möglichkeiten, die Grundsätze der Resilienzförderung direkt anzuwenden und umzusetzen. So können Kinder beispielsweise an der Auswahl des Bewegungsspiels beteiligt werden, sie können die Moderation der Gesprächskreise übernehmen oder sich für die Präsentation der Inhalte bei Elternnachmittagen, etc. verantwortlich fühlen.

Auch die Namensfindung für die Gruppe gibt den Kindern die Möglichkeit, die eigene Selbstwirksamkeit zu erleben und soziale Kompetenz zu erlernen (beispielsweise durch das Einbringen einer Idee in den Abstimmungsprozessen, Durchsetzungsvermögen bzw. Zurückhaltung zu erlernen und eine gemeinsame Lösung zu entwickeln).

So können während des Kurses immer wieder Wahlmöglichkeiten angeboten und das Finden einer gemeinsamen Lösung moderiert werden. Die Prozesse, die dabei entstehen, schulen alle Resilienzfaktoren, wenn die Kinder dazu ermutigt und darin unterstützt werden. Das Wichtigste dabei ist die Haltung mit der die pädagogischen Fachkräfte den Gesamtprozess begleiten. Eine wertschätzende und sensible Interaktion mit den Kindern, in der keine Lösungen von den Erwachsenen vorweg genommen werden und sich die Fachkräfte als Mitlernende verstehen, sind wesentliche Bausteine für ein resilienzförderliches Miteinander. Ziel ist es, die Programminhalte mit einer professionellen resilienzförderlichen Haltung der pädagogischen Fachkräfte zu verknüpfen und so die Inhalte für die Kinder leichter zugänglich zu machen. Wird der Fokus allein auf die Inhalte gerichtet, kann das eigentliche, zentrale Ziel schnell verloren gehen.

Zur Stärkung der Beteiligung der Kinder kann beispielsweise eine „Schatzkiste" eingeführt werden. In dieser Kiste können die Kinder die Spiele und Übungen sammeln, die ihnen besonderen Spaß machen. Die Pädagogin schreibt beispielsweise nach jeder Einheit das Spiel oder die Aktivität auf eine Karte, die sich ein einzelnes Kind aussucht oder für die sich alle gemeinsam entscheiden. Am Ende des Kurses kann dann eine zusätzliche Einheit eingefügt werden, in der die Kinder Inhalte aus der „Schatzkiste" auswählen, besprechen und gemeinsam festlegen.

1.2 Skippy und Flippy – die Handpuppen

Der gesamte Kurs wird von zwei Handpuppen, „Skippy" und „Flippy", begleitet. Diese können selbst gebastelt werden (siehe Abbildung 14), oder es können besondere Handpuppen dafür gekauft werden. Die Pädagoginnen können vieles im Programm von den Handpuppen erklären lassen. Ebenso haben manche Kinder zunächst auch weniger Hemmungen, mit den Handpuppen zu reden, bzw. diesen etwas Wichtiges zu erzählen. Skippy und Flippy führen in einigen Einheiten beispielsweise Dialoge, geben Kommentare oder stellen Impulsfragen, um die Kinder auf ein Thema einzustimmen oder um ein Thema zugänglicher zu gestalten. In manchen Einheiten werden die Handpuppen im Manual nicht explizit erwähnt. Sie sollten jedoch wie auch die Kinder an jeder Einheit teilnehmen und die Kinder zumindest begrüßen (indem sie z. B. auf dem Schoß der Pädagoginnen sitzen), sodass sie bei Bedarf auch spontan einbezogen werden können. Es kann immer wieder vorkommen, dass der Ablauf anders verläuft als geplant und die Pädagoginnen kurzfristig improvisieren müssen; die Handpuppen können in diesen Fällen sehr nützlich sein. Es kann auch – je nach Gruppe – jede Einheit von den Pädagoginnen so geplant werden, dass Skippy und Flippy bei den wichtigen Elementen immer eine Rolle spielen.

Handpuppen haben auf Kinder eine enorme Wirkung. Sollte der Pädagogin die Arbeit mit den Puppen nicht liegen, so soll sie ermutigt werden, Alternativen auszuprobieren. Den Puppen kann beispielsweise ein fester Platz im Raum zugewiesen werden (z. B. auf einem Stuhl positionieren). Aus der Ferne, ohne dass die Puppen selbst gespielt werden, können diese Sachverhalte beschreiben oder Fragen stellen, usw.

Wird das Programm von einer Pädagogin allein durchgeführt, können statt der Handpuppen alternativ auch Stabpuppen mit beweglichen Armen eingesetzt werden, um die Hände frei zu haben.

1.3 Rituale

Eine verlässliche Struktur vermittelt den Kindern Orientierung und bietet ihnen Freiraum für Autonomie- und Kompetenzerleben. Durch sich wiederholende Handlungen können Kinder sich auf das, was kommt, einstellen, sie entwickeln Sicherheit und Vertrauen in ihre eigenen Handlungen, sie erleben sich als kompetente Mitgestalter von Aktivitäten. Rituale sind solche strukturgebende Elemente, sie markieren z. B. den Beginn und das Ende einer Aktivität. Der Übergang von einer Aktivität zur anderen oder die Überschaubarkeit der Zeitabfolge werden für Kinder eindeutig und nachvollziehbar. Im Folgenden werden zunächst verschiedene Eingangs- und Abschlussrituale vorgestellt, mit denen die einzelnen Kursstunden beginnen und enden können.

Die Pädagoginnen entscheiden nach eigenem Ermessen welche Rituale für ihre Gruppe geeignet sind. Es sollten jedoch nicht zu viele Rituale eingeführt, diese dafür aber konsequent durchgeführt werden. Eine Möglichkeit besteht beispielsweise darin, in den ersten Einheiten zwei Rituale einzuführen und nach einigen Treffen ein drittes Ritual hinzuzufügen. Eines der ausgewählten Rituale sollte den Kindern Gelegenheit zum Erzählen bieten, so dass ein dialogischer Austausch in jeder Einheit stattfinden kann (siehe z. B. bei Eingangsrituale „Redestab" oder „Erzählstein").

Eingangsrituale

Ein immer gleiches Eingangsritual ist für die Gruppe das Signal „Jetzt geht es los!" und bietet zusätzlich die Möglichkeit zum Ankommen und sich in der Gruppe einzufinden.

Klammerbegrüßung

Für jedes Kind, jede Pädagogin und die Handpuppen wird je eine (Wäsche-)Klammer benötigt. Außerdem sind gelbes Tonpapier (eine DIN/A 5-Seite oder ein Rest) und ein schwarzer Filzstift für die Beschriftung nötig.

Die Pädagogin bereitet dafür folgende Materialien vor: Aus dem gelben Tonpapier werden kleine Kreise in der Größe eines 50-Cent-Stückes ausgeschnitten

und mit einem Smiley-Gesicht versehen. Auf jede Klammer wird vor Beginn des Programms der Name eines Kindes/einer Pädagogin/einer Handpuppe geschrieben und ein Smiley-Gesicht geklebt.

Die Begrüßung: Jedes Kind wird persönlich begrüßt, sucht sich aus den Klammern seine heraus und steckt sie sich für die Dauer der Einheit an die Kleidung. Am Ende der Einheit kann man die Klammern einsammeln und in der kommenden Einheit wieder einsetzen (die Kinder können zwar in der Regel noch nicht lesen, die Klammer symbolisiert aber ein „Erkennungszeichen" der Gruppe). Diese Form der Begrüßung ist maximal für die vier ersten Einheiten gedacht. Statt Klammern können auch Namensschilder zum Umhängen verwendet werden.

Das „kleine Hallo" geht um (modifiziert nach Walter 2004, 28)

Alle sitzen im Kreis und einer fängt an, das „kleine Hallo" „herumzugeben": er dreht sich zu seinem rechten oder linken Nachbarn und sagt zu diesem „Hallo"; dieser wiederum sagt dann zum nächsten Nachbarn „Hallo" etc., bis das „kleine Hallo" wieder bei dem ersten angekommen ist. Dieser zählt dann rückwärts „drei, zwei, eins", und nach eins rufen alle zusammen laut „Hallo" in die Mitte. Am Anfang schickt immer eine der Pädagoginnen das „kleine Hallo" los; im Laufe des Kurses kann immer ein anderes Kind bestimmt werden, das das „kleine Hallo" losschickt.

Redestab (Walter 2004, 72)

Im Sitzkreis wird reihum der Redestab (ein kurzer Stab oder Kochlöffel, der mit Bändern, Glöckchen und Perlen so verziert wird, dass er auffällt) weitergereicht. Das Kind, das den Redestab hat, darf von einem Ereignis erzählen, das es in den letzten Tagen erlebt hat. Anschließend wird der Redestab an das nächste Kind weitergereicht. Die Kinder sehen immer deutlich, wer an der Reihe ist und haben die Gewissheit, dass auch sie noch drankommen. Dadurch fällt es ihnen leichter, das Warten auszuhalten. Die Kinder, die nichts erzählen möchten, müssen nichts erzählen. Dieses Ritual kann ab der dritten oder vierten Einheit eingeführt werden.

Erzählstein (modifiziert nach Walter 2004, 72)

Ähnlich wie beim Redestab wird der Erzählstein reihum gegeben. Das Kind, welches den Erzählstein in den Händen hält, darf zu einer bestimmten Fragestellung (z. B. was es am Wochenende Besonderes erlebt hat oder was es von der letzten Kursstunde noch weiß) erzählen. Wenn ein Kind nichts erzählen möchte, kann es den Erzählstein einfach weiterreichen.

Bastelanleitung für Handpuppen

Material:
Socken
Schere
Fotokarton
Nadel
Faden
2 Knöpfe
Wolle
Filz

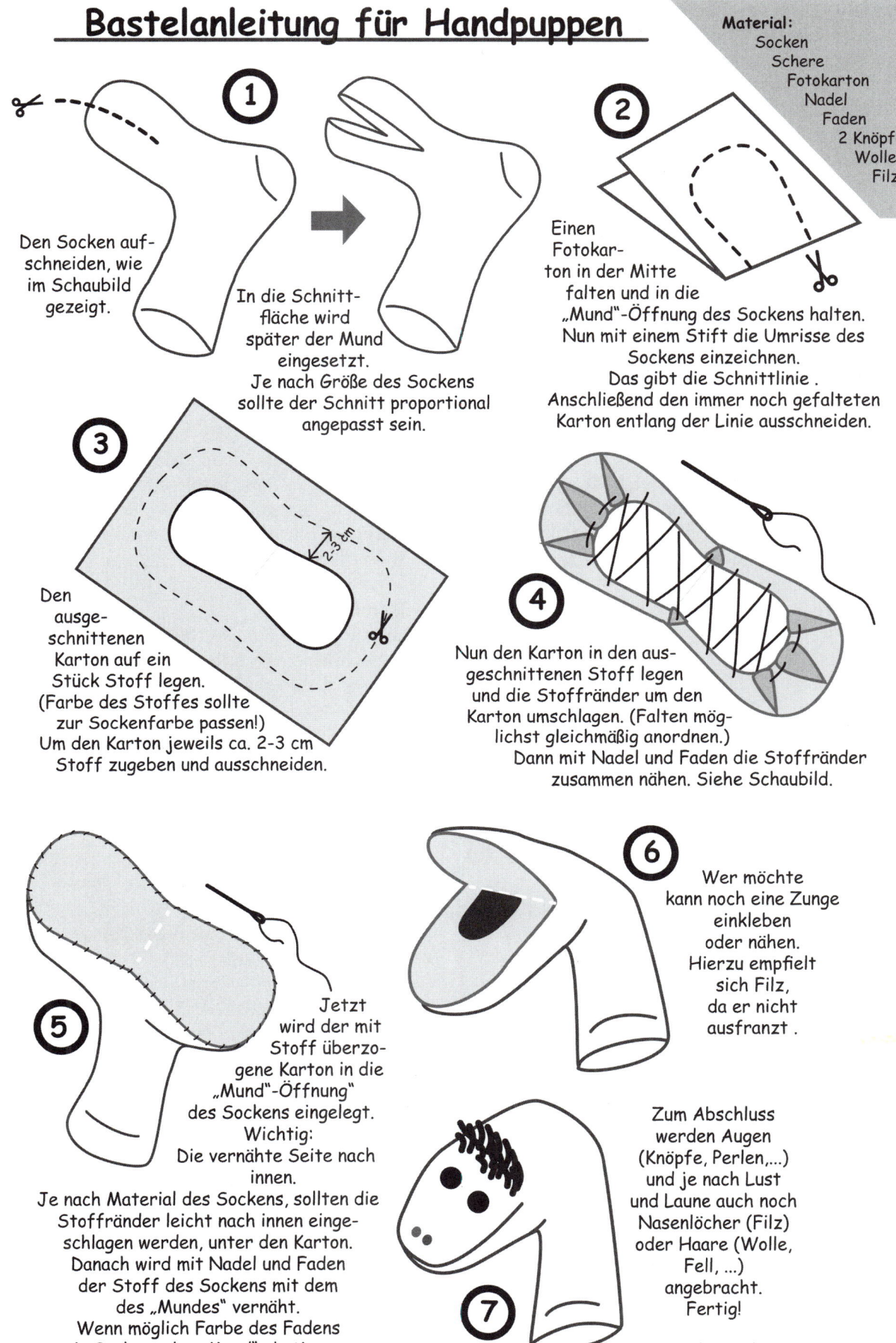

① Den Socken aufschneiden, wie im Schaubild gezeigt.

In die Schnittfläche wird später der Mund eingesetzt. Je nach Größe des Sockens sollte der Schnitt proportional angepasst sein.

② Einen Fotokarton in der Mitte falten und in die „Mund"-Öffnung des Sockens halten. Nun mit einem Stift die Umrisse des Sockens einzeichnen. Das gibt die Schnittlinie. Anschließend den immer noch gefalteten Karton entlang der Linie ausschneiden.

③ Den ausgeschnittenen Karton auf ein Stück Stoff legen. (Farbe des Stoffes sollte zur Sockenfarbe passen!) Um den Karton jeweils ca. 2-3 cm Stoff zugeben und ausschneiden.

2-3 cm

④ Nun den Karton in den ausgeschnittenen Stoff legen und die Stoffränder um den Karton umschlagen. (Falten möglichst gleichmäßig anordnen.) Dann mit Nadel und Faden die Stoffränder zusammen nähen. Siehe Schaubild.

⑤ Jetzt wird der mit Stoff überzogene Karton in die „Mund"-Öffnung" des Sockens eingelegt. Wichtig: Die vernähte Seite nach innen.
Je nach Material des Sockens, sollten die Stoffränder leicht nach innen eingeschlagen werden, unter den Karton. Danach wird mit Nadel und Faden der Stoff des Sockens mit dem des „Mundes" vernäht. Wenn möglich Farbe des Fadens mit Socken oder „Mund" abstimmen.

⑥ Wer möchte kann noch eine Zunge einkleben oder nähen. Hierzu empfielt sich Filz, da er nicht ausfranzt.

⑦ Zum Abschluss werden Augen (Knöpfe, Perlen,...) und je nach Lust und Laune auch noch Nasenlöcher (Filz) oder Haare (Wolle, Fell, ...) angebracht. Fertig!

Viel Spaß!

© Malanie Becker

Abbildung 14: Bastelanleitung für Handpuppen

Begrüßung mit den Kärtchen „Gefühlebärchen"

Jedes Kind und jede Pädagogin (eventuell auch jede Handpuppe) bekommt drei Kärtchen „Gefühlebärchen" (fröhlich, neutral, traurig; Kopiervorlage 1, Bilder 1,2 und 3). Nacheinander soll jeder das Kärtchen zeigen, dass seine momentane Stimmung wiedergibt. Die Kärtchen „Gefühlebärchen" dienen als Medium, um stetig differenzierter über Gefühle zu sprechen und den dafür nötigen Wortschatz kontinuierlich zu erweitern. Einleitende Worte, wie z. B. „Ich habe die Karte, weil ..." oder „Ich fühle mich ..., weil ...", helfen den Kindern nach und nach ihre Stimmungen und Befindlichkeiten zu verbalisieren. Selbstverständlich wird kein Kind zum Sprechen überredet, wer mag, sagt etwas und wer das nicht möchte, gibt den Redestab weiter. Die Gefühlebärchen werden in der dritten Einheit eingeführt. Dieses Ritual kann somit ab der vierten Einheit eingesetzt werden. Begonnen wird mit drei Kärtchen, sobald die Kinder noch weitere Gefühle kennengelernt haben (in der vierten Einheit: „Einführung in die Gefühlsuhr"), kann die Begrüßung mit den Gefühlebärchen nach und nach bis auf die acht verschiedenen Gefühle der Gefühlsuhr ausgeweitet werden (Kopiervorlage 1, Bilder 1–8).

Kopiervorlage 1:
Gefühlebärchen,
Bilder 1–8

Abschlussrituale

Ebenso wie das Eingangsritual ist auch ein Abschlussritual ein wichtiges Strukturierungselement. Es markiert für die Gruppe das Ende der Einheit und dient als Brücke zurück in den Kita-Alltag.

Kerze (modifiziert nach Walter 2004, 72)
Eine Stumpenkerze wird im Kreis herumgeben. Wer die Kerze in der Hand hält, wünscht seinem Nachbarn etwas für den heutigen Tag (dieses Ritual kann auch als Eingangsritual durchgeführt werden).

Redestab (Walter, 2004, 72)
Die Kinder sitzen wie beim Eingangsritual im Sitzkreis und reichen sich reihum den Redestab. Das Kind, das den Redestab in der Hand hält, darf sagen, was ihm an dem heutigen Programm gut gefallen und was ihm nicht gefallen hat.

Verabschiedung mit den Karten „Gefühlebärchen"

Jedes Kind und jede Pädagogin (eventuell auch jede Handpuppe) bekommt (wie im Eingangsritual) drei Kärtchen der „Gefühlebärchen" (fröhlich, neutral, traurig; siehe Kopiervorlage 1, Bilder 1–3). Nacheinander darf jeder das Kärtchen mit dem Gesicht hochhalten, um anzuzeigen, wie ihm die Stunde gefallen hat (lachendes Gesicht für „die Stunde war gut, hat Spaß gemacht", trauriges Gesicht für „mir hat die Stunde nicht gefallen", neutrales Gesicht für „ich weiß es nicht so genau, die Stunde war normal"). Um die Kinder nicht zu überfordern, ist es sinnvoll, dieses Ritual erst nach der dritten Einheit einzuführen. Auch hier gilt es, die Kinder in ihrer gefühlsbezogenen Ausdrucksfähigkeit zu unterstützen, indem die Pädagogin beispielsweise einen zunehmend differenzierteren Wortschatz verwendet.

Tschüss-Rakete
Die Gruppe bildet im Stehen einen großen Kreis, alle nehmen sich an den Händen. Die Tschüss-Rakete wird durch die Pädagoginnen eingeleitet, indem alle von zehn rückwärts den Countdown zählen (mit den Kindern vor dem ersten Mal überlegen, was ein „Countdown" ist und es ihnen gegebenenfalls erklären). Bei „null" angekommen bewegen sich alle gleichzeitig Richtung Mitte, reißen die Arme (weiterhin an den Händen haltend) nach oben (Raketensymbol) und rufen laut zusammen „Tschüss!".

Das „kleine Tschüss" geht auf Reisen (modifiziert nach Walter 2004, 28)
Die letzten zwei Minuten werden dem „kleinen Tschüss" gewidmet. Alle stehen im Kreis und fassen sich an den Händen. Ein Kind schickt das „kleine Tschüss" auf die Reise, indem es einen Händedruck an seinen Nachbarn weitergibt, der ihn ebenfalls weiterreicht. Wenn sich das „kleine Tschüss" wieder beim Ausgangspunkt befindet, sagt dieses Kind laut „Tschüss" und die Stunde ist beendet.

1.4 (Bewegungs-)Spiele

Die jeweiligen Programmeinheiten enthalten in den Stundenkonzeptionen in der Regel ein oder mehrere Spiele. Je nach Ausdauer und Konzentration der Kinder können die Einheiten aber auch durch weitere passende (Bewegungs-) Spiele aufgelockert werden.

Im Folgenden wird eine Auswahl an Bewegungsspielen aufgelistet. Teilweise sind diese auch Bestandteil einer Programmeinheit. Diese Spiele sind entsprechend gekennzeichnet. In diesem Falle sollte mit der Einführung bis zu dieser Einheit gewartet werden. Die Pädagoginnen sollten nach Möglichkeit bei allen Spielen, soweit dies möglich ist, mit Begeisterung selbst aktiv mitspielen, da dies die Motivation und Freude bei den Kindern in der Regel noch steigert.

Zublinzeln (modifiziert nach Broich 1991, 141)

Hierfür ist eine ungerade Anzahl an Spielern erforderlich. Jeweils zwei Spieler bilden zusammen ein Paar, wobei jeweils ein Spieler vor einem anderen steht. Ein Spieler bleibt übrig; dieser darf später das Spiel beginnen. Insgesamt bilden alle Paare und die einzelne Person einen Kreis. Der jeweils hinten stehende Spieler muss seine Hände auf den Rücken legen. Nun beginnt die einzelne Person, indem sie den jeweils vorderen Spielern zublinzelt. Wurde ein Spieler angeblinzelt, so muss dieser versuchen, so schnell wie möglich zu dem einzelnen Spieler zu rennen und sich hinter diesen als dessen neuer Partner zu stellen. Die jeweils hinten Stehenden haben die Aufgabe, auf die vorderen Partner gut aufzupassen und diese festzuhalten, wenn diese angeblinzelt werden und versuchen wegzulaufen. Wurde ein Spieler angeblinzelt und konnte daraufhin zur blinzelnden Person „fliehen", so ist der nun allein stehende Spieler (der hintere Partner) an der Reihe, sich einen neuen Partner herbeizublinzeln.

Brückenfangen/A-Fangi (traditionell)

Für dieses Spiel wird viel Platz benötigt. Ein Spieler (Fänger) versucht die anderen zu fangen. Hat er eine andere Spielperson berührt, bleibt diese stehen und grätscht ihre Beine. Ein Spieler, der noch nicht gefangen wurde, kann nun unter den gegrätschten Beinen durchkrabbeln und den gefangenen Spieler wieder befreien. Es wird so lange gespielt, bis alle gefangen sind und keiner mehr befreit werden kann (falls nötig mit mehreren Fängern gleichzeitig spielen).

Tuchwerfen (traditionell)

Für dieses Spiel wird viel Platz und ein leichtes Tuch (Chiffontuch) benötigt. Alle Spieler stehen im Kreis. Zwei Spieler bekommen das Tuch und bilden ein Paar. Dieses Paar darf hintereinander um den Kreis rennen. Dabei wirft der erste Spieler das Tuch hoch, und die hintere Person muss es auffangen. Wenn die hintere Person das Tuch gefangen hat, überholt diese die vordere und wirft selbst das Tuch. Jetzt muss die andere Person das Tuch fangen etc. Wenn das Tuch nicht aufgefangen wurde, sondern auf dem Boden landet, kommt ein anderes Paar an die Reihe. Eventuell kann man dazu Musik abspielen.

Bruder hilf! Schwester hilf! (modifiziert nach Marx 1978, 32)

Ein Fänger versucht, seine Mitspieler abzuschlagen. Wer beinahe gefangen wird, kann sich retten, indem er einem Mitspieler mit den Worten „Bruder hilf!" bzw. „Schwester hilf!" die Hand gibt. Sobald der Fänger außer Reichweite ist, müssen sich die Paare wieder lösen. Wer gefangen wurde, ist nun Fänger (eventuell mehrere Fänger einsetzen oder nach einer bestimmten Zeit den Fänger auswechseln).

Der Schlafkönig (traditionell)

Die Kinder legen sich auf den Boden. Auf ein Kommando hin (bis drei zählen: eine laute „1", eine leisere „2" und eine ganz leise „3") bleiben die Kinder mucksmäuschenstill, ohne zu sprechen und ohne sich zu bewegen, liegen. Wer hält es am längsten aus? Nach zwei bis fünf Minuten kann das Spiel gestoppt werden. Alle Kinder, die es so lange ausgehalten haben, werden zu Siegern erklärt!

Hasenbobbelesrennen (modifiziert nach Baer 1994, 278; Bienhaus 1997, Kap. 3.2.3)

Alle sitzen im Kreis auf Stühlen. Jede mitspielende Person hat die Hände auf den Oberschenkeln. Ein Spielleiter, der mit im Kreis sitzt, sagt folgenden einleitenden Text im Stil eines Sportmoderators:

> „Das 253. internationale Hasenbobbelesrennen findet heute hier in X (Ort der Kindertagesstätte) statt. Alle Hasenbobbeles sind schon am Start, die Zuschauer und Zuschauerinnen sind schon sehr gespannt und die Motoren laufen langsam warm."

Dabei fangen alle an (auch der Moderator), mit den Handflächen abwechselnd auf die Oberschenkel zu klopfen und gleichzeitig mit den Füssen abwechselnd auf den Boden zu stampfen. Dann kommentiert der Moderator den Startschuss und alle folgenden Streckenereignisse; dabei macht er stets die dazu gehörigen Körperbewegungen vor und alle anderen machen diese nach. Die Grundbewegung kommt immer nach jedem Streckenereignis wieder in Form des Schenkelklopfens und des Trampelns. Die Streckenereignisse können in beliebiger Reihenfolge und je nach Ausdauer beliebig häufig durchgeführt werden.

> **Moderator:** „Und da fällt auch schon der Startschuss, die Motoren heulen kurz auf und schon sind alle Hasenbobbeles in Fahrt. Alle sind gut weggekommen, es gab keine Unfälle, und schon kommt auch die erste Linkskurve …"

Streckenereignisse:
- Linkskurve: die Hände nach links oben reißen
- Rechtskurve: die Hände nach rechts oben reißen
- Ölspur: ein Bein ausstrecken und dabei Reifenquietschgeräusche von sich geben
- Zuschauerränge: Hände nach oben reißen, winken und dabei jubeln
- Wassergraben: mit dem Zeigefinger die untere Lippe mehrmals leicht wegziehen
- Zaun: Hände vor den Brustkorb auf und zu machen, Hasenzähne zeigen und dabei rufen: „Zaun, Zaun, Zaun, Zaun"
- Busch: wie Tarzan mit den Fäusten auf den Brustkorb klopfen und dabei rufen: „Busch, Busch, Busch, Busch"

Das Spiel lebt von der hohen Geschwindigkeit. Es ist besonders lustig, viele Streckenereignisse direkt hintereinander anzuhängen, z. B.

> „Und da kommt eine Rechts-links-rechts-Kurvenkombination und vorbei an den Zuschauerrängen, und plötzlich – oh, eine Ölspur, und weiter geht es geradeaus …"

Zum Schluss:

> „Da kommt auch schon der Zieleinlauf, noch mal kräftig Gas geben und Überquerung der Linie und … fertig!"

Wer hat den Hut? (modifiziert nach Blumenthal 1976, 35)
Für dieses Spiel benötigt man einen Hut und Musik. Die Musik wird angemacht und alle bewegen sich frei durch den Raum. Ein Spieler bekommt einen Hut auf. Dieser Spieler versucht, den Hut möglichst schnell wieder loszubekommen und setzt ihn einem anderen Spieler auf etc. Der Spieler, der den Hut aufhat, wenn die Musik ausgeht, muss ausscheiden. Sieger ist der Spieler, der zum Schluss noch übrig ist.

Reise nach Jerusalem (Bompiani 1980, 90f)
Für dieses Spiel werden Stühle (ein Stuhl weniger als Spieler) und Musik benötigt. Die Stühle werden im Raum aufgestellt. Solange die Musik läuft, bewegen sich alle frei durch den Raum. Sobald die Musik aus ist, suchen sich alle einen Platz auf einem Stuhl. Der Spieler, der keinen Platz mehr findet, scheidet aus. In der nächsten Musikrunde bewegen sich wieder alle frei durch den Raum und ein Stuhl wird entfernt. Sobald die Musik verstummt, suchen sich alle wieder einen Platz etc. Sieger ist der Spieler, der zum Schluss noch übrig ist.

Schneekönig und Schneekönigin (traditionell)
Bei diesem Fangspiel ist ein Spieler in der Rolle des Schneekönigs bzw. der Schneekönigin und einer in der Rolle der Sonne. Der Schneekönig bzw. die Schneekönigin versucht die anderen Spieler zu fangen. Wurde jemand gefangen, erstarrt er zu Eis und muss auf der Stelle stehen bleiben. Die Sonne kann nicht gefangen werden, sie hat aber die Fähigkeit, die anderen, zu Eis gefrorenen Mitspieler zu „retten", indem sie sich vor die Erstarrten stellt und mit den Armen einen großen Kreis für die aufgehende Sonne symbolisiert. Dadurch tauen die Erstarrten wieder auf und sind frei. Nach einiger Zeit bestimmt die Pädagogin zwei neue Spieler für die Rolle des Schneekönigs bzw. der Schneekönigin und der Sonne.

Feuer, Wasser, Blitz und Sturm (modifiziert nach Blumenthal 1976, 37)
Bei diesem Spiel bewegen sich alle frei durch den Raum, eventuell zu Musik oder zu den Schlägen einer Handtrommel. Geht die Musik aus/hören die Schläge auf oder ertönt ein anderes, vorher ausgemachtes Signal, ruft die Pädagogin den Spielern „Feuer", „Wasser", „Blitz" oder „Sturm" zu. Bei Feuer müssen alle vom Boden weg (auf Stühle oder Bänke steigen, eine Sprossenwand hochklettern etc.), bei Wasser legen sich alle auf den Boden und machen Schwimmbewegungen, bei Blitz legen sich alle auf den Rücken und bei Sturm erstarren alle sofort. Das Spiel kann entweder mit Ausscheiden durchgeführt werden (der Spieler, der den Zuruf zuletzt oder falsch ausführt, scheidet aus und der Letzte, der übrig bleibt, ist Sieger); oder es dürfen alle immer weitermachen, die Anzahl der Spielrunden liegt dann im Ermessen der Pädagogin.

Lied „Ich bin doch keine Zuckermaus" (Blattmann/Mebes 2003, siehe Abbildung 15)
Dieses Lied kann mit den Kindern gemeinsam gesungen und (pantomimisch) dargestellt werden. Die Gruppe steht im Kreis, immer ein Kind geht in die Kreismitte und stellt pantomimisch dar, was gesungen wird. Dieses Lied eignet sich darüber hinausgehend zur Thematisierung von Grenzen (z. B. „Wie möchte ich genannt werden?", „Ich darf Nein sagen" mit Übung „Nein sagen" im Kreis).

Das Spiel mit dem Igele (traditionell)
Bevor das Spiel das erste Mal gespielt werden kann, wird der Gruppe folgende Geschichte erzählt (wird dieses Spiel irgendwann wieder gespielt, soll die Gruppe die Geschichte selbst noch einmal kurz erzählen):

Ich bin doch keine Zuckermaus!

1. Ich bin doch kei-ne Zu-cker-maus, so ein-fach zum Ver-na-schen. Wenn ich das hör, dann flipp ich aus! Ich bin doch kei-ne Zu-cker- maus. Ich bin doch kei - ne Zu - cker- maus!

Refrain

Ich bin ein Kind, ich la-che und ich wei - ne, mit an-dern und al - lei - ne. Ich bin ein Kind! Ich schmu-se wie 'ne Kat - ze, doch we - he, wenn ich krat - ze! Ich bin ein Kind, hab manch-mal ei - ne di - cke Wut und je - de Men - ge Mut, und je - de Men-ge Mut!

2. Ich bin auch nicht ein Püppchen,
   mit dem man spielt ein bisschen,
   und ist das Spielchen dann vorbei,
   fliegt's in die Ecke eins, zwei, drei,
   fliegt's in die Ecke eins, zwei, drei.

Abbildung 15: „Ich bin doch keine Zuckermaus" (Aus: Blattmann/Mebes: koPPischoPP, Ich bin doch keine Zuckermaus – 2003, verlag mebes & noack)

„Kennt ihr die Geschichte und das Lied vom Igele? Das ist so eine Geschichte mit dem Igele. Hört mal zu, was dem Igele passiert ist:

Also, da war ein süßes, munteres, kleines Igele. Das Igele war sehr fröhlich und ging so einfach durch die Welt, es wollte die Welt entdecken. Die Welt war sehr spannend für das Igele, doch da traf es andere, größere und kleinere Igel und einen Hasen und einen Fuchs. Die blieben plötzlich vor dem Igele stehen und schauten das Igele von oben bis unten an und sagten fast gleichzeitig: ‚Igele, Igele, schau mal in den Spiegel, deine Beine sind ja ganz krumm und kurz.‘ Was glaubt ihr, hat sich das Igele darüber gefreut? Was würdet ihr fühlen, wenn jemand zu euch sagt: „Schau mal in den Spiegel, deine Beine sind krumm und kurz?“‘

An dieser Stelle können die Kinder verschiedene Gefühle und Reaktionen sammeln, die sie haben könnten, wenn jemand so etwas zu ihnen sagen würde.

„Jetzt verrate ich euch, was das Igele gemacht hat: Das Igele schaute in den Spiegel und sagte sich dann: ‚Sind meine Beine auch krumm, dreh ich mich trotzdem um, sind meine Beine auch kurz, das ist mir piepe und schnurz.‘ Da haben sich die anderen ganz schön gewundert, sie haben den Kopf geschüttelt und sich verzogen. Und das Igele, das ist einfach weiter munter und ganz fröhlich durch die Welt spaziert. Lasst uns doch die Geschichte vom Igele einfach mal spielen! Das Lied dazu ist ganz einfach:“

Für dieses Spiel wird das Lied „Igele, Igele“ (Trautwein 1993) benötigt.

Spielerklärung: Die Gruppe sitzt oder steht im Kreis. Einer darf in der Mitte das Igele sein. Das Igele hält die Hände vor das Gesicht, als ob es einen Handspiegel hätte und sich in diesem Handspiegel betrachtet. Während alle den ersten Teil des Liedes singen, sieht das Igele in sein Spiegele und beugt die Beine, sodass es auch etwas komisch aussieht. Die Liedteile werden jeweils wiederholt. Bei der zweiten Hälfte des Liedes dreht sich das Igele mit gekrümmten Beinen im Kreis um seine eigene Achse. Bei den Worten „das ist mir piepe und schnurz“ klatscht das Igele mit den Handflächen auf den Boden vor seinen Körper, nach Möglichkeit kraftvoll. Dies wird wiederholt. Danach sucht sich das Igele ein zweites Igele, und es wird zu zweit gespielt. Dann suchen sich beide ein neues Igele und man spielt zu viert etc. bis die ganze Gruppe Igele ist.

Der Musikater (siehe Teil II, Kap. 2.1)
Für das Spiel werden eine Kuscheltierkatze und ein „seidenes“ Tuch gebraucht, in das die Kuscheltierkatze (der „Musikater“) eingewickelt ist; sie streckt nur ganz schüchtern den Kopf aus dem Tuch heraus. Alle sitzen im Kreis, ein Kind läuft mit dem Musikater im Kreis herum. Der Kater wird in den Armen des herumgehenden Kindes gehalten wie ein Baby. Er oder sie beschützt den Kater, der viel Angst hat oder zumindest sehr schüchtern ist. Die anderen Kinder sitzen im Kreis und singen oder sprechen den Vers vom Musikater. (Noten zu diesem Lied finden sich bei Haselbach et al. 1993).

Der Musikater schleicht herum.
Er schaut sich nach den Kindern um.
Jeder weiß, dass er nicht beißt.
Er will wissen, wie du heißt?

Das Kind mit dem Kater geht während des Liedes im Innenkreis umher und schaut sich mit ihm die anderen Kinder an. Ist die Strophe zu Ende, bleibt es vor einem Kind stehen und fragt dieses für den Kater, wie es heißt. Das Kind aus dem Kreis sagt laut seinen Namen und bekommt dafür den Kater mit dem Tuch. Gemeinsam gehen Kind und Kater im Kreis herum und die Gruppe spricht oder singt wieder den Vers.

Hinweis: Alle Kinder sollen die Gelegenheit bekommen, einmal im Kreis zu gehen. Wer sich nicht traut, muss noch nicht mitmachen.

Bärenjagd (siehe Teil II, Kap. 4.1; modifiziert nach Müller 1994)
Alle sprechen den folgenden Text und bewegen sich dazu:

„Heute gehen wir auf Bärenjagd. Und wir haben gar keine Angst.“ (Bewegung: den Kopf schütteln und den Zeigefinger als Zeichen der Verneinung hin- und herbewegen)
„Wir brechen auf und begeben uns in den dunklen Wald.“ (Geräusch: „Huuuhuuuu!“)
Wiederholung: „Heute gehen wir auf Bärenjagd. Und wir haben gar keine Angst.“ (Bewegung: den Kopf schütteln und den Zeigefinger als Zeichen der Verneinung hin- und herbewegen)
„Wir kommen an einen Fluss und waten durch tiefes Wasser.“ (Hose hochkrempeln, Geräusch: „Plitsch, platsch, plitsch, platsch …“)
Wiederholung: „Heute gehen wir auf …“
„Vor uns ist eine große Wiese mit hohem Gras.“ (Arme hin- und herbewegen, Geräusch: „Ritsch, ratsch, ritsch, ratsch …“)
Wiederholung: „Heute gehen wir auf …“
„Jetzt müssen wir durch einen tiefen Sumpf.“

(Beine auf- und abbewegen, Geräusch: „Quietsch, quatsch, quietsch, quatsch …")
Wiederholung „Heute gehen wir auf …"
„Langsam bewegen wir uns auf eine dunkle Höhle zu. Wir gehen vorsichtig hinein." (langsam schleichen, Geräusch: „Pssssssst! Leise!")
„Doch was ist das?!?" (laut schreien:) „Der Bär!!! Schnell! Alles zurück!" (schnell sprechen, Geräusche und Bewegungen wie oben, ebenfalls schnell:) „Aus der Höhle hinaus („Pssssssst!"), durch den Sumpf („Quietsch, quatsch …"), über die Wiese („Ritsch, ratsch …"), durch den Fluss („Plitsch, platsch …"), durch den Wald („Huuhuuuu!"), zurück ins Haus, Haustür auf, Tür zu, unter die Bettdecke und ‚Ahhhhhhhhhh! Gerettet!'"

Knall, knall, knall, wir fliegen jetzt ins All (siehe Teil II, Kap. 4.2)

Alle legen sich auf den Bauch oder setzen sich in einem Kreis so auf den Boden, dass sie sich ansehen können. Die Kinder werden aufgefordert, der Pädagogin alles nachzumachen. Sie beginnt, indem sie mit den Händen auf den Boden klopft und dabei gleichzeitig ruft:

„Knall, knall, knall, wir fliegen jetzt ins All. Der Countdown läuft:
10– 9– 8– 7– 6– 5– 4– 3– 2– 1– 0."

Dann stehen alle auf und laufen mit erhobenen Armen durch den Raum. Dabei machen sie Geräusche wie eine startende bzw. fliegende Rakete. Die Pädagogin sagt:

„Die Rakete fliegt, und wir landen auf dem Ein-Bein-Hüpf-Planeten."

Alle hüpfen auf einem Bein durch den Raum. Nach kurzer Zeit sagt die Pädagogin:

„Und die Rakete will weiterfliegen."

Daraufhin legen sich wieder alle auf den Bauch oder setzen sich auf den Boden und die Runde beginnt von Neuem. Nun kann das Kommando auch an Kinder weitergegeben werden. Ein Kind sagt dann den Countdown und denkt sich einen neuen Planeten aus (z. B. Krabbel-, Roll-, Schrei-, Renn-, Klatsch-, Pfeif-Planet etc.).

Katz und Maus (modifiziert nach Broich 1991, 113)

Dafür werden zu Beginn je ein Mitspieler als Katze und einer als Maus festgelegt. Die übrigen Spielteilnehmer fassen sich an den Händen und bilden einen Kreis. Ziel des Spiels ist, dass die Katze die Maus fängt. Allerdings bekommt die Maus Unterstützung von den Mitspielern, die versuchen, der Katze den Weg zu erschweren. Dies kann beispielsweise geschehen, indem sie der Maus das Durchkommen in oder aus dem Kreis erleichtern, etwa durch Hochheben der Arme (Tor öffnen) oder durch kurzes Öffnen des Kreises. Der Katze wiederum wird das Durchkommen verhindert bzw. erschwert, etwa durch enges Zusammenrücken oder besonders festes Zusammenhalten der Hände. Wenn die Katze die Maus gefangen hat, dürfen zwei neue Mitspieler Katze und Maus sein. Zu Beginn jedes Durchgangs ruft die Katze: „Mäuslein, Mäuslein komm heraus!" Darauf die Maus: „Nein, ich komme nicht heraus!" Katze: „Dann kratz ich dir die Augen aus!" Maus: „Dann spring ich schnell zum Loch hinaus!"

Dirigentenspiel 1 (siehe Teil II, Kap. 5.1; traditionell)

Für dieses Spiel werden verschiedene Instrumente benötigt. Am Anfang dürfen alle Instrumente ausprobiert werden. Nach einiger Zeit sucht sich jeder Mitspieler ein Instrument aus und alle setzen sich mit ihren Instrumenten in den Kreis. Ein Mitspieler ist der Dirigent (mit Kindern muss in der Regel erst noch geklärt werden, was ein Dirigent ist). Der Dirigent darf bestimmen, wer wann und wie lange spielen darf. Dies zeigt er an, indem er auf einen oder mehrere Mitspieler zeigt, die spielen dürfen. Es ist ratsam, vor dem Spiel ein Start- und Stoppsignal auszumachen (z. B. ein auf eine Person gerichteter Zeigefinger ist das Startsignal; Handheben bedeutet, dass diese Person wieder aufhören muss). Die Pädagogin fängt an, um den Spielablauf zu verdeutlichen. Es wird solange gewechselt, bis alle einmal dirigiert haben.

Dirigentenspiel mit Bewegung (siehe Teil II, Kap. 5.1; traditionell)

Alle Mitspieler bewegen sich frei im Raum, die Pädagogin spielt auf einer Handtrommel und gibt Anweisungen dazu: „Solange ihr die Trommel hört, lauft ihr. In den Pausen bleibt ihr stehen. Geht einmal so, wie ich spiele", (langsame/schnelle Grundschläge, lautes/leises Spiel). „Wenn ich einen besonders lauten Schlag spiele, macht ihr einen Sprung, wenn ich besonders leise spiele, krabbelt ihr auf dem Boden", etc.

Tandem (siehe Teil II, Kap. 6.1; Petermann et al. 1999, 159)

Für dieses Spiel sollte ausreichend Platz vorhanden sein, damit sich alle frei bewegen können. Die Mitspieler gehen zu zweit zusammen. Einer stellt das Auto dar, der andere den Autofahrer. Das Auto stellt sich gerade hin und streckt die Arme nach vorne aus. Der Autofahrer stellt sich hinter das

Auto und legt seine Hände auf die Schultern des Partners. Nun laufen alle los. Das Auto wird vom Autofahrer mit seinen Händen gesteuert. Es sollte auf den Verkehr geachtet werden. Nach einiger Zeit wechseln die Positionen.

Reise nach Bagdad (siehe Teil II, Kap. 6.2; modifiziert nach Bompiani 1980, 90f)
Für dieses Spiel werden Zeitungspapierbögen (so viele Bögen wie Spieler) oder wahlweise auch größere Teppichfließen (o.ä.) und Musik benötigt. Ähnlich wie bei dem Spiel „Reise nach Jerusalem" werden die Zeitungsbögen im Raum verteilt. Solange die Musik läuft, bewegen sich alle frei durch den Raum. Sobald die Musik aus ist, gehen alle Spieler auf einen Zeitungsbogen, wobei es aber bei diesem Spiel – im Gegensatz zur „Reise nach Jerusalem" – nicht maßgeblich ist, ob schon ein oder mehrere Spieler darauf stehen; es ist nur wichtig, dass sie den Boden neben dem Zeitungsbogen nicht mehr berühren. In der nächsten Musikrunde bewegen sich alle wieder frei durch den Raum und ein Zeitungsbogen wird entfernt. Sobald die Musik verstummt ist, suchen sich wieder alle einen Zeitungsbogen, auf dem sie Platz zum Stehen haben etc. Bei diesem Spiel ist das Ziel, dass selbst zum Schluss, wenn nur noch ein Zeitungsbogen ausliegt, alle noch irgendwie Platz finden. Die einzelnen Spieler spielen somit nicht gegeneinander, sondern miteinander.

Regenspiel (siehe Teil II, Kap. 7.2; Fröhlich-Gildhoff, 2006b, 104)
Dieses Spiel lässt sich am besten mit musikalischer Unterstützung durchführen. Besonders geeignet ist hierfür die Musik von Edvard Grieg (Peer Gynt, Suite Nr. 1, „In der Halle des Bergkönigs"), da sie sich in Lautstärke und Tempo kontinuierlich steigert. Alle bewegen sich frei, während die Pädagogin laut und kraftvoll spricht und dabei verschiedene Bewegungen vormacht, die die Kinder nachahmen:

> „Stellt euch einmal vor, wir gehen über eine Wiese. Gerade noch hat die Sonne geschienen, aber jetzt ziehen große Wolken auf und es fängt langsam an zu tröpfeln. Wir spüren, wie die Tropfen auf die Haare, auf das Gesicht, auf die Hände, auf die Arme und auf unseren ganzen Körper fallen." (Tröpfeln mit den Fingerkuppen überall auf dem Körper nachahmen)
> „Es regnet immer stärker und stärker" (zuerst mit den Fingerspitzen überall den Körper berühren, dann mit den Fingern, dann mit der ganzen Hand)
> „Ein Gewitter nähert sich. Deshalb kann sich – wer möchte – in der Schutzhütte unterstellen, die einen Blitzableiter hat."

> „Wir sehen einen Blitz." (zischen und mit den Händen den Blitz nachahmen; Gesten wiederholen)
> „Wir hören in der Ferne einen Donner." (leises Füßetrampeln, mit größeren Abständen)
> „Jetzt ist der Donner näher." (lautes Trampeln)
> „Und jetzt regnet es ganz arg, ein richtiger Wolkenbruch." (zischen und trampeln zusammen; wenn Trampeln und Zischen abgeklungen sind, geht es weiter)
> „Während wir auf der Wiese stehen, sehen wir kleine Kobolde aus dem Wald kommen und im Regen tanzen." (alle tanzen wie sie wollen [wie Kobolde] zur Musik, die sich langsam steigert; die Pädagoginnen tanzen nach Möglichkeit mit, damit die Kinder weniger Hemmungen haben; je nach Wunsch wiederholen)
> „Mit dem letzten Donnerschlag verschwinden die kleinen Kobolde wieder im Wald. Die Wolken verziehen sich langsam. Und weil die Erde nach dem Regen so gut riecht, atmen wir noch einmal tief ein." (tief ein- und ausatmen)
> „Die ersten Sonnenstrahlen kommen hervor und wärmen unsere Körper." (sich mit den Händen über den Körper streichen)
> „So langsam wird alles wieder trocken. Da kommt ein leichter warmer Sommerwind auf, der viele Blätter vom nahen Wald mit sich trägt, die der Gewittersturm vorhin von den Bäumen abgerissen hat. Wir legen uns ins Gras und lassen uns von der Sonne bescheinen."

1.5 Gruppenregeln

Gruppenregeln können eine große Hilfe für das „soziale Miteinander" sein. Dafür sind aber folgende Voraussetzungen wichtig:

- Die Regeln wurden eindeutig und klar festgelegt.
- Die Regeln sind allen Beteiligten bekannt.
- Die Regeln werden von allen verstanden und sind nachvollziehbar.
- Die Regeln wurden durch ein Bild oder ein Symbol gekennzeichnet und für alle gut sichtbar aufgehängt.
- Das Einhalten der Regeln wird konsequent eingefordert.
- Alle werden damit beauftragt, auch selbst das Einhalten der Regeln einzufordern.

Tipp: Es ist wichtig, die Kinder bei der Festlegung der Regeln – und deren bildhaften Darstellung – zu beteiligen. Ein Gespräch über Regeln, die es (eventuell in anderen Zusammenhängen) bereits gibt oder über Regeln, die Kinder aus anderen Kontexten kennen, schafft einen guten Einstieg, um sich auf notwendige Regeln für den Kinderkurs zu einigen. Folgende Regeln sind in den meisten Gruppen u. a. sinnvoll:

- einander ausreden lassen
- einander gut zuhören
- einander nicht wehtun
- einander nicht beschimpfen oder beleidigen

In besonderen Fällen – wenn etwa ein Kind permanent die Regeln verletzt – kann es sinnvoll sein, klare Konsequenzen für die Regelübertretung festzulegen und diese Konsequenzen umzusetzen. Es kann ebenso sinnvoll sein, die Regeleinhaltung mit einem Belohnungssystem zu koppeln.

2 Einführung in das Programm

Ziele

In dieser Einheit
■ lernen die Kinder die Pädagoginnen kennen (wenn diese nicht schon bekannt sind),
■ begreifen sich die Kinder als Mitglied der neuen Gruppe,
■ erfahren die Kinder etwas über Sinn und Inhalte der Gruppentreffen.

Setting
■ Die Kinder werden im Stuhlkreis empfangen.
■ Das Spiel findet ebenfalls im Stuhlkreis statt.
■ Je nach Abschlussritual ist ein geeigneter Platz im Voraus festzulegen (freie Fläche für Bewegung, gemütliche Ecke für …).

Material
■ Namensklammern/-schilder mit gelben Smileys und Namen der Kinder, der Pädagoginnen und der Handpuppen in Großbuchstaben (vor der Stunde vorbereiten)
■ zwei Handpuppen (vorher kaufen oder basteln; Bastelanleitung, siehe Abbildung 14) „Flippy" und „Skippy"
■ eine Stofftierkatze
■ ein Tuch
■ ein Bild von Pippi Langstrumpf

Praktische Durchführung der Einführungseinheit

✋ Einstieg

Die Kinder werden von den Pädagoginnen begrüßt; jedes Kind bekommt seine Namensklammer/sein Namensschild und alle setzen sich in einen Stuhlkreis. Die Handpuppen begrüßen die Kinder, Skippy hat eine Namensklammer/-schild, Flippy noch nicht, seine liegt aber bereit).

Handpuppendialog Begrüßung

Flippy: „Hallo Skippy! Oh, was hast du denn da?" (Flippy deutet auf Skippys Namensklammer/-schild)

Skippy: „Das ist meine Namensklammer, da steht mein Name drauf – ‚Skippy'! Schau mal, die Kinder hier, die haben auch so eine Namensklammer. Und die … (Name der ersten Pädagogin) und die … (Name der zweiten Pädagogin) die haben auch so eine Namensklammer!"

Flippy: „Oh, ich will auch so eine schöne Namensklammer. Da soll dann auch mein Name draufstehen. Ich heiße nämlich Flippy. Hast du noch so eine Klammer, auf der ‚Flippy' draufsteht?"

Skippy: „Ja, da ist noch eine Klammer, und da steht dein Name drauf, ‚Flippy'. Flippy, hast du Lust, auch in unserer Gruppe mitzumachen?"

Flippy: „Welche Gruppe denn?"

Skippy: „Weißt du, Flippy, ich und die … (Pädagogin 1) und die … (Pädagogin 2) wollen sich jetzt die nächsten Wochen immer … (erster fester Wochentag) und … (zweiter fester Wochentag) mit

den Kindern hier treffen, mit dem … und der … und dem … (alle Kindernamen aufzählen)."

Flippy: „Warum wollt ihr euch mit den Kindern treffen?"

Skippy (geheimnisvoll flüsternd): „Weißt du, manchmal meinen die Erwachsenen, wir sind noch ganz kleine Kinder, aber in Wirklichkeit sind wir doch schon sehr groß und können viel mehr als die glauben! Aber manchmal meinen die Erwachsenen auch, wir sind schon ganz groß, und dass wir das oder das alleine können. Aber dabei sind wir dann doch noch ein bisschen klein. Und hier, in der Gruppe jetzt, da wollen wir herausfinden, was wir wirklich schon alles können! Und wir wollen uns gegenseitig helfen, noch mehr zu lernen. Wir wollen uns gegenseitig richtig stark machen. Wir wollen viele Spiele machen, zusammen singen und basteln, erzählen und ganz viel Spaß haben. Meinst du, das können wir?"

Flippy: „Na klar, wenn uns die Großen da (deutet zu den Pädagoginnen) ein bisschen dabei helfen, dann kriegen wir das doch locker hin. Da will ich unbedingt mitmachen, aber ich weiß doch noch gar nicht richtig, wie die Kinder hier alle heißen … Ich würde so gerne wissen, wie ihr alle heißt!"

Skippy: „Ja, das ist kein Problem, wir spielen einfach mit dem Musikater! Ihr macht doch alle mit beim Musikater, oder? Der Musikater ist dieser

Kater hier … (Skippy holt die Stoffkatze, die in das Tuch eingewickelt ist und nur mit dem Kopf herausschaut). Der hat noch ein bisschen Angst, weil er euch noch nicht richtig kennt, aber er ist auch mutig, und er geht herum und fragt euch, wir ihr heißt. Er braucht nur immer ein mutiges Kind, was mit ihm geht. Das heißt, jeder und jede von euch geht einmal mit dem Musikater im Kreis herum, wir anderen sprechen dabei einen ganz leichten Text und danach fragt ihr oder der Musikater ein anderes Kind nach seinem Namen, solange bis alle einmal dran waren."

Kennenlernspiel „Der Musikater"

Erklärung siehe Seite 48

Projektvorstellung

Pädagogin: „Ich habe euch ein Bild von Pippi Langstrumpf mitgebracht. Kennt Ihr die Pippi?"
Die Antworten der Kinder abwarten.

Pädagogin: „Was mögt ihr denn an der Pippi? Was gefällt euch an ihr?"

Vermutlich werden die Kinder Dinge, wie „Kraft", „Klugheit", oder „dass sie tolle Freunde hat" nennen. Anhand dieser Beispiele kann die Pädagogin nun aufzeigen, was Resilienz ist. Einige Beispiele zu denen ein Bezug hergestellt werden kann: Mutig sein, stark sein, Freunde sein, neugierig sein, anderen vertrauen, sich selbst vertrauen, sich selbst akzeptieren. Z.B.: „Du kannst zwar kein Pferd hochheben, aber Du bist schon ganz schön stark, Du hast viel Kraft."

Abschlussritual

Den Kindern wird (optional durch Flippy und Skippy) erklärt, dass die Einführung leider zu Ende ist und dass sie sich aber alle am … (Tag der ersten Einheit) treffen werden, um das Projekt zu starten (Pädagoginnen/Flippy und Skippy können betonen, dass sie sich jetzt schon sehr auf das nächste Mal freuen). Der Gruppe wird noch das Abschlussritual erklärt und gesagt, dass dieses immer am Ende jedes Treffens stattfindet (Vorschläge siehe Seite 44).

3 Selbstwahrnehmung

Die Grundlagen der Selbst- und Fremdwahrnehmung können im Teil I des Manuals im Kapitel 2.2 nachgelesen werden.

Thematische Fragestellungen (modifiziert nach Fröhlich-Gildhoff et al. 2008b, 69 und 105 f.)
- Wie sehe und fühle ich mich?
- Wie sehe ich andere?
- Wie fühlen sich Gefühle an und wie heißen diese?
- Wie sehen Gefühle bei anderen aus?

Zielsetzungen
- … sich besser kennenlernen,
- … Kontakt zu den Mitkindern aufnehmen,
- … die Basisgefühle kennenlernen (Freude, Angst, Trauer, Überraschung, Furcht, Ekel, Scham, Ärger),
- … Gefühle bei sich entdecken und benennen,
- … verschiedene Arten von Gefühlen ausdrücken und bei anderen erkennen,

- … Körperbotschaften und Signale (bei sich und anderen) erkennen und adäquat interpretieren.

Fördermöglichkeiten
- eigene Gefühle dem Kind gegenüber klar benennen,
- den Gesichtsausdruck passend zu dem Gefühl wählen, das ich dem Kind mitteilen will; keine Doppelbotschaften senden (wie z. B. lächeln, aber dabei schimpfen; traurig schauen, aber sagen, dass alles okay ist),
- das Kind in seinen Gefühlen „spiegeln", d. h. ihm seine Gefühle und seinen Gefühlsausdruck deutlich machen (z. B. „Ich habe das Gefühl, du bist gerade sehr traurig …"),
- offene, ungelenkte Rollenspiele ermöglichen werden. (Dabei nehmen die Kinder verschiedene Rollen ein. Diese können später reflektiert werden: Dabei wird die Fremdwahrnehmung der Kinder geschult.)

3.1 Ich und mein Körper

> **Ablauf der ersten Programmeinheit**
> ✋ Einstieg: **Eingangsritual** (mit Verteilung der Namensklammern, wenn welche eingeführt wurden), Vorschläge siehe Seite 42
> - (Bewegungs-)Spiel, Vorschläge siehe Seite 44
> - Namensfindung
> - Die Kinder malen ihre Körperumrisse.
> - Optional: Spiel „Igele, Igele"
> 🎻 Abschlussritual

Ziele
In dieser Einheit
- wird bei den Kindern Neugierde und Freude am Entdecken geweckt,
- findet die Gruppe einen gemeinsamen Namen,
- richten die Kinder ihre Aufmerksamkeit gezielt auf sich selbst (wer bin ich, wie bin ich?),
- erfahren die Kinder Bestätigung,
- erhalten sie Anregungen, um auf etwas stolz zu sein.

Setting
- Die Kinder werden im Stuhlkreis empfangen.
- Für das Bewegungsspiel wird ein geeigneter Platz gewählt.
- Die Namensfindung findet im Stuhlkreis statt.
- Das Malen der Körperumrisse findet auf dem Boden statt; hierfür wird viel Platz gebraucht.
- Je nach Wahl des Abschlussrituals sollte ein geeigneter Platz gesucht werden.

Material
- Namensklammern/-schilder (wenn diese in der Einführungseinheit eingeführt wurden)
- die Handpuppen „Skippy" und „Flippy"
- Makulaturpapier oder Tapetenrollen
- Stifte zum Malen
- ein großer Spiegel
- Wolle oder Klebeband

✋ Eingangsritual

Die Kinder werden von den Pädagoginnen begrüßt; jedes Kind bekommt seine Namensklammer/sein Namensschild, und alle setzen sich in einen Stuhlkreis. Die Handpuppen begrüßen die Kinder.

Bewegungsspiel

Vorschläge siehe Seite 44

Namensfindung

Die Kinder werden an die Einführungseinheit erinnert und darauf hingewiesen, dass die Gruppe noch einen „starken" Namen braucht. Die Kinder sammeln Ideen, ggf. werden Anregungen gegeben. Dann muss die Gruppe gemeinsam entscheiden, welchen Namen sie am besten findet. Eine Möglichkeit des Entscheidungsprozesses besteht darin eine offene Gesprächsrunde zu „moderieren". Die Abstimmung über die unterschiedlichen Namensvorschläge kann mit Hilfe von Steinen erfolgen. Die Pädagogin nennt die verschiedenen Namensvorschläge und visualisiert diese jeweils durch verschiedene Symbole. Die Kinder erhalten jeweils einen Stein und können nun abstimmen, indem sie diesen auf ihren Lieblingsnamen legen. So wird für die Kinder sichtbar wie viele „Stimmen" für welchen Namen abgegeben wurden.

Wenn die Gruppe sich auf einen „starken" Namen geeinigt hat, kann es mit dem Malen der Körperumrisse losgehen.

Die Kinder malen ihre Körperumrisse auf Makulaturpapier

Für diese Aktion benötigt man viel freie Bodenfläche, damit jedes Kind ausreichend Platz für seinen körpergroßen Papierbogen und genügend Bewegungsraum beim Ausmalen hat. Die großen Papiere sollten vor der Einheit zugeschnitten werden. An einer Wand steht, wenn möglich, ein mitgebrachter Spiegel. Jedes Kind sucht sich einen Platz im Raum aus, wo das Makulaturpapier ausgebreitet wird. Das Kind legt sich mit dem Rücken auf das Papier und sein Umriss wird von der Pädagogin oder von einem anderen Kind auf das Papier gezeichnet. Ein nachträglich skizzierter Abschluss des Pullis oder der Hosenbeine gibt dem Umriss

Echtheit. Wer seinen Umriss schon hat, darf gleich anfangen ihn auszumalen. Dazu kann sich das Kind, wenn es möchte, erst noch einmal im Spiegel genau betrachten. Es gibt keine Vorgaben: Jedes Kind malt mit den Farben, die es verwenden möchte; es malt, wie es möchte und fängt an, womit es möchte. Sehr wichtig: Keine Kritik, nicht werten, sondern die Kinder in ihrem Tun unterstützen und bestärken. Dies geschieht durch aufmerksames Wahrnehmen dessen, was die Kinder tun und das darüber Staunen.

Es kann eine sehr entspannte Atmosphäre entstehen, in der Dialoge mit den einzelnen Kindern möglich sind. Auch die Kinder selbst bewerten ihre Arbeiten nicht gegenseitig, sie bedrängen sich nicht während ihrer Aktivität und nehmen sich nicht gegenseitig die Farben weg. Es bietet sich an, zu dieser Aktion ruhige Musik laufen zu lassen. Jedes Kind arbeitet nach seinem Tempo und seinem Rhythmus, auf keinen Fall dürfen die Kinder bedrängt werden. Kinder, die in dieser Einheit ihr Selbstbild nicht auf die von ihnen gewünschte Art fertig stellen können, erhalten an den Folgetagen Gelegenheit dazu. Eventuell entsteht bei anderen der Eindruck, dass sie zu schnell und ohne Details arbeiten, hier kann ein Gespräch mit dem Kind über seine Attribute und Besonderheiten zum Weiterarbeiten motivieren.

Gegen Ende der Malaktion (noch am Boden über dem Bild) das einzelne Kind fragen (ohne dass es alle mitbekommen müssen, eventuell auch wieder mit Skippy und Flippy): „Was gefällt Dir an deinem Körper oder deinem Bild ganz besonders gut? Gibt es etwas, worauf du stolz bist?"

Die Gruppe entscheidet gemeinsam, wie mit den Körperumrissen weiter verfahren wird. Nehmen die Kinder sie mit nach Hause? Werden sie im Raum, in dem die Gruppe arbeitet, im Flur oder im Gruppenraum aufgehängt?

Optional: Je nach verbleibender Zeit kann an dieser Stelle noch „Das Spiel mit dem Igele" (Erklärung siehe Seite 46) mit der Gruppe gespielt werden.

🖌 Abschlussritual

Vorschläge siehe Seite 44

3.2 Meine Sinne

Ziele

In dieser Einheit lernen die Kinder gezielt zwei oder drei Sinne kennen, um auf diese Weise sich selbst etwas bewusster zu erleben (Was kann ich alles hören? Was schmeckt mir? Was fühlt sich gut an? Welchen Geruch mag ich? etc.). Mit der Stimulation der Sinne kann u. a. noch Folgendes bewirkt werden:

Der Hörsinn: Über das auditive System nehmen wir Töne, Geräusche und Klänge wahr und können sie voneinander unterscheiden. Darüber hinaus ist eine funktionierende auditive Wahrnehmung Voraussetzung für das Erlernen von Sprache. Durch Spiele kann die auditive Wahrnehmung gefördert und Hinweise auf eventuell bestehende Hörschwächen können wahrgenommen werden.

Der Sehsinn: Der größte Teil an eingehenden Informationen und Reizen wird über das visuelle Wahrnehmen aufgenommen. Das Auge ist das Organ zur Aufnahme optischer Eindrücke der Umwelt. Das Auge gehört zu den Sinnesorganen, welche heute am meisten gebraucht werden. Mit den Augen kann man Farben, Formen und Bewegungen wahrnehmen. Mit Spielen, die ein genaues Hinsehen erfordern oder in denen optische Unterschiede gefunden werden müssen, bzw. in denen man sich Gesehenes merken muss, kann das visuelle Gedächtnis gefördert werden.

Der Geruchssinn: Das menschliche Leben wird vorwiegend durch Reize geprägt, die mit Augen und Ohren wahrgenommen werden. Im Vergleich dazu spielt der Geruchssinn eine eher untergeordnete Rolle. Trotzdem ist der Geruchssinn sehr wichtig. Mit der Nase kann man riechen, wie Blumen duften, aber auch Gefahren erriechen, wie Feuer, Benzin, schlechtes Essen etc.

Der Geschmackssinn: Der Geschmackssinn ist der am wenigsten ausgebildete und differenzierte der menschlichen Sinne. Man braucht die Zunge nicht nur zum Schmecken, sondern auch zum Kauen, Schlucken und Sprechen. Die Zunge offenbart, ob etwas süß, sauer, salzig oder bitter ist. Der Geschmackssinn von Kindern soll nicht verkümmern. Aus diesem Grund ist die Geschmacks- und Ernährungserziehung von besonderer Bedeutung. Kinder können spielerisch Schritt für Schritt altersgerecht zu einer gesunden und natürlichen Geschmacksvielfalt geführt werden.

Der Tastsinn: Taktiles Wahrnehmen bedeutet Wahrnehmen über die Haut. Der Tastsinn hat eine hohe Bedeutung für die geistige und körperliche Entwicklung des Kindes. Um einzuschätzen, ob wir uns in unserem Körper wohl fühlen oder nicht, ist es wichtig, diesen Körpersinn zu trainieren. Durch Berührungen kann die geistige Entwicklung eines Kindes gefördert werden. Überdies können Kinder mit Ertasten die Umwelt und deren Eigenschaften kennenlernen.

Setting

Das Setting für diese Einheit ist abhängig von der Spielauswahl. Wichtig: für einige der Spiele werden Lebensmittel benötigt; deshalb ist vor Beginn dieser Einheit zu klären, ob Kinder mit Allergien am Kinderkurs teilnehmen. Bei einigen Spielen werden den Kindern die Augen verbunden, manchen Kindern ist dies unangenehm. Selbstverständlich entscheiden die Kinder selbst, ob sie sich an diesen Spielen beteiligen möchten. Am besten ist es, wenn die Pädagogin vorher jedes Kind deutlich fragt, ob es in Ordnung ist, wenn seine Augen verbunden werden.

Material

- die Namensklammern (wenn diese in der Einführungseinheit eingeführt wurden)
- die Handpuppen Skippy und Flippy
- die weitere Materialauswahl für diese Programmeinheit ist abhängig von der Spielzusammenstellung (siehe Spielbeschreibungen)

Praktische Durchführung der zweiten Einheit

✋ Eingangsritual
Vorschläge siehe Seite 42

Handpuppendialog

Flippy: „Hallo Skippy!"

Skippy: „Hallo Flippy! Schön dich wiederzusehen … (schaut sich um) … und schön, euch wiederzusehen, Kinder!"

Flippy: „Na, Skippy, kennst du die Namen der Kinder noch?"

Skippy: „Das werden wir gleich sehen …" (Skippy geht von Kind zu Kind und nennt die Namen, die durch die Namensklammern ersichtlich sind)

Flippy (staunend): „Nicht schlecht!"

Skippy: „So, und jetzt bist du an der Reihe. Erinnerst du dich noch daran, was die Kinder letztes Mal gemalt haben?"

Flippy (überlegend): „Mmh … Ah, jetzt fällt's mir wieder ein: Die Kinder haben sich selbst gemalt!"

Skippy: „Stimmt genau! Und weil jedes Kind anders aussieht, sahen auch die Bilder alle unterschiedlich aus. Aber ist dir auch aufgefallen, dass alle Bilder auch etwas Gemeinsames hatten?"

Flippy: „Jetzt machst du es mir aber schwer – was denn?"

Skippy: „Du sollst doch raten! Pass auf, ich gebe dir einen Tipp: Wenn ich schlaf in tiefer Ruh, mach ich meine … [Augen] zu."

Flippy: „Mmh … Könnt ihr mir helfen, Kinder?" (Kinder sagen die Lösung.)

Flippy: „Stimmt ja: Alle gemalten Kinder hatten Augen, genauso wie die ‚echten' Kinder Augen haben. Hätten sie keine Augen, könnten sie ja nicht sehen."

Skippy: „Ja, aber nur die echten Augen sehen, die gemalten Augen können das nicht."

Flippy: „Klar, aber Skippy, dass ist nicht alles, was die Bilder gemeinsam hatten. Jetzt musst du raten, die Kinder können dir ja helfen. Das Rätsel lautet: Was lecker ist und auch gesund, landet oft in meinem … [Mund]." (Kinder sagen wieder die Lösung)

Skippy: „Zum Glück haben wir alle einen Mund, sonst könnten wir nicht reden, nicht essen und nichts schmecken, und wir wüssten nicht, ob etwas salzig, sauer oder süß schmeckt! Aber jetzt bist du wieder dran. Mir ist noch eine andere Gemeinsamkeit aufgefallen: Autohupen und Geschrei, alles wär dir einerlei, Musik, TV und Kat-

zenschnurren, wenn Regen tropft und Hunde knurren: Hören könntest du das nicht, ohne … [Ohren] am Gesicht." (Kinder sagen wieder die Lösung.)

Flippy: „Stimmt, die Ohren sind auch ganz schön wichtig – ohne die Ohren würden die Kinder ja gar nicht so einfach verstehen können, was ein anderer sagt. Dann müssten sie sich mit den Händen Zeichen geben oder so!"

Skippy: „Ja, das wäre bestimmt nicht einfach. Aber weißt du was? Auch Hände und Nasen sind wichtig – auch die hatten alle gemeinsam. Alle Bilder hatten – und alle Kinder, die hier sind, haben – ‚fünf Sinne', nämlich den Hörsinn, den Sehsinn, den Geruchssinn, den Geschmackssinn und den Tastsinn." (Skippy deutet bei einem Kind auf die jeweils zuständigen Körperteile)

Anschließend führt die Pädagogin mit den Kindern ein kurzes Gespräch über die fünf Sinne (z. B. Was kann man alles hören? Was schmeckt gut?) mit fließendem Übergang zu den Sinnspielen (für weitere Zusammenstellungen siehe Bücken 1996; Erkert 1999; Zimmer 1998).

Hörmemory mit Filmdöschen (Hörsinn)
Material:

- schwarze Filmdöschen (*Tipp:* im Drogeriemarkt oder in Fotogeschäften nachfragen)
- eine Stofftasche für die Filmdöschen
- die Anzahl der Filmdöschen richtet sich nach der Anzahl der Kinder; für jedes Kind sollte mindestens eines vorhanden sein, bei ungerader Kinderzahl ein weiteres Filmdöschen dazunehmen, sodass jeweils Geräusch-Paare gefunden werden können
- Filmdöschen paarweise mit den verschiedenen Materialien füllen (z. B. Reis, Kernen, Steinchen etc.)

Durchführung: Alle Kinder sitzen zu Beginn im Stuhlkreis. Die Pädagogin geht im Kreis herum. Jedes Kind sucht sich aus der Tasche jeweils ein Filmdöschen aus. Jetzt sollen die Kinder durch Schütteln der Döschen herausfinden, welches der anderen Kinder das gleich klingende Filmdöschen hat. Wenn die Kinder meinen, das richtige gefunden zu haben, dürfen sie die Döschen vorsichtig – am besten der Reihe nach und mithilfe der Pädagoginnen – öffnen und überprüfen, ob sie richtig geraten haben.

„Beschütze deinen Schatz" (Hörsinn)
Material:
- eine Augenbinde
- ein Ball (oder Gummibärchen)

Durchführung: Alle Kinder sitzen im Kreis. Ein Kind sitzt mit verbundenen oder geschlossenen Augen in der Mitte dieses Kreises. Das Kind in der Mitte bewahrt einen Schatz, das heißt, irgendeinen Gegenstand (z. B. einen Ball oder Gummibärchen), der vor diesem Kind liegt und bewacht werden muss. Ein Kind aus dem Kreis muss sich leise anschleichen und den „Schatz" wegnehmen. Das wachende Kind muss anhand seines Gehörs die Richtung, aus welcher der „Dieb" kommt, erkennen und in diese Richtung zeigen. Somit hat der Wächter den „Schatz" verteidigt und der „Dieb" muss wieder auf seinen Platz zurückgehen. Dieses Spiel ist auch bekannt als „Bello, dein Knochen ist weg".

Hörmemory „Tierstimmen" (Hörsinn)
Material:
- fünf Kartenpaare (z. B. von Memory oder selbst gemalt) mit unterschiedlichen Tieren, deren „Sprache" leicht nachzuahmen ist

Durchführung: Ein Kind verlässt den Raum, die anderen Kinder verteilen sich im Raum. Jeweils zwei Kinder bekommen das gleiche Tiersymbol. Nun dürfen alle ihre Tierstimme einmal üben. Wenn alle Stimmen wieder verstummt sind, wird das wartende Kind hereingebeten. Es muss nun die jeweiligen Tierpaare ermitteln. Dafür tippt es die Kinder einzeln an, die dann kurz ihren Tierlaut von sich geben und wieder verstummen. Hat es zwei zusammengehörende Tiere gefunden, darf es diese Kinder paarweise zusammenstellen.
Tipp: Sind keine Kartenpaare mit Tierbildern vorhanden, kann den Kindern natürlich auch zugeflüstert werden, welches Tier sie nachahmen sollen.

„Mein Stein" (Sehsinn)
Material:
- verschiedene Steine, die man mit Kindern in Kindergartennähe sammeln/selbst mitbringen kann

Durchführung: In der Mitte liegen viele verschiedene Steine, die Gruppe sitzt in einem Kreis um die Steine. Jedes Kind sucht sich einen Lieblingsstein aus. Es soll ihn genau betrachten und versuchen, sich die Merkmale einzuprägen, die ihn von anderen Steinen unterscheidet. Ist der Stein glatt oder rau und kantig, ist er eher rund oder flach, wie könnte man seine Farbe bezeichnen? Dann werden alle Steine in eine Tasche gelegt, zu einem anderen Ort gebracht und dort wieder ausgepackt. Nun soll jedes Kind seinen Stein aus der Menge aller herausfinden und beschreibend erklären, warum es sich sicher ist, den eigenen Stein wiedergefunden zu haben.

„Das visuelle Gedächtnis" (Sehsinn)
Material:
- fünf oder mehr Gegenstände (z. B. eine Puppe, einen Ball, ein Spielauto etc.)
- ein Tuch
- eventuell einen Tisch

Durchführung: Die Gegenstände liegen auf dem Boden oder auf dem Tisch und werden unter einem Tuch versteckt. Das Tuch wird für kurze Zeit weggezogen und die Kinder sollen sich die Gegenstände einprägen, die unter dem Tuch liegen. Welche Gegenstände haben sie gesehen?

„Das Detektivauge" (Sehsinn)
Jeweils zwei Kinder stehen sich gegenüber und schauen sich genau an: Was hat der/die Andere an, an welcher Hand trägt er/sie einen Ring, eine Uhr? Wie ist die Frisur? Dann drehen sich beide um und verändern drei Teile an ihrem Äußeren. Nun drehen sich beide wieder zueinander und versuchen herauszufinden, was sich am Gegenüber verändert hat (kann auch so gespielt werden, dass immer einer den Raum verlässt).

Die duftenden Luftballons (Geruchssinn)
Material:
- viele farbige, kleine Luftballons oder so genannte Wasserbomben
- Zitronensaft, Essig, Vanille, Sojasoße, Kaffeepulver, Knoblauch etc. (stattdessen kann man auch Duftöle nehmen)

Durchführung: Jeder Luftballon wird mit einer der stark riechenden Substanzen gefüllt. Dann werden die Luftballons von der Pädagogin (wegen der Gefahr einer ungewollten Inhalation sollte dies von Erwachsenen ausgeführt werden) aufgeblasen und verknotet (kann aber auch vor der Einheit vorbereitet werden). Es ist kaum zu glauben, aber die Luftballons riechen nach ihrem Inhalt. Nach was riecht nun ein zufällig ausgewählter Ballon? Jedes Kind darf einen oder mehrere Luftballons nehmen und erriechen, welcher Duftstoff sich darin befindet.

Die Igel-Schnuppernase (Geruchssinn)
Material:
- ein kleines Döschen mit Wattebausch
- Duftöl (Apfel ist besonders gut) oder einen der Duftballons des oben beschriebenen Spiels „die duftenden Luftballons"

Durchführung: Ein kleines Döschen mit Wattebausch, worauf sich ein Tropfen Duftöl befindet. Der Deckel ist zu und alle Kinder sitzen im Kreis. Ein Kind ist nun der Igel und geht vor die Tür. Das Döschen wird im Kreis versteckt (z. B. hinter einem Kind oder hinter seinem Bein). Der Igel bekommt die Augen verbunden und kommt rein. Er erriecht nun, wo sein „Essen" ist.

Eiscremesorte erraten (Geschmackssinn)
Material:
- verschiede Eiscremesorten (z. B. Erdbeere, Vanille und Schokolade) sollen auf dem Tisch bereitstehen; am besten macht man diese Übung in der Küche in Kühlschranknähe, damit das Eis nicht schnell schmelzen kann
- eine Augenbinde

Durchführung: Den Kindern werden die Augen verbunden. Nacheinander kommen sie zur Pädagogin und dürfen dort ein Stück von einer Eissorte kosten und erraten, welche Sorte es ist. Wer nicht mitmachen möchte, muss nicht.

Wichtig: auf mögliche Allergien von Kindern achten!

„Wie schmeckt es dir?" (Geschmackssinn)
Material:
- eine Augenbinde
- einen Löffel oder eine Kuchengabel
- ein Küchenmesser
- verschiedene Lebensmittel (z. B. Apfel, Käse, gekochte Kartoffel, Schokolade, Banane, Tomate); alles vorher in mundgerechte Stückchen schneiden

Durchführung: Einem Kind werden die Augen verbunden. Dieses Kind wird mit einem auf dem Löffel liegenden Lebensmittelstückchen „gefüttert" (muss nicht gegessen werden). Wahlweise kann das Lebensmittelstückchen auch auf die Kuchengabel gespießt werden, um damit dem Kind lediglich vorsichtig über die Zunge zu streifen. Das Kind soll herausfinden, was es gerade geschmeckt hat. Wer nicht mitmachen möchte, muss nicht. Wichtig: Auf mögliche Allergien von Kindern achten.

„Wie viele Hände?" (Tastsinn)
Material:
- eine Augenbinde
- eventuell ein großes Tuch
- eventuell eine Matte oder eine weiche Decke

Durchführung: Die Kinder kommen im Sitzkreis zusammen. Dem ratenden Kind werden die Augen verbunden. Es steht in der Kreismitte. Die Kinder zählen: „Eins, zwei, drei!" Bei „drei" legen alle Kinder möglichst gleichzeitig eine oder zwei Hände auf den „Hände-Rater". Dann werden alle ganz still. Das ratende Kind in der Kreismitte, muss nun – möglichst ohne die Hände einzusetzen – erfühlen, wie viele Hände auf seinem Körper liegen. Danach darf ein anderes Kind raten. Achtung: Nicht alle Kinder mögen es, von fremden Händen berührt zu werden! Wer nicht mitmachen möchte, muss nicht!

Tipp: Schwieriger wird die Übung, wenn das Kind auf dem Boden liegt und sich mit einem Tuch zudeckt. Dann legen die anderen Kinder ihre Hände auf das Tuch und das ratende Kind muss durch das Tuch die Anzahl der Hände erfühlen.

„Was ist da versteckt?" (Tastsinn)
Material:
- verschiedene Lebensmittel (z. B. Apfel, Banane, Orange, Walnuss, Kartoffel etc.)
- Spielzeuge (z. B. Ball, Puppe etc.)
- ein Tisch
- ein großes Tuch

Durchführung: Auf dem Tisch liegen unter einem großen Tuch verschiedene Früchte: ein Apfel, eine Banane, eine Orange, eine Walnuss, eine Kartoffel und vielleicht noch ein „fremder" Gegenstand, zum Beispiel ein Ball. Nacheinander greifen die Kinder mit beiden Händen unter das Tuch und erfühlen die verschiedenen Dinge. Kein Kind darf unter das Tuch sehen und kein Kind darf auch nur das Geringste verraten. Sobald eines der Kinder glaubt, nun alle Sachen unter dem Tuch zu kennen, nimmt es die Hände wieder unter dem Tuch hervor und flüstert der Pädagogin ins Ohr, was es sich davon gemerkt hat.

„Mein Lieblingsstück" (Tastsinn)
Material:
- ein Karton mit Deckel oder ein großes Tuch
- einen Teppichschneider
- unterschiedliche Stoffreste (z. B. Filz, Kunstfell bzw. Kunstpelz, Fleece, Wolle, Leinen, Baumwolle, Seide, Samt, Chemiefaser wie Polyester und Viskose, Wildleder und Leder, Cord, Noppenstoffe, Wolle;
  Tipp: Bei einem Schneider oder einer Gardinenhandlung nach Stoffresten fragen.

Durchführung: In den Karton mit dem Teppichschneider ein Loch als Zugang für die Hand schneiden. Stoffreste zurechtschneiden und in die Kiste legen. Kiste verschließen. Die Kinder dürfen ihre Hand durch die Öffnung stecken und durch Tasten erfühlen, welcher Stoff sich angenehm anfühlt und welcher weniger angenehm. Manche kratzen eventuell auf der Haut, andere fühlen sich sehr weich an und erinnern vielleicht an das Fell einer Katze. Hat das Kind einen Lieblingsstoff ausgewählt, kann es ihn aus der Kiste nehmen und versuchen zu beschreiben, welche Eigenschaften er hat und je nachdem auch, um welchen Stoff es sich hierbei handelt. Vielleicht können auch die anderen Kinder helfen oder ein Kind besitzt ein Kleiderstück genau aus diesem Material.

Tipp: Die Stoffstücke können auch unter einem großen Tuch versteckt werden.

„Was berühre ich?" (Tastsinn)
Material:
- eine Rolle Klebestreifen
- einen Korb mit Spiel- bzw. Tastmaterial

Durchführung: Die Fingerkuppen einer Hand mit Klebestreifen umkleben. Nun können die Kinder versuchen, unterschiedliche Materialien im Korb zu ertasten. Zum Vergleich können sie die andere Hand einsetzen. Noch spannender ist dieses Experiment mit geschlossenen Augen.

Memory „Der Fühlmatz" (Tastsinn)
Material:
- sechs gleich große Säckchenpaare mit verschiedenen Materialien (z. B. Sand, Münzen, Perlen, Körner, Knöpfen, Gel etc.); die Säckchen müssen äußerlich absolut identisch sein
- ein Tisch

Durchführung: Die Säckchen werden auf den Tisch gelegt. Nun muss jedes Kind die Säckchen ertasten und die Paare erraten.

Abschlussrunde, Erfahrungsaustausch
Die Kinder sollen abschießend die Möglichkeit haben, das Erlebte zu reflektieren und sich über (Sinnes-)Erfahrungen auszutauschen (z. B. „Was hat am meisten Spaß gemacht?").

 Abschlussritual
Vorschläge siehe Seite 44

Weiterführung im Alltag: In jeder Einrichtung kann mit einfachen Mitteln eine kleine Sinnesecke eingerichtet werden. Zu jedem der Sinne eine Aktivität anzubieten, die etwa nach einer Woche wechselt, erhält die Spannung und weckt die Neugier der Kinder.

Der Alltag ist voll mit sinnlichen Erlebnissen: Welche Fahrzeuge erkennen wir am Geräusch? Welcher Duft kommt aus der Küche? Gibt er uns Aufschluss darüber, was es heute zum Mittagessen geben wird? Wie schmeckt der Apfel, die Orange, die Mandel, der Käse etc.? Kann ich die Spielsachen über das Tasten erraten? Wie riecht der Frühling, der Herbst oder der Sommer?

3.3 Der „Gefühlevogel"

Ablauf der dritten Programmeinheit
Wichtiger Hinweis: Die Thematisierung der Gefühle mit Hilfe des Buches „Der Seelenvogel" kann je nach religiösem Hintergrund der Familien ungeeignet sein. Um Missverständnisse vorzubeugen, können die Inhalte des Kinderkurses mit den Eltern in einem Elternkurs oder einem Elternabend/-nachmittag vorbereitet werden.

- Eingangsritual
- Gespräch über Gefühle
- Vorlesen des Bilderbuchs „Der Seelenvogel"
- Die Kinder malen ihren eigenen Gefühlevogel.
- Gespräch über den Gefühlevogel
- Einführung der drei „Gefühlebärchen" als Feedbackmöglichkeit
- Abschlussritual

Ziele
- In dieser Programmeinheit werden die Kinder motiviert und darin unterstützt,, sich über Gefühle Gedanken zu machen, Gefühle auszudrücken und sich gegenseitig mitzuteilen.
- Kinder, die in dieser Einheit (noch) nicht über Gefühle reden können oder möchten, erhalten die Gelegenheit, etwas darüber zu hören und bekommen Anregungen.

Setting
- Die Kinder werden im Stuhlkreis oder in einer Sitzecke auf einer Decke für das Eingangsritual und das erste Gespräch bzw. für die Geschichte empfangen.
- Zum Malen der Gefühlevögel wird viel Platz benötigt (auf dem Boden liegend, am Tisch sitzend etc.).
- Der Schluss findet wieder im Stuhlkreis bzw. in der Sitzecke statt.

Material

- die Handpuppen Skippy und Flippy
- das Bilderbuch „Der Seelenvogel" von Michal Snunit
- für jedes Kind eine vorgezeichnete oder kopierte, leere Gefühlevogel-Vorlage (siehe Kopiervorlage 2), mindestens auf DIN-A3-Größe, besser noch auf DIN-A2-Größe
- Stifte zum Malen (dicke und/oder dünne Holzstifte, Wachsmalstifte u. a.)
- die Kärtchen „Gefühlebärchen" (Kopiervorlage 1)
  Tipp: Diese Kärtchen werden oft während des Programms eingesetzt, es lohnt sich, entweder für jedes der Kinder drei kleine Kärtchen zu laminieren oder für die gesamte Gruppe drei große Karten zu laminieren; diese großen Karten können dann von einem Kind bzw. einer Pädagogin zum/zur nächsten weitergereicht oder in die Mitte des Kreises gelegt werden.

Kopiervorlage 2: Gefühlevogel

Praktische Durchführung der dritten Einheit

✋ Eingangsritual
Vorschläge siehe Seite 42–44

Gespräch über Gefühle

Pädagogin: „Heute wollen wir mit euch über Gefühle sprechen. Es gibt viele verschiedene Gefühle. Kennt ihr ein paar?"

Die Kinder nennen/beschreiben Gefühle, die sie schon kennen und – wenn möglich – erzählen, wie sich das jeweils anfühlt oder in welchen Situationen sie sich so fühlen.

Pädagogin: „Es gibt Gefühle, die sich schön anfühlen und es gibt Gefühle, die sich nicht schön anfühlen. Lasst uns mal sortieren."

Gemeinsam wird gesammelt, was sich gut und was sich nicht gut anfühlt (z. B. Freude fühlt sich gut an, Angst fühlt sich nicht gut an).

Pädagogin: „Was meint ihr, wo wohnen die Gefühle in unserem Körper?"

Manche Kinder werden möglicherweise auf Bauch, Herz oder Kopf zeigen.

Pädagogin: „Ja, (ohne weiteren Kommentar) und manche sagen, die Gefühle wohnen in der Seele. Habt ihr schon mal den Begriff ‚Seele' gehört?"

Die Kinder können sich dazu äußern und ihre Ideen sagen.

Tipp: Dieses Gespräch kann auch gut wieder mit den Handpuppen geführt werden.

Pädagogin (Überleitung zum Bilderbuch): „Dieses Buch hier (den Kindern das Buch zeigend) hat ein Mensch geschrieben und gemalt, der sich auch überlegt hat, wo die Gefühle wohl wohnen und auch, wie sie aussehen könnten. Seine Geschichte dazu ist die vom Seelenvogel und die möchte ich euch jetzt gerne erzählen."

Das Bilderbuch „Der Seelenvogel" (Snunit 1991)

Die Kinder bilden mit ihren Stühlen einen engen Stuhlkreis/setzen sich in der Sitzecke eng zusammen, sodass jeder die Bilder im Buch gut sehen kann. Gruppen mit älteren Kindern kann die Geschichte vorgelesen werden, bei jüngeren Gruppen sollte die Geschichte eher in etwas gekürzter Form frei erzählt werden.

Die Kinder malen ihren eigenen Gefühlevogel

Überleitung nach dem Ende der Geschichte: „Jeder von euch bekommt jetzt einen solchen Gefühlevogel" (Vorlagen werden ausgeteilt). „Ihr könnt jetzt ähnlich wie der Seelenvogel euren eigenen Gefühlevogel malen. Kein Gefühlevogel sieht aus wie ein anderer, jeder ist verschieden; das heißt, ihr dürft ihn so anmalen, wie ihr möchtet. Ihr könnt gerne, wie in der Geschichte, ein paar Schubladen in euren Gefühlevogel malen und vielleicht auch, welche Gefühle in den einzelnen Schubladen wohnen."

Tipp: Es sollte darauf geachtet werden, dass jedes Kind genügend Platz hat. Während die Kinder malen, können die Pädagoginnen sich immer wieder zu Einzelnen dazusetzen und sie loben und ermuntern, nachfragen, ihnen zuhören etc. Die Kinder sollten dabei aber nicht bewertet oder kritisiert werden.

Variante: Ein Gefühlevogel mit Schubladen kann alternativ aus Streichholzschachteln gemeinsam mit den Kindern gebastelt werden.

Gespräch über den Gefühlevogel

Ist ein Kind fertig, wird es gefragt, welche Gefühle es in seine Schubladen gemalt hat bzw. welche Gefühle in seinem Gefühlevogel wohnen. Nicht jedes Kind kann oder möchte schon Gefühle benennen und malen. In diesem Fall ist das Kind möglicherweise einfach noch nicht so weit bzw. möchte sich dazu einfach noch nicht äußern. Dies wird auf jeden Fall akzeptiert und das Kind wird für sein Werk unbedingt gelobt.

Die Kinder entscheiden individuell, was mit ihren Gefühlevögeln geschieht. Es handelt sich hierbei um sehr persönliche Motive, eine kollektive Entscheidung ist an dieser Stelle nicht angebracht. Möchten die Kinder diese mit nach Hause nehmen oder lieber bei der Pädagogin lassen? Nicht jedes Kind möchte seine innersten Gefühle mit nach Hause nehmen. Diese Bilder sollten dann allerdings auch nicht im Kindergarten aufgehängt werden!

Einführung der drei „Gefühlebärchen" als Feedbackmöglichkeit

Zum Ende dieser Programmeinheit werden den Kindern im Stuhlkreis die drei gelben „Gefühlebärchen" gezeigt und mit ihnen gemeinsam überlegt, was sie da sehen und was das bedeutet:

- lachendes Gesicht: ☺ für Freude
- gleichgültiges Gesicht: ☻ für „normal"
- schmollendes Gesicht: ☹ für Traurigkeit, Ärger, Langeweile

Die Pädagoginnen erklären den Kindern, dass man mit den „Gefühlebärchen" ausdrücken kann, wie einem das Programm heute gefallen hat: ein lachendes Gesicht für „mir hat es Spaß gemacht, ich fand es toll", ein schmollendes Gesicht für „mir hat es keinen Spaß gemacht, es war langweilig, es hat mir nicht gefallen" und ein gleichgültiges Gesicht für „ich fand es ganz normal, nichts Besonderes". Die drei großen „Gefühlebärchen" werden auf den Boden in die Mitte des Kreises gelegt. Ein Kind beginnt und sucht sich das entsprechende Gesicht aus, hält es hoch und setzt sich anschließend wieder auf seinen Platz. Oder aber jeder bekommt seine eigenen Kärtchen und kann dann ein entsprechendes hochhalten, bis jeder einmal dran war. Wer möchte, darf natürlich auch gerne sagen, warum die Wahl auf diese Karte fiel. Die Pädagoginnen machen bei der Feedbackrunde mit und entscheiden sich auch jeweils für eine Karte.

 Abschlussritual

Vorschläge siehe Seite 44

3.4 Meine und andere Gefühle

Ablauf der vierten Programmeinheit

✋ Eingangsritual
- Einstieg mit dem Lied „In mir wohnt eine Sonne"
- Einführung der „Gefühlsuhr"
- Körperübung: Gefühle spielen
- Pantomime: Gefühle raten
- Lied: „Kleines Lied für Indianer"
- Feedbackrunde mit den Kärtchen Gefühlebärchen

✒ Abschlussritual

Ziele

- In dieser Programmeinheit werden die Kinder mit Basisemotionen vertraut gemacht (Freude, Ärger, Angst, Traurigkeit etc.).
- Die Kinder werden für die Selbst- und Fremdwahrnehmung von Gefühlen sensibilisiert.
- Die Ausdrucksmöglichkeiten der eigenen Gefühle werden gefördert.

- Es werden verschiedene Arten des Emotionsausdrucks (durch Sprache, Mimik und Körperhaltung) vermittelt.
- Gespräche über Emotionen werden anregt.

Setting

- Die Kinder werden im Stuhlkreis oder in einer Sitzecke auf einer Decke für das Eingangsritual empfangen.
- Die Lieder können sowohl im Stuhlkreis, als auch frei im Raum gesungen und ggf. dargestellt werden.
- Die Gefühlsuhr kann auf dem Boden individuell gestaltet werden.
- Die Körperübung und das Pantomime-Spiel können gut in einem Sitzkreis durchgeführt werden.
- Der Schluss (Feedbackrunde und Abschlussritual) findet wieder im Stuhlkreis/in der Sitzecke statt.

Material

- die Handpuppen Skippy und Flippy
- die Lieder „In mir wohnt eine Sonne" und „Kleines Lied für Indianer"
- für jedes Kind eine Gefühlsuhr (siehe Kopiervorlage 3)
- Stifte zum Malen (dicke und/oder dünne Holzstifte, Wachsmalstifte etc.)
- die Kärtchen Gefühlebärchen (Kopiervorlage 1)

Kopiervorlage 3: Gefühlsuhr

Praktische Durchführung der vierten Einheit

✋ Eingangsritual
Vorschläge siehe Seite 42–44

Einstieg mit dem Lied „In mir wohnt eine Sonne"
(Blattmann/Mebes 2003)
Die Pädagoginnen stellen den Kindern zunächst das Lied „In mir wohnt eine Sonne" (Abbildung 16) einmal ganz vor und überlegen dann mit den Kindern gemeinsam, wie sie die einzelnen Passagen des Liedes mit Mimik und Bewegungen darstellen können. Im Anschluss singen alle gemeinsam das Lied und führen dazu die vereinbarten Bewegungen und Mimiken durch. Den Kindern macht es natürlich doppelt soviel Spaß, wenn auch die Pädagoginnen nicht nur singen, sondern auch aktiv mitmachen. Vorschläge für die Mimik und Bewegungen sind auf der Abbildung zu finden. Weitere Anregungen finden Sie im didaktischen Material „In Mir wohnt eine Sonne" von Sonja Blattmann und Marion Mebes. Den Kindern wird erklärt was das Sonnengeflecht ist, nämlich das Nervengeflecht unter unserer Bauchdecke, das sehr empfindlich reagiert und dadurch verschiedene Stimmungen anzeigen kann. Es verkrampft sich bei Ängsten und entspannt sich bei Freude. Das Bild der kleinen Sonne im Bauch kann den Kindern helfen ihre Stimmungen zu erspüren und Gefühle auszudrücken.

Einführung der „Gefühlsuhr"
Jedes Kind bekommt eine Gefühlsuhr. Die Kinder beschreiben, was sie darauf sehen und um welchen Gefühlsausdruck es sich handeln könnte. Den Kindern wird dann die Bedeutung und Funktion der „Gefühlsuhr" erklärt:

> „Die Gefühlsuhr zeigt immer an, wie es euch gerade geht und wie ihr euch fühlt, also z. B. ob ihr traurig seid oder so ärgerlich, dass euch die Haare zu Berge stehen, oder ob ihr ganz müde seid oder ob ihr richtig fröhlich seid. Das heißt, ihr

> könnt den Zeiger der Uhr immer auf das Gesicht drehen, welches das zeigt, wie ihr euch gerade fühlt. Und dann können alle, die an der Uhr vorbeilaufen (z. B. eure Eltern oder eure Geschwister) sehen: Oh, heute geht es euch so oder so."

Die Pädagoginnen ahmen mit den Kindern zusammen die Gesichter auf der Uhr nach. Dann wird mit den Kindern überlegt, wo sie zu Hause die Uhr am besten aufhängen können (an die Zimmertür, an den Kühlschrank, neben das Bett etc). Wer mag darf seine Uhr dann noch anmalen.

Körperübung „Gefühle spielen"
Sind alle Kinder mit dem Anmalen fertig, dürfen sie sich für die Körperübung frei im Raum bewegen. Eine Pädagogin zeigt ein Gefühl auf der Gefühlsuhr. Alle Kinder und die andere Pädagogin versuchen, dieses Gefühl darzustellen.

Pantomime „Gefühle raten"
Die Pädagogin fragt nach einem freiwilligen Kind, das beginnen möchte. Das Kind kommt in die Mitte des Kreises und die Pädagogin zeigt dem Kind auf der Gefühlsuhr ein abgebildetes Gefühl. Das Kind stellt dieses Gefühl pantomimisch dar, während die anderen versuchen zu erraten, um welches Gefühl es sich handelt. Das Kind, welches zuerst richtig geraten hat, kommt als nächstes an die Reihe.

Lied „Kleines Lied für Indianer"
Anschließend wird das „Kleine Lied für Indianer" (Abbildung 17) gesungen, vorgespielt und besprochen. Die Darstellung übernehmen die Handpuppen Flippy und Skippy, da eine echte Darstellung durch die Kinder leicht zu Hänseleien führen kann.

Die Kinder werden gefragt, wann sie schon mal Angst hatten ausgelacht zu werden, ob ein Indianer überhaupt Angst haben darf (hierbei kann ein Bezug

In mir wohnt eine Sonne!

Noten und Notensatz: Daniel Vogel

2. In mir wohnt eine Sonne, die leuchtet und hält warm.
   Sie strahlt aus meinen Händen und lacht dich an.

3. In mir wohnt eine Sonne, die leuchtet und hält warm,
   Sie strahlt aus meinem Herzen und lacht dich an.

Musik in Mimik & Bewegung

1. Strophe: Die Augen strahlen lassen, eine andere Person anstrahlen...

2. Strophe: Jede Hand hat fünf Sonnenstrahlen, Arme, Hände und Finger ausstrecken und die Sonne aufgehen lassen. Auf Wunsch Sonnenstrahlen zählen.

3. Strophe: Hände auf die Höhe des Sonnengeflechts legen.

Abbildung 16: „In mir wohnt eine Sonne" (Aus: Blattmann/Mebes: koPPischoPP, In mir wohnt eine Sonne – 2003, verlag mebes & noack, Köln)

Kleines Lied für Indianer

Noten und Notensatz: Susanne Eichin & Ronni Hugonet

Sitzt'-n klei-ner In-di-a-ner hin-term Busch und heu - lt heu -

lt Hat die Ho-sen nass gemacht. Sitzt'-n klei-ner In-di-a-ner hin-term Busch und
Wird er jetzt wohl aus-ge-lacht?

heu - lt heu - lt Kommt sein best-er Freund. Fragt, wa-rum er

weint Strei-chelt ihn ganz sacht und hat nicht ge-la - cht. Sitzt'-n

klei-ner In-di-a-ner hin-term Busch und la - cht la - cht

Musik in Mimik und Bewegung

Benutzen Sie zur szenischen Begleitung selbstgebastelte
Indianerfiguren oder Fingerpüppchen. Die Umsetzung im
direkten Rollenspiel eignet sich nicht, weil ein Junge, der
die Rolle des Indianers übernimmt, leider immer noch zu
schnell Opfer von Hänseleien werden kann. Das Spiel mit
den Puppen macht eine indirektere und geschütztere Auseinandersetzung mit dem Thema möglich.

Abbildung 17: „Lied für kleine Indianer" (Aus: Blattmann/Mebes: koPPischoPP, In mir wohnt eine Sonne –
2003, verlag mebes & noack, Köln)

zu dem Spruch „Ein Indianer kennt keinen Schmerz"
hergestellt werden) und warum es ganz normal ist,
Angst zu haben. An dieser Stelle kann die Pädagogin
den Kindern erzählen, wann sie selbst schon mal
Angst hatte und dabei erklären, dass auch erwachsene Menschen Angst haben. Die Kinder können
weiterhin gefragt werden, warum der Indianer vom
Freund nicht ausgelacht wird und warum dieser ihn
stattdessen in den Arm nimmt und streichelt.

Feedbackrunde mit den Kärtchen
„Gefühlebärchen"
Beschreibung siehe Seite 44

 **Abschlussritual**
Vorschläge siehe Seite 44

Alternative: Das „Lied von den Gefühlen". Die
Noten und der Text zu diesem Lied finden sich bei
Hoffmann (1983).

3.5 Bilderbücher zum Thema Selbstwahrnehmung

- Cave, K., Riddell, C. (1994): Irgendwie anders. Oe-
tinger, Hamburg
- Löffler, H., Manske, C. (2009): Ein Dino zeigt Ge-
fühle. Fühlen, Empfinden, Wahrnehmen. Mebes &
Noack, Köln
- Holländer, K. (2004): Winzig groß und riesig klein.
Dachs Verlag, Wien

- Janisch, H. (2002): Die Prinzessin auf dem Kürbis.
Thienemanns, Stuttgart/Wien
- Kinskofer, L., Ballhaus, V. (2001): Der Tag, an dem
Marie ein Ungeheuer war. Bajazzo, Zürich
- Shalev, M. (1994): Papa nervt. Diogenes, Zürich
- Waechter, P. (2008): Ich. Beltz & Gelberg, Wein-
heim

4 Selbststeuerung

Die Grundlagen der Selbststeuerung können im Teil I des Manuals im Kapitel 2.3 (ab Seite 17) nachgelesen werden.

Thematische Fragestellungen (modifiziert nach Fröhlich-Gildhoff et al. 2008b, 69 und 105f)
- Wie kann ich mich selbst beruhigen?
- Wie kann ich meine Emotionen kontrollieren (Impulskontrolle)?
- Wie kann ich mich innerlich „sammeln", um Aufgaben gezielt anzugehen?

Zielsetzungen
- Möglichkeiten kennenlernen, mit eigenen Gefühlen (z. B. Ärger, Enttäuschung, usw.) umzugehen,
- Schritte lernen, die helfen, sich selbst zu steuern bzw. zu beeinflussen,
- innere Anforderungen bewältigen und ihnen mutig zu begegnen,
- andere um Hilfe bitten können, wenn Probleme oder schwierige Situationen auftauchen,
- die Wirkung von eigenen Verhaltensweisen auf andere erkennen.

Fördermöglichkeiten
- Signalregeln für Konfliktsituationen einführen (z. B. Stopp-Schilder oder Ampelsystem: rot = Stopp, gelb = überlegen, grün = für beste Lösung entscheiden),
- das Kind zum lauten Denken auffordern, eigene Denkprozesse transparent machen,
- Kind von außen unterstützen (z. B. durch Beruhigung, Eingehen auf Konflikt, usw.).

4.1 Mit Gefühlen umgehen

Ablauf der fünften Programmeinheit
- ☝ Eingangsritual
- Begrüßung durch Flippy und Skippy mithilfe der Fühlsäckchen
- Besprechung und Zuordnung der Situationskarten
- Gespräch über eigene Erlebnisse
- Actionspiel: „Heute gehen wir auf Bärenjagd"
- Feedbackrunde mit den Kärtchen „Gefühlebärchen"
- ✏ Abschlussritual

Ziele
- Die Kinder lernen unterschiedliche Gefühle in ihrer Bedeutung für das eigene Handeln kennen.

Setting
- Die Kinder werden im Stuhlkreis/der Sitzecke für das Eingangsritual empfangen.

Material
- die Handpuppen Skippy und Flippy
- Fühlsäckchen mit unterschiedlichen Inhalten (z. B. Knöpfe, Linsen, Sojabohnen, Kastanien, getrockneter Weizen, Kieselsteine, Stopfwolle oder Watte, Stofffetzen, Erbsen)
- die Situationskarten (Kopiervorlage 4)
- die Emotionskärtchen (Kopiervorlage 5)
- die Kärtchen „Gefühlebärchen" (Kopiervorlage 1)

Praktische Durchführung der fünften Einheit

☝ Eingangsritual
Vorschläge siehe Seite 42–44

Begrüßung durch Skippy und Flippy
Die Fühlsäckchen und „Gefühlebärchen" liegen bereit.
Skippy und Flippy unterhalten sich:

Flippy: „Hallo Skippy! Hallo Kinder!"
Skippy: „Hallo Flippy, schön dich zu sehen! Sag mal, was hast du denn da für geheimnisvolle Säckchen mitgebracht?"
Flippy: „Du wirst es nicht glauben: Aber in den Säckchen hier drin sind die unterschiedlichsten Gefühle versteckt!"
Skippy: „Was?! Wie soll das denn gehen?"
Flippy: „Das ist ganz einfach! Ihr erinnert euch doch sicher an den Tag, als wir über die unterschiedlichen Gefühle gesprochen haben, die in

uns drin wohnen, oder? Könnt ihr euch denn auch noch daran erinnern, welche Gefühle es so gibt?" (Die Kinder sammeln lassen.)

Skippy: „Ja, ich kann mich auch daran erinnern. Da gibt es Gefühle, die sich nicht so schön anfühlen, z. B. wenn ich mich traurig fühle, weil meine Freundin keine Zeit für mich hat. Und dann gibt es Gefühle, die sich richtig toll anfühlen, z. B. wenn ich auf etwas stolz bin oder wenn ich so fröhlich bin, dass ich fast platze und den ganzen Tag singen könnte."

Flippy: „Genau! Und dann gibt es noch Gefühle, die irgendwie anders sind, z. B. wenn man aufgeregt ist, so wie ich kürzlich, als ich zum ersten Mal ohne Stützrädchen Fahrrad gefahren bin. Da hatte ich ein ganz komisches Gefühl im Bauch und wusste erst gar nicht, ob ich mich mehr freue oder mehr Angst habe."

Skippy: „Ja und was hat das denn nun mit diesen Säckchen hier zu tun?"

Flippy: „Wenn du die Fühlsäckchen in die Hand nimmst und die Augen schließt, dann kannst du spüren, welches Gefühl in dem Säckchen versteckt ist. Und das kann bei jedem anders sein."

Skippy: „Das klingt ja spannend! Können wir das auch mal ausprobieren? Wir können es ja so machen, dass jedes Kind mal fühlen darf und für sich entscheidet, zu welchem Gefühlebärchen das Säckchen am besten passt und warum."

Flippy: „Auja, das ist eine gute Idee!"

Assoziieren von Gefühlen anhand von Fühlsäckchen

Es ist wichtig, dass die Fühlsäckchen mit angenehmen, unangenehmen und irgendwie ‚komischen' Materialien befüllt sind, damit die Kinder möglichst große Unterschiede erspüren können. Die Kinder ertasten nun die Säckchen und ordnen das Gefühlte ihren Emotionen zu (z. B. fühlen sich Linsen sehr weich an und können bspw. mit Wohlbefinden oder „entspannt sein" verbunden werden). Die Pädagogin steht den Kindern dabei unterstützend zur Seite und ermuntert sie immer wieder, ihre Assoziationen zu verbalisieren. Dabei ist es wichtig, individuelle Empfindungsunterschiede zu beachten und stehen zu lassen.

Wenn die Säckchen den Emotionskärtchen zugeordnet sind, überlegen die Kinder, welche Säckchen in welcher Stimmungslage hilfreich sein könnten, z. B. das ‚weiche Säckchen' als Trost wenn man traurig ist, das ‚aufregende Säckchen' (z. B. befüllt mit kleinen Kügelchen) wenn man sich müde oder gelangweilt fühlt, das ‚stachelige Säckchen' wenn man zeigen will, dass man gerade ärgerlich ist, das ‚angenehme Säckchen', wenn man aufhören möchte, sich zu ärgern oder was auch immer den Kindern dazu einfällt!

Situationskarten zum Umgang mit Gefühlen

Mit den Kindern werden nun – je nach Energie – zwei bis drei der Situationskarten besprochen.

Die Kinder werden gefragt, was auf dem Bild genau zu sehen ist: „Wie viele Personen sind zu sehen? Was ist noch zu sehen? Was machen die Personen auf dem Bild? Was mögen sie wohl denken? usw."

Folgende Impulsfragen eignen sich für die Besprechung der jeweiligen Karten:

Situation 1:

Was möchte das Kind? Was denkst du, wie sich das Kind dabei fühlt? Wie könnte das Kind sein Ziel erreichen? Was könnte es stattdessen tun (z. B. süßes Obst essen, wenn es an die Bonbons nicht rankommt und niemand da ist, den es fragen könnte)? Was würde passieren, wenn das Kind sein Ziel nicht erreicht? Wie würde es sich fühlen? Was könnte es tun, wenn es plötzlich ganz ärgerlich wird, weil es die Bonbons nicht erreicht? Was könnte es tun bzw. sich sagen, um seinen Ärger/seine Wut/seine Enttäuschung zu verarbeiten?

Kopiervorlage 4: Situationskärtchen, Bild 1

Situation 2:

Was machen die Kinder? Wie fühlen sie sich? Was denken die einzelnen Personen? Was würde passieren, wenn die Mama sagt, dass es Zeit ist, nach Hause zu gehen? Wie würden die Kinder reagieren? Welche Gefühle könnten damit verbunden sein (z. B. Enttäuschung, Vorfreude auf morgen, usw.)? Was könnten die Beteiligten tun, damit der Tag zu einem schönen Abschluss kommt?

Kopiervorlage 4: Situationskärtchen, Bild 2

Situation 3:

Wo befindet sich das Kind? Was hat das Kind vor? Wie fühlt es sich dabei (z. B. lautes Herzklopfen)? Was könnte dem Kind helfen? Was könnte sich das Kind sagen? Wie könnte es sein Ziel erreichen? Wer könnte es bei seiner Herausforderung unterstützen? Wie würde es sich fühlen, wenn es sich überwindet?

Kopiervorlage 4: Situationskärtchen, Bild 3

Situation 4:

Was passiert auf dem Bild? Wie fühlt sich das Kind? Was denkt es? Wie könnte sich die Angst genau anfühlen? Was könnte der Hund denken? Ist der Hund allein? Ist das Kind allein? Welche Möglichkeiten hat das Kind (z. B. Straßenseite wechseln, fragen, ob der Hund gefährlich ist)? Wen könnte es um Hilfe fragen? Was braucht das Kind (z. B. jemanden, der es an der Hand nimmt bzw. es tröstet, jemanden Vertrautes, der mit ihm zusammen zum Hund geht, um diesen kennen zu lernen)?

Kopiervorlage 4: Situationskärtchen, Bild 4

Situation 5:

Wer beschenkt wen? Wie fühlt sich die Frau? Wie fühlt sich das Kind? Was denken die beiden? Wie fühlt sich diese Freude wohl genau an? Was könnte als nächstes passieren? Was würde passieren, wenn in dem Geschenk etwas drin ist, was sich das Kind gar nicht gewünscht hat? Wie würde sich dann die Frau fühlen? Was könnte sich das Kind sagen bzw. was könnte es tun, um trotzdem Freude an seinem Geburtstag zu haben?

Kopiervorlage 4: Situationskärtchen, Bild 5

Bei der Durchführung liegt der Fokus auf den damit verbundenen Gefühlen. Die Kinder erhalten dadurch ein Gefühl dafür, welche Auswirkungen unterschiedliche Gefühle und innere Zwiegespräche auf das eigene Handeln haben können.

Anschließend ordnen die Kinder den einzelnen Bildern noch die Emotionskärtchen (Kopiervorlage 5) zu und begründen, weshalb sie sich für das entsprechende Kärtchen entschieden haben. Insgesamt ist es auch hier wichtig, unterschiedliche Lösungsmöglichkeiten zuzulassen und die Kinder dabei zu unterstützen, an eigene Situationen anzuknüpfen.

Kopiervorlage 5: Emotionskärtchen

Gespräch über eigene Erlebnisse
Die Kinder werden eingeladen, von eigenen ähnlichen Erlebnissen zu erzählen (auf andere zugehen, Freunde suchen, ängstlich sein, usw.).

Actionspiel „Bärenjagd"
Erklärung siehe 48

Feedbackrunde mit den Kärtchen „Gefühlebärchen"
Beschreibung siehe Seite 44

 **Abschlussritual**
Vorschläge siehe Seite 44

4.2 Das „Ampel-Prinzip"

Ablauf der sechsten Programmeinheit
- Eingangsritual
- Übung mit Ampel-Signalkärtchen
- Handpuppendialog
- Spiel: „Knall, knall, knall, wir fliegen jetzt ins All"
- Feedbackrunde mit den Kärtchen „Gefühlebärchen"
- Abschlussritual

Ziele
- Die Kinder lernen einige Methoden zur verbesserten Steuerungsfähigkeit des eigenen Handelns kennen.
- Sie erfahren eine Stärkung ihres Zutrauens in die eigene Fähigkeit, Aufgaben bewerkstelligen zu können.

Setting
- Die Kinder werden im Stuhlkreis oder in einer Sitzecke auf einer Decke für das Eingangsritual begrüßt.
- Die Situationsschilderung findet ebenfalls im Stuhlkreis oder auf der Decke statt.
- Das Anmalen der kleinen Ampeln können die Kinder auf dem Boden machen.

Material
- die Handpuppen Flippy und Skippy
- grüne, rote und gelbe Stifte zum Malen
- Ampel-Signalkärtchen (ROT– GELB– GRÜN): für alle Kinder einen Satz im Hosentaschenformat zum Anmalen und einen für zu Hause (siehe Kopiervorlage 6)

- eine vergrößerte Ampel (Rechteck aus schwarzem Tonpapier, auf dem der rote, gelbe und grüne Tonpapier-Kreis mithilfe von Klettband befestigt wird; das Klettband macht es möglich, die Phasen der Ampel einzeln zu betrachten; Kopiervorlage 7)
- die Kärtchen „Gefühlebärchen" (Kopiervorlage 1)

Kopiervorlage 6:
Ampel

Kopiervorlage 7:
Phasen der Ampel

Praktische Durchführung der sechsten Einheit

Eingangsritual
Vorschläge siehe Seite 42–44

Übung mit Ampel-Signalkärtchen
Den Kindern wird mittels der Handpuppen eine

konflikthafte Situation erzählt, die sie aus ihrem Alltag kennen und in die sie sich leicht gedanklich hineinversetzen können (im Weiteren verdeutlicht anhand des Beispiels „Zimmer aufräumen"). Dabei wird den Kindern ein Rahmen vorgegeben, z. B.

Das Zimmer soll aufgeräumt sein, bis die Mutter vom Einkaufen zurückkommt.

Auswirkungen/Folgen ihres Handelns: Wenn sie ihr Zimmer aufgeräumt haben, findet etwas Schönes statt (versprochener Ausflug, Spielen mit dem Nachbarskind o.ä.). Wenn sie ihr Zimmer nicht aufräumen, findet das Schöne nicht statt. Die Herausforderung für das Kind besteht darin zu entscheiden, wie es sich in dieser speziellen Situation am besten verhalten kann. Um das herauszufinden, sollen ihm die Ampel-Signalkärtchen behilflich sein. Sie sollen das Kind in seinem gedanklichen Ablauf leiten und unterstützen.

- ROT steht für „Halt! **Stop!** Ich stoppe mein Handeln."
- GELB soll das Kind daran erinnern, erst nachzudenken und sich zu **überlegen**, welche Möglichkeiten es denn überhaupt hat und welche Folge dieses Handeln hätte.
- GRÜN soll daran erinnern, sich **für die beste Lösung zu entscheiden**, diese dann auszuprobieren und sich hinterher selbst dafür zu loben, weil es die beste Entscheidung war.

Damit die Kinder nicht überfordert sind, werden ihnen von den Handpuppen bereits einige Lösungsvorschläge angeboten. Es wird etwas Übung brauchen, bis die Kinder wirklich verstehen können, welche Situationen sie mit diesem Prinzip selbst beeinflussen können UND bis sie gleichzeitig den Dreischritt des Ampelprinzips verstanden und verinnerlicht haben. Je häufiger man dieses Prinzip in den Alltag einbindet, desto geläufiger wird es den Kindern und desto schneller können sie es anwenden.

Das Ampelprinzip kann sehr gut in Alltagssituationen verwendet werden, wenn sich Kinder streiten. Eine gute Möglichkeit der Förderung der Selbständigkeit und Partizipation ist hierbei die Ampeln für die Kinder frei zugänglich aufzubewahren, so dass sie diese auch selbständig verwenden können.

Handpuppendialog

Flippy erzählt Skippy, was er gestern daheim erlebt hat:

Flippy: „Hallo Skippy! Schön, dich zu sehen."

Skippy: „Hallo Flippy! Ich freu mich auch, dich zu treffen."

Flippy: „Du, Skippy, ich muss dir unbedingt erzählen, was ich gestern erlebt habe. Das war eine richtig knifflige Situation für mich. Also, pass mal auf: Mama wollte, dass ich mein Zimmer aufräume, bis sie vom Einkaufen zurückkommt, weil es da so chaotisch aussah. Und sie sagte, wenn

ich nicht fertig bin, bis sie zurückkommt, dann dürfte ich später nicht meine Lieblingsserie im Fernsehen angucken. Also habe ich angefangen aufzuräumen. Und ich hatte schon fast die Hälfte aufgeräumt, als mir mein neues Lieblingsspielzeug in die Hände gefallen ist. Du weißt schon, das neue Polizeiauto mit dem Blaulicht, das so tolle Geräusche macht. Und ich hab richtig Lust bekommen, damit zu spielen. Und schon war ich völlig abgelenkt. Aber dann ist mir wieder eingefallen, was Mama gesagt hat und was ich ihr versprochen habe. Und Versprechen soll man doch halten. Also sollte ich mein Zimmer besser fertig aufräumen, bis Mama wiederkommt. Sonst wäre Mama wahrscheinlich auch enttäuscht und ich dürfte kein Fernsehen schauen. Aber ich wollte ja so gerne meine Lieblingsfernsehserie später angucken! Skippy, was hättest du denn da an meiner Stelle gemacht?"

Skippy: „Flippy, ich kenne da einen Trick, der dir das nächste Mal helfen kann, dich leichter zu entscheiden. Hör genau zu! Also, siehst du diese Ampel hier?" (den Kindern wird die vergrößerte Ampel – noch mit allen Farben – gezeigt)

Flippy: „Ja. Was ist mit der?"

Skippy: „Also, das oberste Licht der Ampel ist rot. Und es bedeutet STOPP!" (gelbes und grünes Licht auf der Ampel entfernen)

Skippy: „Da muss man anhalten. Die rote Ampel soll dich erinnern, dass du in einer schwierigen Situation bist und nicht weiter weißt. Zum Beispiel, als du nicht wusstest, wie du dich entscheiden sollst. Dann kommt das GELBE Licht dazu." (gelbes Licht hinzufügen)

Skippy: „Das ist die Farbe zum Überlegen. Jetzt überlegst du dir, was du in dieser Situation tun könntest, bis dir ein paar Ideen einfallen. Und dann überlegst du, welches davon die beste wäre. Danach entscheidest du dich für diese beste Idee und führst diese aus. Und weil du dich für die beste Idee entschieden hast, kannst du anschließend total glücklich sein und dich freuen." (grünes Licht hinzufügen, rotes und gelbes Licht entfernen)

Skippy: „Dann hast du ‚grünes Licht' bei deinem Problem. Wir können ja mal mit den Kindern zusammen überlegen, wie dir die Ampel hätte helfen können. Seid ihr bereit dazu, Kinder? Dann geht's mit der ROTEN Ampel los. Erstens ROT: Wenn du nicht weißt, ob du besser mit deinem Lieblingspolizeiauto spielen oder dein Zimmer fertig aufräumen sollst, was du deiner Mama versprochen hast, dann höre erst mal mit beidem auf. Stopp. Anhalten. Pause. Dann kommt das zweite Licht: GELB – überlegen! Na, Kinder, wisst ihr noch, was der Flippy jetzt tun sollte?" (Antworten abwarten und darauf eingehen; entsprechende Konsequenzen berücksichtigen, z. B. Zimmer aufräumen bedeutet: die Mama freut sich und ich kann die Serie ansehen oder: mit dem Auto spielen bedeutet: ich darf die Serie nicht sehen und Mama ist enttäuscht.)

Skippy: „Flippy, da fällt mir „die" Superidee ein! Wenn du dich ganz doll beeilst mit dem Aufräumen, dann bleibt dir noch viel Zeit übrig, mit deinem Lieblingspolizeiauto zu spielen, bevor deine Mama wieder vom Einkaufen zurückkommt. Deine Mama wäre stolz auf dich, und du kannst anschließend in aller Ruhe deine Lieblingsfernsehserie anschauen. Das ist doch die beste Idee!"

Flippy: „Mensch, Skippy! Die Idee ist wirklich spitze! Dann hab ich „grünes Licht" bei meinem Problem!"

Skippy: „Genau Flippy! Ich glaube, du hast den Trick mit der Ampel verstanden. Und ihr, Kinder? Habt ihr ihn auch verstanden?" (Eventuell bei Kindern nochmal nachfragen.)

Die Kinder bekommen die Übungskärtchen: Je nachdem, wie viel Zeit noch übrig ist, können die Kinder die kleinen Ampelkärtchen in Hosentaschenformat, die sie jetzt ausgeteilt bekommen, noch anmalen. Ansonsten dürfen sie sie mitnehmen und zu Hause anmalen. Es sollte auf jeden Fall noch genügend Zeit bleiben, um ein Bewegungsspiel zu spielen.

Spiel „Knall, knall, knall, wir fliegen jetzt ins All"
Erklärung siehe Seite 49

Feedbackrunde mit den Kärtchen „Gefühlebärchen"
Beschreibung siehe Seite 44

 **Abschlussritual**
Vorschläge siehe Seite 44

Tipp: Das Ampelprinzip kann sehr gut in Alltagssituationen verwendet werden, z. B. wenn sich Kinder streiten oder wenn der Gruppenraum oder der Garten aufgeräumt werden soll. Wenn die Ampeln für die Kinder frei zugänglich sind, können sie darüber hinaus die Selbständigkeit der Kinder fördern.

4.3 Gefühle steuern

Ablauf der siebten Programmeinheit
✋ Eingangsritual
- Situationsgeschichte zu „Sich überwinden" oder „Mit Wut umgehen" (Abbildung 18 und 19)
- Gespräch über eigene Erlebnisse
- Lied zur Selbststeuerung (Version I oder II) (Abbildung 20)
- Feedbackrunde mit den Kärtchen „Gefühlebärchen"
  Abschlussritual

Ziele
- Die Kinder lernen Verhaltensmöglichkeiten zur Kontaktaufnahme oder im Umgang mit Wut kennen.

Setting
- Die Kinder werden im Stuhlkreis/der Sitzecke für das Eingangsritual empfangen.
- Für die Situationsgeschichte wird ausreichend Platz benötigt.

Material
- die Handpuppen Skippy und Flippy
- die Situationsfotos „Bauecke" (Abbildung 18) oder „wütendes Mädchen" (Abbildung 19)
- Lied zur Selbststeuerung (Abbildung 20, Version I und II)
- für jedes Kind ein „Stopp-" und ein „Go-Schild" (siehe Kopiervorlage 8)
- die Kärtchen „Gefühlebärchen" (Kopiervorlage 1)
- für die Varianten: Digital- bzw. Videokamera oder Papier, Kartons und Stifte

Kopiervorlage 8:
Stopp- und Go-Schild

Praktische Durchführung der siebten Einheit

✋ Eingangsritual
Vorschläge siehe Seite 42–44

Situationen und Verhaltensstrategien zu „Sich überwinden" bzw. „Mit Wut umgehen"

Von den nachfolgenden Vorschlägen kann in einer Einheit jeweils nur ein Vorschlag umgesetzt werden. Die Auseinandersetzung mit zwei so herausfordernden Gefühlen sprengt einerseits den zeitlichen Rahmen und überfordert andererseits die Kinder. Es geht vielmehr darum, beispielhaft in die beschriebenen Situationen einzutauchen und eigene Lösungsstrategien zu reflektieren bzw. neue kennen zu lernen.

Skippy und Flippy können unterstützend eingesetzt werden, um die Kinder zum Erzählen zu motivieren.

I Sich überwinden
Die Kinder sitzen im Kreis, ihnen wird das Foto der Kinder in der Bauecke vorgelegt (Abbildung 18).

Abbildung 18: Situationsbild „Bauecke"

73

In einem ersten Schritt wird mit den Kindern besprochen, was auf dem Foto zu sehen ist: Wie viele Kinder sind zu sehen? Was machen die einzelnen Kinder? Sind sie alleine oder machen sie etwas zusammen? Wie könnten die Kinder heißen? Wie mögen sie sich wohl fühlen? Wie fühlt sich das Mädchen, das allein ist? Wie könnte sich das Gefühl des Mädchens genau anfühlen (z. B. Kloß im Hals, Stein im Magen)? Hier ist es sehr wichtig, mit den Kindern darüber zu sprechen, was wohl in den Köpfen der einzelnen Kinder vorgehen könnte und zunächst ganz konkret auf der Gefühlsebene zu bleiben und bei Bedarf die Kinder immer wieder auf die verschiedenen Gefühle zurückzuführen, bevor überlegt wird, wie die Geschichte weitergehen könnte.

In einem zweiten Schritt wird mit den Kindern zusammen überlegt, wie sich die Situation auf dem Bild weiterentwickeln könnte. Die Kinder werden gefragt, ob sie ähnliche Situationen aus ihrem eigenen Leben kennen. Welche Möglichkeiten kennen die Kinder, mit anderen in Kontakt zu kommen? Haben sie es schon einmal geschafft, sich zu überwinden und eine Gruppe von Kindern anzusprechen? Wie hat sich das angefühlt (davor und danach)? Haben sie schon einmal bemerkt, dass ein Kind mitspielen wollte? Wie haben sie darauf reagiert? Mit den Kindern kann auch weiter an der Situation des Bildes überlegt werden: Wie könnte die Geschichte ausgehen? Was könnte passieren, damit das Mädchen auch wieder glücklich schaut? Wie wäre das für die anderen Kinder?

Wenn noch Zeit und Energie da ist, können die Kinder in einem dritten Schritt dazu eingeladen werden, den Ausgang der Geschichte in einem Rollenspiel nachzuspielen. Hier ist es wichtig, dass die Kinder ihre eigenen Lösungsstrategien frei und ohne Vorgabe entfalten können. Im Anschluss wird reflektiert, wie sich die einzelnen Kinder gefühlt haben.

II Mit Wut umgehen

Die Kinder sitzen im Kreis und bekommen das Foto „Wütendes Mädchen" vorgelegt (Abbildung 19).

Zunächst wird zusammen überlegt, welches Gefühl das Mädchen auf dem Bild zeigt. In einem weiteren Schritt sollen die Kinder überlegen, was das Mädchen so wütend gemacht haben könnte. Die Kinder sollen dabei die Möglichkeit haben, frei zu assoziieren.

In einem dritten Schritt werden die Kinder eingeladen, die Augen zu schließen und sich zu überlegen, wann sie zuletzt so richtig wütend waren. Dies muss mit ruhiger Stimme und ausreichend Pausen moderiert werden: „Wir werden jetzt gleich gemeinsam die Augen schließen. Ich habe eine Feder

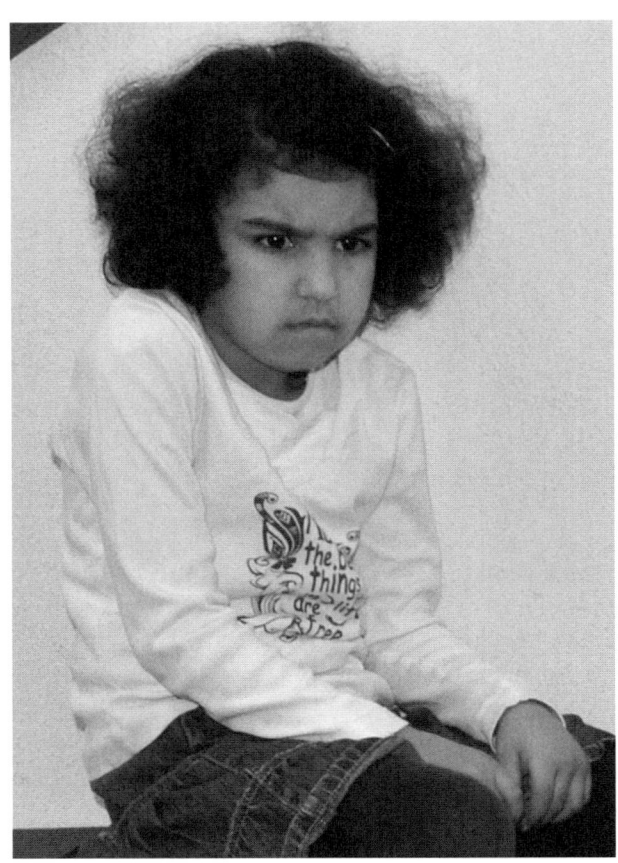

Abbildung 19: Situationsbild „wütendes Mädchen"

mitgebracht, mit der ich ganz sanft deine Haut berühren werde. Sobald die Feder dich berührt, schließt du deine Augen. … Ein Kind nach dem anderen schließt jetzt langsam seine Augen. … Nun haben alle Kinder die Augen geschlossen … Versuche dich nun daran zu erinnern, wann du das letzte Mal so richtig wütend warst. … Was genau hat dich wütend gemacht? … Vielleicht kannst du dich sogar daran erinnern, wer was gesagt oder gemacht hat. … Wo konntest du die Wut genau spüren? … War das eher im Kopf? … Oder vielleicht eher im Bauch? … Oder in deinen Muskeln? … Was hast du gemacht, als du so wütend warst? … Hat sich das gut angefühlt oder eher nicht so gut? … Was könntest du machen, wenn dich die Wut das nächste Mal besuchen kommt? … Versuche, deine Ideen ganz fest in deinem Kopf zu behalten, damit du uns später davon erzählen kannst. … Gleich wirst du die Feder wieder sanft auf deiner Haut spüren. … Sobald du die Feder gespürt hast, kannst du deine Augen wieder ganz langsam öffnen."

Nun wird gemeinsam gesammelt, welche Situationen es geben kann, die einen wütend machen. Hierbei ist es wichtig darauf hinzuweisen, dass diese Situationen für jeden einzelnen ganz unterschiedlich sein können. Genauso wie die Lösungsmöglichkeiten, die für die Situationen gefunden werden können. Die Kinder werden nun eingeladen von ihren Ideen zu berichten, was sie tun können, „wenn die Wut zu Besuch kommt". Welche Möglichkeiten gibt es, mit Wut umzugehen, ohne Dinge kaputt zu machen oder sich selbst oder anderen wehzutun?

Lied zur Selbststeuerung (Abbildung 20 a und b Version I und II)
(Dieses Lied kann auf der Homepage www.resilienz-freiburg.de angehört werden.)

Je nachdem, welcher Schwerpunkt in der Situationsgeschichte gewählt wurde („Sich überwinden" oder „Mit Wut umgehen") kann mit den Kindern nun das entsprechende Lied zur Selbststeuerung gesungen werden. Das Lied wird folgendermaßen eingeführt:

> „Ich möchte euch gerne ein neues Lied vorstellen. Und zwar geht es in dem Lied um ein Kind, das gerne mit anderen Kinder spielen möchte, sich aber nicht traut zu fragen bzw. das sehr wütend ist, weil es ausgelacht wurde und gar nicht weiß wohin mit seiner Wut. Das Lied geht so: ..."

Nun wird Strophe für Strophe vorgesungen und die Kinder werden gefragt, ob sie die Gefühle des Kindes oder ähnliche Situationen kennen und welche Bewegungen zu dem Lied passen. Die Strophe wird wiederholt, und alle Kinder machen die passende Bewegung dazu (und singen, wenn sie Lust haben mit).

Wenn es zur Strophe „Stopp! Stopp! ..." kommt, erzählt die Pädagogin, dass sich das Kind im Lied einen ganz tollen Trick einfallen ließ, um sich daran zu erinnern, dass es manchmal gut sein kann eine Pause zu machen und nachzudenken: Das Stoppschild! (Kopiervorlage 8)

Den Kindern wird das Stoppschild gezeigt und jedes Kind bekommt ein eigenes Stoppschild in die Hand. Da das Stoppschild eher ein Signal für das Kind selbst (also nach Innen) sein soll, führt das Kind seine Hand mit dem Stoppschild jeweils zu den Worten „*Stopp! Stopp!*" an sein Herz und hält es ab den Worten „*ich kann mir selbst helfen*" bzw. „*ich kann das anders lösen*", fest an die Brust gedrückt.

Wenn es zur Strophe „Go! Go! ..." kommt, erzählt die Pädagogin, dass das Kind im Lied auch ein Signal erfunden hat, damit es seine Idee dann auch wirklich umsetzt: Das Go-Schild! (Kopiervorlage 8)

Den Kindern wird zunächst erklärt, woher das Wort „Go!" (engl.) kommt und dass es soviel bedeutet wie „Los!". Dann erhält jedes Kind ein eigenes Go-Schild, das es ab den Worten „Go! Go!" offensiv zeigen kann, da das Kind im Lied sein Problem nun aktiv angeht.

Bei der Durchführung achtet die Pädagogin darauf, dass die entschleunigende Wirkung eines „Stopp!"-Pause-Machens (tief durchatmen) und die befreiende Wirkung eines „Go!"-Neustarts (ausladend-selbstbewusste Gesten) für die Kinder spürbar werden. Gemeinsam werden zumindest die Schlüsselstrophen („Stopp! Stopp!" und „Go! Go!") mit den Kindern eingeübt, sodass sie diese auf jeden Fall mitsingen können.

Variante:
Teil 1: Geschichte erfinden
Den Kindern wird der Anfang einer Geschichte erzählt, in der ein Kind Schwierigkeiten hat, mit einem sehr starken Gefühl umzugehen, z. B.:

„Selina möchte ein Haus aus Karton bauen. Sie hat mit ganz viel Liebe vier große Kartons angemalt. Sie hat an alles gedacht. Sogar an die Garage für ihr Bobby-Car. Und an ihren Papa, der aus dem Fenster winkt. Als sie die vier Kartons zu einem Haus aufstellen möchte, fallen diese immer wieder um. Das Haus will sich einfach nicht aufbauen lassen! Nach dem fünften Versuch spürt Selina, dass sie einen ganz heißen Kopf kriegt und ihre Fäuste ganz verkrampft sind. Zwischenfrage: Was denkt ihr, wie fühlt sich Selina gerade? Sie wird also so wütend, dass sie am liebsten die Kartons kaputt reißen würde ...".

Dann werden die Kinder gefragt: „Was denkt ihr, was Selina jetzt wohl machen könnte? Welche Möglichkeiten hat sie? Wie würde sie sich fühlen? Was habt ihr noch für Ideen?"

Teil 2: Geschichte kreativ umsetzen
Wenn sich alle Kinder über die Geschichte ausgetauscht haben und ihre Ideen eingebracht haben, kann sich jedes Kind für eine Lösung entscheiden, die es anspricht und diese kreativ umsetzen.

Option 1: Bilderbuch gestalten
So kann beispielsweise ein von den Kindern selbst gestaltetes Bilderbuch entstehen, das unterschiedliche Lösungen aufzeigt. Auch Lösungsversuche wie „Sie reißt den Karton kaputt" oder „Sie schlägt vor Wut ihren kleinen Bruder" können aufgenommen werden und müssen mit den Kindern in ihrer Konsequenz zu Ende gedacht werden („Wie würde sich Selina danach fühlen?", „Wie würde ihr Bruder reagieren?", „Wie ihre Eltern?"). Für den Buchtext beschreibt jedes Kind sein Bild/seine Bilder in kurzen Sätzen, die die Pädagogin zu den Bildern dazuschreibt.

Option 2: Videofilm drehen / Rollenspiel
Die Kinder werden angeregt, die eine oder andere Lösung im Rollenspiel nachzuspielen. Dies kann man mit Hilfe einer Videokamera aufgenommen

Lied zur Selbststeuerung

1. Sich überwinden

Text und Musik:
Simone Beuter (2011)

1. Ich sitz in der Bau-ek-ke ganz al-lein, da drü-ben spiel'n drei Kin-der, oh wie fein! Ich würd so gern mit-spie-len, doch oh nein! Ich trau mich nicht zu fra-gen, ich bleib al-lein! Ich trau mich nicht zu fra-gen, ich bleib al-lein. Das macht mich rich-tig trau-rig, ich fühl mich klein, ich muss ganz fes-te schluk-ken, dass ich nicht wein. Was soll ich denn nur ma-chen, ich will das nicht, ich will doch nur, dass end-lich Je-mand mit mir spricht!

2. Ich würd so ger-ne froh sein, wie die drei. Wie wür-de ich mich freu'n, wär ich da-bei! Drum mach ich erst mal Pau-se jetzt und hier! Ich ho-le ganz tief Lu-uft und sag zu mir: Ich ho-le ganz tief Lu-uft und sag zu mir: Stopp! Ich hör jetzt auf-und denk mal nach, ich kann mir sel-ber hel-fen ich weiß das. Stopp! Stopp! Ich hör jetzt auf-und denk mal nach, ich kann mir sel-ber hel-fen, ich weiß das! *

3. Jetzt hab ich 'ne I-dee die ist gut. Al-les was ich brau-che ist ein biss-chen Mut. Ich werd hin-geh'n und fra-gen: "Was macht ihr? Kann ich viel-leicht mit-spie-len, dann sind wir vier? Kann ich viel-leicht mit-spie-len, dann sind wir vier?" Ja, ja, das ist doch pri-ma, s'pro-bier ich aus und wenn's auch ein-mal schief geht, ich mach das Be-ste draus! Ja, ja, das ist doch pri-ma, s'pro-bier ich aus und wenn's auch ein-mal schief geht, ich mach das Be-ste draus!**

Refr.: (Laut gesprochen: "Bereit? Dann los!") Go! Go! heißt auf geht's los jetzt! Ich schaff das schon! Go! Go! heißt auf geht's los und ich bin rich-tig groß! Go! go! heißt auf geht's los und ich bin rich-tig groß!

Und ich bin rich-tig groß!

* gesprochen: „Aber wie nur? Hmmm? Hmmm? Ahhh!!"
** weiter mit <u>Refr.</u>

Abbildung 20 a: Lied zur Selbststeuerung Version I

76

Lied zur Selbststeuerung

2. Mit Wut umgehen

Text und Musik:
Simone Beuter (2011)

1. Heut ist ein schö-ner Tag, ich freu mich so! Ich
2. Ich werd' schon dun-kel-rot, mir geht's nicht gut! Mein
3. Jetzt hab ich 'ne I-dee, - pass gut auf! Ich

fühl mich rich-tig gut und bin voll froh! Ich mal 'n schö-nes Bild und
Herz, das rast ganz schnell vor lau-ter Wut! Drum mach ich erst mal Pau-se
las-se mei-ne Wut ganz an-ders aus! Ich kann stam-pfend sa-gen: "das

zeig es her, doch man-che la-chen la - aut, das ist nicht fair! Doch
jetzt und hier! Ich ho-le ganz fief Lu - uft und sag zu mir: Ich
war nicht nett! Und wenn's dir nicht ge-fällt -, dann schau halt weg! Und

man-che la-chen la - aut, das ist nicht fair! Das
ho-le ganz tief Lu - uft und sag zu mir: Stopp,
wenn's dir nicht ge-fällt, - dann schau halt weg!" Ja,

Refr.: (laut gesprochen: "Bereit? Dann los!") Go!

macht mich rich-tig wü-tend, das tut so weh! ich würd gern je-mand hau-en und
stopp! Ich hör jetzt auf - - und denk erst nach ich kann das an-ders lö-sen
ja, das ist doch pri-ma, s'pro-bier ich aus und wenn's auch ein-mal schief geht, ich
Go! heißt auf geht's los jetzt! Ich schaff das schon! Go! Go! heißt auf geht's los und ich

brül - len "geh!" Doch wenn ich das nun ma-che, dann
ich weiß das. Stopp! Stopp! Ich hör jetzt auf - - und
mach das Be-ste draus! Ja, ja, das ist doch pri-ma, s'pro-
bin rich-tig groß! Go! Go! heißt auf geht's los jetzt! Ich

weiß ich schon: den Är-ger krieg dann ich, ei-ne rie-si-ge Por-tion!
denk erst nach, ich kann das an-ders lö-sen, ich weiß das! *
bier ich aus und wenn's auch ein-mal schief geht, ich mach das Be-ste draus!**
schaff das schon! Go! Go! heußt auf geht's los und ich bin rich-tig groß!

* gesprochen: „Aber wie nur? Hmmm? Hmmm? Ahhh!!"
** weiter mit Refr.

Und ich bin rich-tig groß!

Abbildung 20 b: Lied zur Selbststeuerung Version II

werden. Die Kinder können sich danach selbst auf dem Video sehen und reflektieren, wie sie sich gefühlt haben und sich die eigenen alternativen Lösungen ansehen.

Option 3: Fotogeschichte gestalten
Die Kinder überlegen sich 6 prägnante Szenen pro Lösungsversuch. Sie positionieren sich entsprechend und von jeder Szene wird ein Foto gemacht.

Zu der Fotogeschichte entwerfen die Kinder ebenfalls einen Text, der von der Pädagogin notiert wird.

Feedbackrunde mit den Kärtchen „Gefühlebärchen"
Beschreibung siehe Seite 44

 Abschlussritual
Vorschläge siehe Seite 44

4.4 Bilderbücher zum Thema Selbststeuerung

- Bauer, J., Boie, K. (2011): Juli und das Monster. Beltz & Gelberg, Weinheim/Basel
- Bergstrom, G. (2009): Nur Mut, Willi Wiberg! Friedrich Oetinger, Hamburg
- Boujon, C. (2006): Der blaue Stuhl. Sonderausgabe. Carlsen, Hamburg
- Erlbruch, W. (2005): Frau Meier, die Amsel. Peter Hammer, Wuppertal
- Horácek, P. (2007): Greta Gans. Sauerländer, Düsseldorf
- Lionni, L. (2010): Swimmy. Beltz & Gelberg, Weinheim/Basel
- Lionni, L (2010): Frederick. Beltz & Gelberg, Weinheim/Basel:
- Maar, P., Schulte, T. (2006): Die Kuh Gloria. Oetinger, Hamburg
- Pauli, L., Schärer K. (2010): Mutig, mutig. Atlantis, Zürich
- Ramos, M. (2011): Ich bin der stärkste im ganzen Land! Beltz & Gelberg, Weinheim, Basel
- Sendak, M. (2008): Wo die wilden Kerle wohnen. Diogenes, Zürich
- Solotareff, G. (2005): Wer hat Angst vor einem Hasen. Moritz, Frankfurt
- Scheffler, A., Donaldson, J. (2002): Der Grüffelo. Beltz & Gelberg, Weinheim

5 Selbstwirksamkeit

Die Grundlagen der Selbstwirksamkeit können im Teil I des Manuals im Kapitel 2.4 (ab Seite 21) nachgelesen werden.

Thematische Fragestellungen (modifiziert nach Fröhlich-Gildhoff et al. 2008b, 69 und 105f)
- Hat mein Handeln Erfolg?
- Macht mein Handeln Sinn?
- Bin ich Urheber von ‚diesem' Effekt/Ereignis?
- Ist es richtig, den Erfolg/Misserfolg auf mich zu beziehen oder gab es andere Faktoren, die den Ergebnisausgang beeinflusst haben?

Zielsetzungen
- Erfahren, selbst Verursacher von Effekten zu sein (= „Urheberschaftserfahrung"),
- zwischen real kontrollierbaren und real schlecht kontrollierbaren Situationen unterscheiden zu lernen (= Förderung des Kontrollerlebens),

- Erfolge und Effekte in realistischer Weise auf das eigene Handeln beziehen,
- ein Gefühl für die eigenen Stärken/das eigene Können entwickeln,
- stolz auf eigene Fähigkeiten sein.

Fördermöglichkeiten
- Dem Kind die Möglichkeit verschaffen, Erfolge zu haben (z. B. durch Übertragung bewältigbarer Aufgaben),
- das Kind an seine Erfolge erinnern (dazu gehören auch selbstverständlich erscheinende Dinge, die im Alltag gut klappen),
- kleine Schritte loben, genau sagen, was gut war, Lob unmittelbar aussprechen (beispielhafte Methode: Stärkenbuch),
- Lob und Kritik nicht vermischen.

5.1 Ich kann dirigieren

Ablauf der achten Programmeinheit
- 🤚 Eingangsritual:
- Selbstwirksamkeitsübungen mit Instrumenten: Experimentierphase Dirigentenspiel (1)
- Bewegungsspiel
- Selbstwirksamkeitsübungen mit der Handtrommel: Silbenschlagen Dirigentenspiel mit Bewegung
- Feedbackrunde mit den Kärtchen „Gefühlebärchen"
- 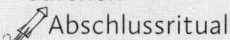Abschlussritual

Ziele
- Die Kinder erfahren, dass sie durch ihr Verhalten Reaktionen anderer bewirken und beeinflussen können.

- Die Kinder üben sich darin, alleine vor einer Gruppe etwas vorzumachen.

Setting
- Die Kinder werden für das Eingangsritual in einem Sitzkreis auf dem Boden begrüßt.
- In der Mitte liegen die Instrumente, die mit einem Tuch verdeckt sind.

Material
- die Handpuppen Skippy und Flippy
- für jedes Kind und die Pädagoginnen je eine Handtrommel (falls nicht vorhanden, sind auch Klanghölzer möglich)
- möglichst viele weitere verschiedene Instrumente
- die Kärtchen „Gefühlebärchen" (Kopiervorlage 1)

Praktische Durchführung der achten Einheit

🤚 Eingangsritual
Vorschläge siehe Seite 42–44

Experimentierphase mit Instrumenten
Am Anfang probieren die Kinder die verschiedenen Instrumente aus. Nach einiger Zeit sucht sich

jedes Kind eines davon aus und alle setzen sich mit ihren Instrumenten in einen Kreis. Jedes Kind stellt der Reihe nach sein Instrument vor: Es nennt den Namen des Instruments, wenn es diesen weiß (wenn nicht, kann vielleicht die Gruppe helfen), und spielt dann der Gruppe kurz etwas vor. Auf keinen Fall dürfen die Kinder dabei in eine Abfragesituation geraten, vielmehr wird das gemeinsame Gespräch über die Instrumente gesucht und jeder bringt das ein, was er über die Instrumente weiß oder vermutet.

Dirigentenspiel (1)
Erklärung siehe Seite 49

Dirigentenspiel – mit Bewegung
Erklärung siehe Seite 49

Silbenschlagen mit der Handtrommel
Alle Kinder versammeln sich wieder im Kreis. Jeder bekommt eine Handtrommel (Klanghölzer) und schlägt nun seinen Namen in Silben getrennt vor. Die Gruppe schlägt dies nach. Wenn jedes Kind an der Reihe war, werden noch einmal alle Namen nacheinander geschlagen.

Dirigentenspiel (2)
Ein Kind ist wieder der Dirigent und bestimmt die Lautstärke des Orchesterspiels (mit den Kindern muss – analog zu oben – erst noch geklärt werden, was ein Orchester ist). Wenn sich beide Hände des Dirigenten berühren, bedeutet dies: Stille. Je weiter sich die Hände voneinander entfernen, umso lauter dürfen alle auf ihren Instrumenten spielen. Alle dürfen einmal Dirigent sein.

Feedbackrunde mit den Kärtchen „Gefühlebärchen"

Beschreibung siehe Seite 44

 **Abschlussritual**
Vorschläge siehe Seite 44

5.2 Eine märchenhafte Geschichte erfinden

Ablauf der neunten Programmeinheit
✋ Eingangsritual
■ Geschichte erfinden anhand der Zeichnungen
■ optional: Rollenspiel zur Geschichte
■ Feedbackrunde mit den Kärtchen „Gefühlebärchen"
✎ Abschlussritual

Ziele
■ Die Kinder erfahren, dass ihre Ideen ernst genommen werden.
■ Die Kinder erstellen selbst eine Geschichte anhand der Bildervorlagen und erfahren dabei, dass sie selbst gestalterisch tätig sein können.
■ Die Kinder werden „ihren Figuren" unterschiedliche Eigenschaften geben und sie im Rahmen ihrer Geschichte auf die eine oder andere Weise selbstwirksam agieren lassen. Dies bietet eine hervorragende Grundlage, um über eigene Selbstwirksamkeitserfahrungen der Kinder ins Gespräch zu kommen.

Setting
■ Die Kinder werden für das Eingangsritual in einem Sitz- oder Stuhlkreis begrüßt.
■ Für das Ausbreiten der individuellen Bildergeschichten und das Rollenspiel wird genügend Platz benötigt.

Material
■ die Handpuppen Skippy und Flippy
■ die Bilder zum Märchen in mehrfacher Ausfertigung für die einzelnen Kleingruppen (Kopiervorlage 9)
■ optional für das Rollenspiel: verschiedene Materialien zum Nachspielen der Geschichte; z. B. eine Schatztruhe, ein Stab als Speer, ein großes grünes Tuch, um ein Kind als Drachen zu verkleiden, eine Krone, zwei (oder mehr) Zipfelmützen oder Tücher, um die verschiedenen Figuren darzustellen (und eventuell noch andere Zwerge) kenntlich zu machen, einen Rucksack, einen Spiegel, einen Zauberhut, einen Besen etc.
■ die Kärtchen „Gefühlebärchen" (Kopiervorlage 1)

Kopiervorlage 9:
Eine märchenhafte Geschichte erfinden, Bilder 1–2

✋ **Eingangsritual**

Vorschläge siehe Seite 42–44

Die Geschichte erfinden

Die Kinder gehen zu zweit oder zu dritt zusammen. Die Bilder der Geschichte (Kopiervorlage 9) werden vor den Kindern ausgelegt. Die Pädagogin fordert nun die Kinder auf, die Bilder in eine, für die Kinder logische Reihenfolge zu sortieren. Sie werden dabei ermuntert, ihrer individuellen Logik zu folgen und daraus ihr ganz persönliches Märchen zu entwerfen. Die Pädagoginnen sollten dabei keinesfalls steuernd eingreifen: Zu den Assoziationen der Kinder gibt es kein „richtig" oder „falsch". Es geht darum, die individuellen Ideen und Erfahrungen der Kinder durch die Offenheit im Erfinden der Geschichte abzubilden. Die Kinder erzählen, wen sie auf den Bildern sehen, was die Figuren tun, was diese denken und fühlen. Die Pädagoginnen notieren die Bildreihenfolge und in Stichworten auch die Geschichte, die die Kinder zu den Bildern erfunden haben. Die unterschiedlichen Bildreihenfolgen mit den jeweiligen Geschichten können anschließend gemeinsam im Raum aufgehängt werden, sodass die Kinder die Möglichkeit haben, ihre Geschichte den anderen Kindern und Pädagoginnen der Kita erneut zu erzählen.

Außerdem können die Geschichten so später im Rollenspiel aufgegriffen werden oder auch (nach Absprache mit den Kindern) den Eltern mit nach Hause gegeben werden.

Reflexion der Geschichte

Die Geschichten der Kinder werden anschließend gemeinsam reflektiert. Im Mittelpunkt dabei steht das Selbstwirksamkeitserleben der Figuren. Folgende Fragen können dabei hilfreich sein: Vor welcher Aufgabe stehen die Figuren, bzw. welches Ziel verfolgen sie? Wie fühlen sich die Figuren zu Beginn der Geschichte (z.B. ängstlich, nervös, aufgeregt, erwartungsvoll)? Wie versuchen die Figuren, ihre Aufgabe zu bewältigen/ihr Ziel zu erreichen? Welchen Erfolg haben sie damit? Welche Stärken kommen dabei zum Einsatz?

Gespräch über eigene Erlebnisse

Die Kindern werden ermuntert von eigenen ähnlichen Erlebnisse zu erzählen: Gab es Situationen, in denen sie eine schwierige Aufgabe lösen mussten? Wie haben sie sich dabei gefühlt? Wie haben sie es geschafft? Was hat ihnen dabei geholfen? Ggf. können Skippy und Flippy erneut erzählanimierend eingesetzt werden.

Rollenspiel zur Geschichte

Eine der Pädagoginnen erklärt, dass die Geschichte nun gemeinsam wie im Theater gespielt werden kann und dabei alle mitspielen können. Die Rollenverteilung wird mit den Kindern gemeinsam geklärt und die Kinder werden entsprechend ihrer jeweiligen Rolle ausgestattet (z.B. mit Zwergenmützen, mit einer Krone, mit einem grünen Tuch, mit einem Zauberhut und Besen etc. Gemeinsam wird überlegt, wie die einzelnen Rollen gespielt werden können. Eine der Pädagoginnen kann die Kinder gegebenenfalls durch Handzeichen darauf hinweisen, wann sie dran sind und, wenn nötig, auch kurze Instruktionen zu einer Darstellungsmöglichkeit geben. Wichtig ist, dass die Pädagogin oder das Kind, das die Geschichte erzählt, langsam redet und Pausen macht. Wenn die Kinder es möchten (und der Zeitrahmen es zulässt), kann die Geschichte nochmals mit einer anderen Rollenbesetzung gespielt werden.

Feedbackrunde mit den Kärtchen „Gefühlebärchen"

Beschreibung siehe Seite 44

✏ **Abschlussritual**

Vorschläge siehe Seite 44

5.3 Mein „Mutstein"

Ziele
- In dieser Einheit erfahren die Kinder, dass es „normal" und auch nicht schlimm ist, wenn man vor etwas Angst hat.
- Die Kinder lernen praktische Möglichkeiten kennen, wie sie Ängste bewältigen können.

Setting
- Die Kinder werden für das Eingangsritual in einem Sitz- oder Stuhlkreis begrüßt; auch das Lied kann dort gesungen werden.
- In der Mitte liegen unter einer Decke viele verschiedene Steine (mindestens die doppelte Anzahl der Kinder).
- Das Bemalen der Mutsteine sollte an Tischen stattfinden.
- Für das Bewegungsspiel sollte ausreichend Platz zum Rennen sein.

Material
- die Handpuppen Skippy und Flippy
- das „Kindermutmachlied" (siehe Abbildung 21)
- Schulfarben/Plakafarben in verschiedenen Farben
- Steine: jedes Kind bekommt einen Stein; damit es nicht zu Streitigkeiten kommt, sollte es mehrere Steine zur Auswahl geben (doppelt so viele Steine wie Kinder wären gut)
- Pinsel: für jede Farbe sollte es zwei bis drei Pinsel geben
- Zeitung/Maltischdecken zum Unterlegen
- für jedes Kind einen Malkittel
- die Kärtchen „Gefühlebärchen" (Kopiervorlage 1)

Praktische Durchführung der zehnten Einheit

🖐 **Eingangsritual**
Vorschläge siehe Seite 42–44

Einführung durch die Handpuppen Skippy und Flippy
Zusammen mit den Handpuppen und den Kindern wird über Situationen gesprochen, die Angst machen oder vor denen man vielleicht manchmal (oder immer?) Angst hat. Sollte den Kindern erst nichts einfallen bzw. sollten sie behaupten, dass sie vor gar nichts Angst haben, könnte eine der Handpuppen anfangen, Beispiele zu nennen, wann sie Angst hat (z. B. nachts im Dunkeln, vor dem Arzt, im Kaufhaus die Mama zu verlieren, etc.). Dann kann gemeinsam überlegt werden, was man in solchen Situationen tun kann oder was einem helfen könnte.

Das „Kindermutmachlied"
Die Handpuppe Skippy schließt nach einiger Zeit die Diskussion, indem sie zu den Kindern und zu Flippy sagt, dass man manchmal für einige (z. B. für die gerade beschriebenen) Situationen ganz schön viel Mut bräuchte und dass sie, Skippy, da ein ganz tolles Lied kennen würde, das „Kindermutmachlied", das ihr immer ganz viel Mut macht. Dieses Lied würde sie jetzt gerne mit den Kindern singen.

Sollten die Kinder das Lied noch nicht kennen, kann der Text in einem ersten Durchgang sprechend vorgelesen/vorgesagt werden und mit den Kindern dann gemeinsame Bewegungen dazu überlegt werden (z. B. bei „dann krieg ich eine Gänsehaut" [erst mit den Kindern klären, was eine „Gänsehaut" ist] mit den Fingerspitzen leicht die Arme und den Nacken streifen etc.).

Anmalen der Mutsteine
Nach dem Lied kann die Handpuppe Flippy sagen, dass er auch etwas Tolles kennt, was viel Mut macht. Er zieht das Tuch über den Steinen weg und deutet auf die Steine. Skippy übernimmt zunächst den kritischen Part, indem sie nachfragt, was denn Steine mit Mut zu tun hätten. Flippy erklärt ihr, dass das keine gewöhnlichen Steine seien, sondern dass das „ganz, ganz, gaaanz besondere Steine" seien. Denn

Kindermutmachlied

Abbildung 21: Kindermutmachlied (Ebert/Hannemann 1979)

2. Wenn einer sagt: „Ich brauch dich, du; ich schaff' es nicht allein", dann kribbelt es in meinem Bauch, ich fühl mich nicht mehr klein.

3. Wenn einer sagt: „Komm geh mit mir, zusammen sind wir was!", dann werd' ich rot, weil ich mich freu', dann macht das Leben Spaß.

das sind richtige Mutsteine! Und wenn jeder und jede hier seinen oder ihren richtigen Mutstein findet, was in der Menge der Steine gar nicht so einfach wird, gibt dieser einem, immer wenn man etwas Angst hat, ganz viel Mut! Man muss ihn dann nur ganz fest halten oder an ihn denken!"

Skippy fragt dann noch einmal – etwas ratlos – nach, wie man denn „seinen eigenen, persönlichen, nur für sich bestimmten" Mutstein finden könne und Flippy meint geheimnisvoll: „Indem man ganz genau hinschaut, sich alle Steine ansieht und dann nur den auswählt, der einem am allerbesten gefällt! Das ist dann der persönliche, eigene Mutstein. Und der gibt einem dann Kraft und Mut. Und sollte man den dann aus Versehen mal irgendwo verlieren, dann kann man sich nicht irgendeinen neuen nehmen, sondern muss dann wieder solange suchen, bis man einen Stein findet, der einem sehr, sehr gut gefällt!". Skippy staunt und meint: „Oh, da hätte ich aber gerne so einen Stein!" Flippy schlägt vor, dass sich jedes Kind aus den Steinen seinen Mutstein aussuchen und, damit dieser dann auch wirklich einzigartig ist, diesen auch noch anmalen kann.

Jedes Kind sucht sich dann einen Stein aus und malt ihn so an, wie es Lust hat. Dabei kann mit jedem Kind darüber gesprochen werden, wann der Stein zum Einsatz kommen und wo er aufbewahrt werden soll (z. B. in der Hosentasche, auf dem Nachttisch etc.). Die Pädagoginnen können auch jeweils einen Stein anmalen, dies schafft häufig eine sehr schöne Atmosphäre.

Bewegungsspiel „Bruder hilf! Schwester hilf!"
(modifiziert nach Marx 1978, 32)
Dieses Spiel kann auch durch ein anderes Bewegungsspiel ausgetauscht werden; wichtig ist nur, dass die Kinder sich noch ein bisschen austoben können.
Erklärung siehe Seite 45

Feedbackrunde mit den Kärtchen „Gefühlebärchen"
Beschreibung siehe Seite 44

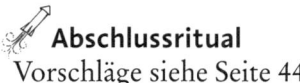 **Abschlussritual**
Vorschläge siehe Seite 44

5.4 „Du bist Du"

Ablauf der elften Programmeinheit

- ✋ Eingangsritual mit Überreichung der Mutsteine
- ■ Einführung durch die Handpuppen Skippy und Flippy
- ■ Gedicht „Du bist Du"
- ■ Einführen des Stärkenbuchs
- ■ Gute-Laune-Spiel „Das Hasenbobbelesrennen"
- ■ Feedbackrunde mit den Kärtchen „Gefühlebärchen"
- ✏ Abschlussritual

Ziele

- ■ Die Kinder erfahren, dass man etwas lernen kann, was einem schwierig erscheint.
- ■ Sie erfahren anhand des Gedichts, dass jedes Geschöpf auch Schwächen hat und dennoch auf vielen Gebieten erfolgreich sein kann.
- ■ Die Kinder lernen ihre eigenen Stärken kennen und erfahren, was sie mithilfe ihrer Stärken alles erreichen können.
- ■ Sie erinnern sich daran, was sie schon alles geschafft haben und werden darauf aufmerksam gemacht, was sie schon alles ohne Hilfe können.

Setting

- ■ Die Kinder werden für das Eingangsritual in einem Sitz- oder Stuhlkreis begrüßt; auch das Gedicht wird dort erzählt.
- ■ Die Gestaltung der Stärkenbücher kann auf dem Boden sitzend oder liegend stattfinden.
- ■ Das Spiel findet im Stuhlkreis statt.

Material

- ■ die Handpuppen Skippy und Flippy
- ■ das Gedicht „Du bist Du"
- ■ für jedes Kind ein Stärkenbuch (Kopiervorlage 10)
- ■ Stifte zum Malen
- ■ Stühle für das Spiel (jeder muss auf einem Stuhl sitzen)
- ■ die Kärtchen „Gefühlebärchen" (Kopiervorlage 1)

Das Stärkenbuch (Einführung, siehe Seite 85)

- ■ für jedes Kind ein kleines Heft (am besten DIN-A6-Format, unliniert)
- ■ einen schönen Hefteinband für jedes Heft (z. B. aus Geschenkpapier)
- ■ für jedes Heft Namensaufkleber und den Text zum Einkleben (siehe Kopiervorlage 10), damit die Erwachsenen und das Kind selbst wissen, was in dieses Heft geschrieben wird

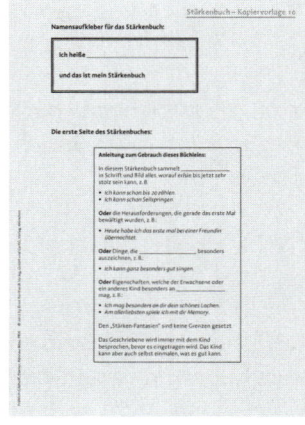

Kopiervorlage 10:
Namensaufkleber für das Stärkenbuch und Muster für die erste Seite

---

Praktische Durchführung der elften Einheit

✋ Eingangsritual mit Überreichung der Mutsteine

Zu Beginn der Einheit werden den Kindern die getrockneten Mutsteine feierlich überreicht. Flippy und Skippy suchen dabei jeweils geheimnisvoll einen Stein aus und überreichen diesen dem jeweiligen Kind. In der Eingangsrunde wird dieses Mal mit den Kindern besprochen, wozu sie ganz viel Mut brauchen und in welchen Situationen sie den Mutstein richtig gut gebrauchen können.

Einführung durch die Handpuppen Skippy und Flippy

Flippy zählt laut bis 10. Skippy (oder die Kinder) machen ihn darauf aufmerksam, dass er Zahlen ver-

gessen hat. Flippy probiert es noch einmal, vergisst dabei aber wieder eine Zahl. Skippy (oder die Kinder) zählen es ihm einmal richtig vor, daraufhin probieren sie es gemeinsam. Anschließend schafft er es auch alleine, richtig bis 10 zu zählen.

Tipp: Bei älteren Gruppen kann entweder ein etwas höherer Zahlenraum genommen werden (z. B. 11, 12 etc. oder 21, 22 etc.) oder aber, wenn die Kinder in der Kindertagesstätte schon eine Fremdsprache lernen, kann Flippy auch in dieser Sprache versuchen zu zählen („one, two, three" etc.).

Gedicht „Du bist Du"

Eine der Pädagoginnen sagt zu Flippy und den Kindern:

„Ja, manchmal ist es gar nicht so einfach, etwas gleich zu können. Und manchmal denkt man auch, dass das, was man kann, gar nicht so wichtig ist oder dass man das nicht gut genug kann. Manche Sachen klappen gleich und manche muss man einfach immer wieder ausprobieren und irgendwann klappen sie dann vielleicht. Jeder von uns kann etwas ganz besonders gut. Wie die Tiere in dem Gedicht, das ich euch mitgebracht habe und das ich euch jetzt gerne vorlesen möchte.“

Anmerkung

Die Kinder erfahren anhand des Gedichts, dass man auf unterschiedliche Eigenschaften stolz sein kann (wie bspw. der Affe auf seine Beweglichkeit, die Giraffe auf ihre Größe), dass jede Eigenschaft einen besonderen Wert hat (z. B. die Größe der Giraffe, um an besondere Früchte zu kommen, die Freude des Schweins am Suhlen, um sich gegen die Hitze zu schützen) und dass man trotz seiner Schwächen Erfolg haben kann (das dicke Nilpferd, das die anderen beschützt oder die kleine Ameise, die mit ihrer Stärke beeindruckt).

Mit den Kindern wird Strophe für Strophe reflektiert und besprochen wozu die Eigenschaften der einzelnen Tiere gut sind bzw. wofür sie hilfreich sein könnten. So werden den Kindern nicht nur unterschiedliche Stärken bewusst, sondern auch wofür die vielfältigen Stärken zielgerichtet eingesetzt werden können.

Gespräch über die eigenen Stärken

Nachdem das Gedicht ein- oder mehrmals vorgestellt wurde (ggf. pantomimisch unterlegt und auf jeden Fall langsam vorgetragen), werden die Kinder dazu aufgefordert von ihren eigenen Fähigkeiten zu erzählen. Dabei ist es wichtig sie zu fragen, ob sie das schon immer konnten. So bekommen die Kinder ein Gefühl dafür, dass sie schon ganz viel Neues in ihrem Leben gelernt haben. Geeignete Fragen dazu sind: Was kannst du schon ganz allein? Konntest du das schon immer? Konntest du das auch schon, als du ganz neu geboren warst? Woher kannst du das? Kannst du dich daran erinnern, wie du das gelernt hast? War das schwierig? Musstest du viel üben? Dafür hast du sicher ganz viel Geduld gebraucht, oder? Wie hast du dich gefühlt, als es zum ersten Mal geklappt hat? Die Beiträge der Kinder sollten mit Staunen und Anerkennung kommentiert werden.

Einführung des Stärkenbuchs

Eine der Pädagoginnen bemerkt dann, dass es schon so vieles gibt, was die Kinder bereits können, dass man sich das fast gar nicht merken kann. Aus diesem Grund schlägt die andere Pädagogin vor, dass die Kinder unbedingt Stärkenbücher brauchen, damit auch nichts vergessen wird.

Den Kindern wird erklärt, dass ein Stärkenbuch dazu da ist, alles festzuhalten, was sie schon alleine können, was sie besonders gut können oder was sie besonders auszeichnet (z. B. ein schönes Lachen oder die schönen Sommersprossen, Haare etc.). Es kann aber auch eingetragen werden, was sie gerne noch lernen und erreichen wollen. Das alles kann entweder in Zukunft von einer Pädagogin, den Eltern, den Großeltern, den Tanten und Onkeln, den großen Geschwistern oder den Nachbarn eingetragen werden, es kann aber auch von jedem Kind selbst in das eigene Stärkenbuch gemalt werden! Das Stärkenbuch wird von den Kindern immer in der Kindergartentasche mitgenommen, so dass es dieses sowohl zu Hause, als auch im Kindergarten stets für Einträge griffbereit hat.

Jedes Kind erhält dann ein Stärkenbuch. Während die Pädagoginnen zu jedem einzelnen Kind gehen und eintragen, was das Kind nach seiner Meinung schon gut kann (Wichtig: An dieser Stelle darf auf keinen Fall Kritik an den Kindern geübt werden!), können die anderen Kinder schon etwas in ihre Stärkenbücher malen. Fällt einem Kind nichts ein, was es schon kann, kann die Pädagogin auch gerne helfend unterstützen (z. B. Schuhe alleine binden, Rad fahren, schwimmen, schaukeln, Tisch decken, singen, gut klettern).

In den folgenden Einheiten sollten die Pädagoginnen immer mal wieder nach den Stärkenbüchern fragen und auf Wunsch der Kinder die Einträge vorlesen.

Wichtiger Hinweis für die durchführende Fachkraft:

Das Stärkenbuch ist als persönliches „Schatzbüchlein“ für jedes Kind gedacht. Dieses soll für das Kind jederzeit zugänglich sein, ein ständiger Begleiter sozusagen. Somit kann das Kind selbst entscheiden und bestimmen, welches seiner Stärken dort eingetragen werden soll. Das Kind steuert, was ihm persönlich wichtig ist. Da dieses Buch dem Kind gehört, wird es nicht für Entwicklungsgespräche genutzt (Privatsphäre des Kindes). Das Portfolio in der Einrichtung erfüllt einen anderen Zweck und sollte nicht mit dem Stärkenbuch vermischt werden.

Das Anfertigen einer persönlichen „Das-kann-ich-gut-Kiste“ kann das Stärkenbuch ergänzen, jedoch nicht ersetzen, da diese nicht flexibel mitnehmbar ist.

Gute-Laune-Spiel „Hasenbobbelesrennen“ (modifiziert nach Baer 1994, 278; Bienhaus 1997, Kap. 3.2.3)

Erklärung siehe Bewegungsspiele, Kap. 1.4, S. 45

5.5 Bilderbücher zum Thema Selbstwirksamkeit

- Goossens, P. (2011): Heule Eule. Nord-Süd, Zürich
- Waechter, P. (2011): Rosi in der Geisterbahn. Beltz & Gelberg, Weinheim

Du bist du

Der Frosch springt hoch,
der Frosch springt weit!
Er hat's gelernt
er ist bereit –
und springt!

Der Affe, der Affe
ist keine Giraffe,
ist klein und beweglich
und stolz darauf, der kleine Wicht –
warum auch nicht?

Die schöne Giraffe,
wir wissen es schon,
ist sicher kein Affe,
ist lang und groß.
Sie reckt ihren Hals
ganz hoch in die Lüfte
und pflückt die allerbesten Früchte –
wohl bekomm's!

Die Kuh, das ist sicher,
hat die allerlängsten Wimpern
mit denen kann sie mächtig klimpern!
Und leckre Milch gibt sie auch noch dazu
– ist das ne blöde Kuh?!

Das Schwein
mag nicht das Schönste sein
doch rosa ist es allemal
und dennoch gar nicht eitel!
Hat keine Angst vor Dreck
und kann am tiefsten wühlen
um seine Haut zu kühlen –
im Matsch.

Der Bär, ganz groß und stark,
hat manchmal Angst vor Mäusen.
Dann brüllt er laut aus voller Brust.
Die Maus haut ab –
Glück gehabt!

Das Nilpferd, das ist rund und dick,
doch wen mag das bekümmern?
Es ist der Boss und es beschützt
das ganze Nil-Getier –
in seinem Fluss-Revier.

Die Meise ist ein frecher Spatz
wenn man so sagen will.
Sie breitet ihre Flügel aus,
flitzt flinke hin und her.
Der schnellste Flieger weit und breit
im schönen Federkleid!

Die Ameise, die Ameise,
kein Akrobat der Lüfte.
Dafür ist sie, man glaubt es kaum,
die Stärkste hier in diesem Raum
und auch in diesem Reim –
und dennoch: winzigklein!

Nanu, wen haben wir denn da?
Das ist ja gar kein Tier,
das Gesicht gehört ja dir!
Oh, bitte, komm, erzähle mir:
Was kannst *du* besonders gut?
Und worauf bist du stolz?
Ich will es wissen, hör dir zu!
Denn du bist wichtig –
du bist du!

Abbildung 22: Gedicht „Du bist Du" (Beuter 2011)

6 Soziale Kompetenz

Die Grundlagen der Sozialen Kompetenz können im Teil I des Manuals im Kapitel 2.5 (ab Seite 22) nachgelesen werden.

Thematische Fragestellungen (modifiziert nach Fröhlich-Gildhoff et al. 2008b, 69 und 105f.)
- Wie knüpfe ich Kontakt?
- Wie halte ich Distanz?
- Wie kann ich mit anderen umgehen?
- Wie kann ich mir Unterstützung holen?
- Wie kann ich mich angemessen selbst behaupten?

Zielsetzungen
- … ein Eigenbild von sich entwickeln (wie bin ich und wie wirke ich auf andere?),

- … sich besser in andere einfühlen können,
- … Kommunikationsregeln erlernen (z. B. andere ausreden lassen, nur einer spricht, usw.),
- … Konfliktlösefähigkeit erlernen (Reflexion darüber, warum man streitet und wie man sich dabei fühlt, Wut kontrollieren lernen und alternative Handlungsmöglichkeiten entwickeln).

Fördermöglichkeiten
- Konfliktlösungen zeigen (z. B. „Wie gehe ich mit Konflikten um?"),
- angemessene Selbstbehauptung zeigen (z. B. „Wie setze ich meine Bedürfnisse durch?").

6.1 Körpersprache und Einfühlungsvermögen

Ablauf der zwölften Programmeinheit
- ✋ Eingangsritual
- ■ Spiegelübung
- ■ Im Land der Mäuse und Elefanten
- ■ Spiel: Tandem
- ■ Feedbackrunde mit den Kärtchen „Gefühlebärchen" (Kopiervorlage 1)
- ✒ Abschlussritual

Ziele
- Die Kinder lernen Gefühle bei anderen zu erkennen, um darauf reagieren zu können.
- Indem sie die Gefühlsausdrücke der anderen nachahmen, erfahren sie selbst, wie es ihnen dabei geht.

Setting
- Die Kinder werden in Stuhlkreis oder Sitzecke für das Eingangsritual empfangen.
- Für die Spiegelübung stellen sich immer zwei Kinder gegenüber.
- Bei den beiden Spielen wird ausreichend Platz benötigt, um sich durch den Raum bewegen zu können.

Material
- die Handpuppen Skippy und Flippy
- für jedes Kind einen Taschenspiegel
- die Kärtchen „Gefühlebärchen" (Kopiervorlage 1)

Praktische Durchführung der zwölften Einheit

✋ Eingangsritual
Vorschläge siehe Seite 42–44

Spiegelübung
Jedes Kind bekommt einen Taschenspiegel. Die Pädagoginnen geben Anweisungen, welches Gefühl die Kinder ausdrücken sollen (z. B. ein wütendes oder ein trauriges Gesicht machen etc.). Anschließend werden die Spiegel weggelegt und jeweils zwei Kinder gehen zusammen. Ein Kind spielt ein Gefühl vor, das andere soll es nachmachen; danach

wird gewechselt. Das Spiel kann dahin gehend erweitert werden, dass nicht nur Gefühle imitiert werden, sondern alle möglichen Bewegungen und Standbilder.

Im Land der Mäuse und Elefanten
Die Kinder gehen frei durch den Raum. Die Pädagogin gibt die Anweisung: „Ihr seid im Land der Mäuse." Die Kinder sollen sich nun ganz klein machen wie Mäuse. Daraufhin sind die Kinder im Land der Elefanten und müssen sich ganz groß und

schwer machen. Die Pädagogin kann noch weitere Tierländer nennen. Anschließend befinden sich die Kinder wieder im Land der Menschen. Dort sollen sie Menschen mit verschiedenen Emotionen darstellen, wie etwa traurige Menschen, wütende Menschen oder glückliche Menschen. Danach kann mit den Kindern nochmals besprochen werden, wie Menschen aussehen, die beispielsweise glücklich oder traurig sind.

Spiel „Tandem" (Petermann et al. 1999, 159)
Erklärung siehe Seite 49

Feedbackrunde mit den Kärtchen „Gefühlebärchen"
Beschreibung siehe Seite 44

 Abschlussritual
Vorschläge siehe Seite 44

6.2 Gegenseitige Unterstützung

Ablauf der dreizehnten Programmeinheit
- ✋ Eingangsritual
- ◾ Kooperationsspiel: Die Reise nach Bagdad
- ◾ Spiel: „Die Nachteule"
- ◾ Luftballonspiel
- ◾ Feedbackrunde mit den Kärtchen „Gefühle-bärchen"
- 🖊 Abschlussritual

Ziele
- ◾ Die Kinder erfahren, dass man weiter kommt, wenn man etwas gemeinsam macht.
- ◾ Die Kinder lernen, sich in die Situation anderer hineinzudenken.
- ◾ Die Kinder erfahren die Bedeutung präziser Kommunikation.

Setting
- ◾ Die Kinder werden im Stuhlkreis oder in einer Sitzecke auf einer Decke für das Eingangsritual empfangen.
- ◾ Für die Spiele sollte genügend Platz vorhanden sein, um sich frei bewegen zu können.
- ◾ Für das Eulenspiel werden verschiedene Gegenstände (z. B. Stühle, Tische etc.) im Raum als Hindernisse verteilt.

Material
- ◾ die Handpuppen Skippy und Flippy
- ◾ Zeitungsbögen oder Teppichfliesen (nach Anzahl der Kinder)
- ◾ einen CD-Player und Musik
- ◾ ein Tuch zum Verbinden der Augen
- ◾ ein großes Tuch (am besten ein Schwungtuch)
- ◾ verschiedene Gegenstände, die im Raum als Hindernisse verteilt werden
- ◾ die Kärtchen „Gefühlebärchen" (Kopiervorlage 1)

Praktische Durchführung der dreizehnten Einheit

✋ **Eingangsritual**
Vorschläge siehe Seite 42–44

Kooperationsspiel „Reise nach Bagdad" (modifiziert nach Bompiani 1980, 90f)
Erklärung siehe Seite 50

Spiel „Die Nachteule" (Biermann 1998, 17)
Ein Kind spielt die Nachteule, die sich am Tag verirrt hat. Hierfür werden dem Kind die Augen verbunden. Da die Nachteule tagsüber nichts sehen kann, muss sie von einem anderen Kind durch genaue Anweisungen über Hindernisse gelotst werden, um zu ihrer Behausung zu kommen. Der Lotse darf die Nachteule zu keinem Zeitpunkt berühren. Die anderen Kinder müssen währenddessen still sein, sodass die Nachteule die Anweisungen des Lotsen genau versteht. Hindernisse können größere Gegenstände, vor allem aber auch die anderen Kinder, sein, die sitzen, liegen etc. Hat die Nachteule ihre Behausung erreicht, so darf ein anderes Kind die Nachteule bzw. deren Lotse sein.

Tipp: Mit den Kindern muss in der Regel zunächst geklärt werden, was eine Eule und was ein Lotse ist.

Luftballonspiel
Auf ein großes Tuch werden möglichst viele Luftballons oder Bälle gelegt. Jedes Kind hält einen Zipfel des Tuches fest. Das Tuch soll nun hin- und herbewegt werden, ohne dass die Luftballons bzw. Bälle herunterfallen. Sobald dies gut klappt, tauschen zwei Kinder ihre Plätze, indem sie unter dem Tuch durchlaufen. Die anderen Kinder achten dabei darauf, dass kein Ballon bzw. Ball herunterfällt.

Feedbackrunde mit den Kärtchen „Gefühlebärchen"
Beschreibung siehe Seite 44

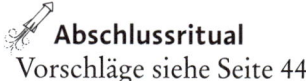

Abschlussritual
Vorschläge siehe Seite 44

6.3 Konfliktlösefähigkeit

Ablauf der vierzehnten Programmeinheit
✋ Eingangsritual
■ Einführung: „Streit"
   und optional: Bewegungsspiel – die Geschichte „Der Riese und der Zwerg"
■ Kleine Flunkereien
■ Feedbackrunde mit den Kärtchen „Gefühlebärchen"
✒ Abschlussritual

Ziele
■ Die Kinder setzen sich mit dem Thema Streit auseinander und reflektieren darüber (Warum streitet man? Wie fühlt man sich dabei? etc.).
■ Durch die Wiederholung des Ampelprinzips und die Übertragung auf eine andere Situation wird das Verständnis und die Anwendung des Prinzips bei den Kindern vertieft.
■ Die Impulskontrolle der Kinder wird geschult.
■ Die Kinder lernen und üben genaues Zuhören ein.

Setting
■ Die Kinder werden im Stuhlkreis oder in einer Sitzecke auf einer Decke für das Eingangsritual empfangen.
■ Für ein optionales Bewegungsspiel sollte ausreichend Platz eingeplant werden.
■ Die Geschichte wird wieder in der Sitzecke erzählt; wahlweise werden Kekse, Tee und Kerzen bereitgestellt, um eine gemütliche Atmosphäre während der Geschichte herzustellen.

Material
■ die Handpuppen Skippy und Flippy
■ die Geschichte vom „Riesen und vom Zwerg" (Lisner 1996, 28f)
■ die vergrößerte Ampel (Kopiervorlage 6)
■ für jedes Kind eine Rassel (eine leere Filmdose aus Plastik, gefüllt mit Reis o.ä.)
■ die Kärtchen „Gefühlebärchen" (Kopiervorlage 1)

Praktische Durchführung der vierzehnten Einheit

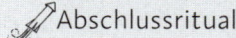

✋ **Eingangsritual**
Vorschläge siehe Seite 42–44

Einführung „Streit"
Gemeinsam mit den Handpuppen wird ein Gespräch zum Thema „Streit" eingeleitet: „Warum streitet man? Welche Erfahrungen habt ihr mit Streit? Beschreibt Situationen, in denen ihr Streit hattet. Wie geht es einem dabei? Wie fühlt man sich nach dem Streit? Tut es einem hinterher vielleicht leid?" (Optional: Durchführung eines Bewegungsspiels; siehe Seite 44–50)

Die Geschichte „Der Riese und der Zwerg"
Eine der Pädagoginnen leitet zu der Geschichte über: „Jetzt wollen wir zusammen noch mal mit der Streit-Ampel üben, die wir schon von früher kennen. Die Ampel soll uns immer dann helfen, Lösungen zu finden, wenn wir merken, dass wir wütend oder sehr traurig werden, um aus diesem Gefühl wieder herauszukommen. Dazu lese ich euch jetzt die Geschichte vom Riesen und vom Zwerg vor." Der erste Teil der Geschichte wird vorgelesen.

Der Riese und der Zwerg, Teil 1 (Lisner 1996, 28f)
In einem weit, weit entfernten Land lebten einst ein Riese und ein Zwerg. Der Riese wohnte in einem Haus, das war etwa so groß wie ein ganzer Berg. Der Zwerg wohnte direkt neben ihm, und sein Heim wirkte neben dem großen Haus des Riesen wie eine Hundehütte. Aber der Zwerg liebte sein Häuschen und noch viel mehr liebte er den wunderschönen Garten, in dem sein Häuschen stand. In diesem Garten nämlich wuchs ein Zauberbaum. Jeden Tag um zwölf Uhr, wenn der Zwerg hungrig wurde, lief er hinaus in seinen Garten und erzählte dem Baum, was er gerne zu Mittag essen würde. Kaum hatte er seinen Wunsch ausgesprochen, sprossen schon die tollsten Leckereien in den knorrigen Ästen des Baumes und fielen dem Zwerg geradewegs auf den Teller. Der Zwerg pflegte draußen zu speisen, weil er nach der Mahlzeit unter dem ausladenden Blätterdach des Zauberbaums so schön ausruhen konnte.

Solange man denken konnte, gehörte der Baum schon dem Zwerg und der Riese war niemals neidisch darauf gewesen. Denn als echter Riese hatte er mit der Beschaffung seines Mittagsmahls keine Probleme. Wenn er hungrig war, lief er kurzerhand ins Tal – dafür genügten zwei Riesenschritte – und aß das, was ihm so in den Weg kam.

Eines Tages aber kam der Riese von einem seiner Ausflüge ins Tal mit einer Riesin nach Hause, die er seinem Nachbarn als seine Frau vorstellte. Bald darauf brachte die Riesin ein Baby zur Welt. Darüber war der Riese sehr glücklich. Doch seiner Frau ging es nicht gut und sie konnte sich nicht um das Baby kümmern. Also musste der Riese diese Aufgabe jetzt übernehmen. Das Problem an der Sache lag darin, dass der Riese nun keine Zeit mehr hatte auch noch Nahrung für die Familie zu beschaffen.

„Kurzum", sagte der Riese zum Zwerg, „ich will jetzt deinen Wunderbaum für meine Familie und mich haben, damit das Kleine auch einmal so groß und stark wird wie ich. Das verstehst du doch wohl, nicht wahr, Zwerg?" Doch der Zwerg verstand das ganz und gar nicht. Er wurde sehr, sehr böse. „Der Zauberbaum gehört doch mir, mir ganz allein und ich soll ihn dir abgeben? Bei dir piept`s wohl!" schrie er den Riesen an, drehte sich auf dem Absatz um und lief mit hochrotem Kopf in sein Haus zurück."

Reflexion: „Welches Problem haben der Riese und der Zwerg? Habt ihr schon mal ein ähnliches Problem gehabt? Erinnert ihr euch an unsere Streit-Ampel? Was ist zu tun? Welche Lösungen fallen euch ein?" Der zweite Teil der Geschichte wird vorgelesen.

Der Riese und der Zwerg, Teil 2

Der Riese lachte nur über den wütenden Zwerg. „So ein Narr", dachte er bei sich, „wenn er mir den Baum nicht freiwillig überlässt, werde ich ihn einfach samt der Wurzel ausreißen und in meinen eigenen Garten pflanzen!"

Gesagt, getan. Bereits am nächsten Morgen stand der schöne Baum im Garten des Riesen. Der Zwerg kochte vor Wut und sann auf Rache. Als die Riesen-Familie nach dem gemeinsamen Mittagsmahl unter dem Baum eingeschlafen war, schritt der Zwerg zur Tat. Mit einer Axt bewaffnet, schlich er sich an den Zauberbaum heran.

„Lieber fälle ich den Baum, als dass ich ihn dem unverschämten Riesen überlasse", grollte er. Doch als er gerade zur Tat schreiten wollte, erwachte der Riese, entdeckte den Zwerg und stürzte sich auf ihn. Der Zwerg wehrte sich und hieb mit seiner Axt kräftig auf den Riesen ein. Das war natürlich nicht so schlimm, denn eine kleine Zwergenaxt tut einem Riesen nicht be-

sonders weh. Immerhin aber zwickte die Axt des Zwerges den Riesen so unangenehm, dass er kurz aufjaulte. Davon erwachte die Riesin. „Um Himmels Willen, was macht ihr denn da?", rief sie erschrocken. Der Zwerg hielt inne, und auch der Riese ließ nun von dem Zwerg ab. „Ich will nicht, dass ihr von meinem Zauberbaum esst. Es ist mein Baum, und ich will auch die Leckereien essen, die in seinen Zweigen wachsen!", jammerte der Zwerg. „Na, wenn das alles ist", sagte die Riesin lächelnd. „Bitte setz Dich doch. Du sollst jetzt immer mit uns zu Mittag essen, so haben wir alle etwas von dem Baum." „Gibt es denn auch wenigstens jede Woche Blaubeerpfannkuchen? Die esse ich nämlich am liebsten!" knurrte der Zwerg, schon versöhnlicher gestimmt bei dem Gedanken an herrliche, riesige Blaubeerpfannkuchen. „Klar, die sollst du haben", stimmte der Riese zu. Und dann pflanzte er den Baum noch einmal um und setzte ihn genau in die Mitte zwischen den beiden Häusern.

Reflexion: „Seid ihr mit dem Ausgang der Geschichte einverstanden? Habt ihr andere Vorschläge?"

Kleine Flunkereien (Biermann 1998, 20)
Jedes Kind bekommt eine Rassel, mit der es immer dann rasseln soll, wenn im Gedicht, das die Pädagogin (langsam) vorliest, etwas Unwahres gesagt wird.

„Kommt, hört gut zu, ich sag euch was,
dieses Flunkerspiel macht sehr viel Spaß.
Rasseln dürft ihr, wenn ich lüge,
wenn ich flunker, euch betrüge.
Passt nun gut auf und gebt mal Acht,
dass keiner einen Fehler macht.
Die Sonne, die ist rund und blau,
der Elefant, ja, der ist ganz grau.
Die Ente, die hat einen Schwanz,
der Hahn hat auf dem Kopf 'nen Kranz.
Ein Würfel, der ist kugelrund,
der Mann im Mond hat einen Mund.
Die Sonnenblume, die ist weiß,
im Winter läuft vom Kopf der Schweiß.
Die Maus, die frisst am liebsten Speck,
das Schwein, das wühlt so gern im Dreck.
Des Morgens geht der Mond hell auf,
ja, so beginnt der Tageslauf.
Des Abends gehen die Sterne unter,
des Nachts wird jede Eule munter.
Ich hab geflunkert und betrogen,
ich hab ganz kräftig nun gelogen.
Doch mit dieser Flunkerei
ist's nun endgültig vorbei."

Feedbackrunde mit den Kärtchen
„Gefühlebärchen"
Beschreibung siehe Seite 44

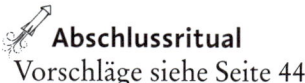 **Abschlussritual**
Vorschläge siehe Seite 44

6.4 Bilderbücher zum Thema Soziale Kompetenz

- Boujon, C. (2011): Karni und Nickel. Beltz & Gelberg, Weinheim/Basel
- Erlbruch, W. (2000): Die fürchterlichen fünf. Peter Hammer, Wuppertal
- McKee, D. (2011): Du hast angefangen! Nein, Du! Sauerländer, Düsseldorf
- Solotareff, G. (2004): Du groß und ich klein. Beltz & Gelberg, Weinheim

7 Umgang mit Stress

Die Grundlagen der Stressbewältigung können im Teil I des Manuals im Kapitel 2.6 (ab Seite 25) nachgelesen werden.

Thematische Fragestellungen (modifiziert nach Fröhlich-Gildhoff et al. 2008b, 69 und 105f)
- Was ist Stress? Wie fühlt sich das bei mir an?
- Wann tut mir Bewegung und Ablenkung, wann tut mir Erholung gut?
- Wie kann ich entspannen?

Zielsetzungen
- den Begriff Stress kennen lernen,
- sich mögliche Ursachen bewusst machen,
- körperliche Symptome erkennen,
- Entspannungsmöglichkeiten kennen lernen,
- Probleme erkennen und darüber sprechen lernen,
- Schritte lernen, um mit Stress umzugehen.

Fördermöglichkeiten
- Geschichten vorlesen/erzählen,
- dem Kind genügend Möglichkeiten geben, seinen Bewegungsdrang auszuleben,
- das Kind massieren,
- Regelmäßigkeiten einführen (z. B. Entspannungsgeschichte vor dem Schlafengehen).

7.1 Was heißt „Stress"?

Ablauf der fünfzehnten Programmeinheit
- ✋ Eingangsritual
- Einführung mit den Handpuppen
- Gespräch über Erfahrung mit Stress
- Spiel: „Dr. Beat"
- Schiffchenübung
- Kurze Blitzlichtrunde und optional (je nach Zeit): Malen der Insel
- Feedbackrunde mit den Kärtchen „Gefühlebärchen"
- 🎻 Abschlussritual

Ziele
- Die Kindern lernen den Begriff „Stress" kennen.
- Die Kindern lernen mögliche Ursachen von Stress kennen.
- Sie lernen, körperliche Symptome zu erkennen und werden in ihrer Körperwahrnehmung sensibilisiert.
- Die Kinder lernen eine Entspannungsform unter Beachtung ihrer Atmung kennen.

Setting
- Die Kinder werden für das Eingangsritual und die Einführung in einem Sitz- oder Stuhlkreis begrüßt.
- Für das Spiel „Dr. Beat" sollte ausreichend Platz zum Bewegen vorhanden sein; ebenso wird für die Schiffchenübung viel Platz benötigt (jedes Kind sollte genügend Platz haben, um sich so hinlegen zu können, dass es kein anderes Kind berührt).

Material
- die Handpuppen Skippy und Flippy
- eine (Stopp-)Uhr
- Musik für das Spiel „Dr. Beat"
- ein CD-Player
- für jedes Kind ein Papierschiffchen (siehe Bastelanleitung unten) bzw. genügend Blätter zum Falten von Papierschiffchen
- für jedes Kind eine Bodenmatte
- optional: Blätter und Stifte zum Malen der Insel
- die Kärtchen „Gefühlebärchen" (Kopiervorlage 1)

Bastelanleitung zum Falten von Papierschiffchen
(www.kenyon.at/kindergarten/Frameset_KrimsKrams_Main3_Bastelno5.html; dort finden sich auch Zeichnungen zu den einzelnen Schritten)

Material: DIN-A4-Papier (farbig ist schöner) Wichtig ist beim Falten, dass alle Knicke immer gut mit dem Fingernagel nachgezogen werden, auch wenn das nicht jedes Mal in der Bastelanleitung wiederholt wird. Das erleichtert alle weiteren Arbeitsgänge erheblich.

1. Wir legen das Papier senkrecht vor uns auf den Tisch und falten die obere schmale Seite auf die untere. Die Faltkanten streichen wir sorgfältig mit dem Fingernagel nach.

2. Jetzt falten wir das Doppelblatt in der anderen Richtung zur Hälfte zusammen, ziehen die Faltkante gut nach und öffnen diese letzte Faltung wieder. Wir haben eine Mittellinie erhalten.

3. Von der oberen, geschlossenen Kante aus klappen wir nun die linke Ecke sorgfältig zur Mittellinie herunter. Das Gleiche machen wir auch mit der rechten Ecke. Es stoßen jetzt zwei Dreiecke aneinander.

4. Von dem unten herausschauenden Papier klappen wir den oben aufliegenden Streifen so weit wie möglich über die beiden Dreiecke nach oben.

5. Wir wenden die Faltarbeit und klappen auch hier den überstehenden Streifen nach oben.

6. Nun greifen wir von unten in die Öffnung hinein und drücken die Dreiecksform leicht auseinander. Dabei schieben wir an jeder Seite die Enden des einen Papierstreifens unter den anderen. Wir haben nun einen Papierhut hergestellt. Aus dieser Form entwickeln wir weiter das Schiffchen.

7. Wir legen die beiden unteren Spitzen unseres Hutes aufeinander, sodass sich die Form in der anderen Richtung wieder schließt. Die schrägen Kanten nach oben streichen wir sorgfältig flach, wir erhalten ein auf der Spitze stehendes Quadrat.

8. Nun klappen wir die oben aufliegende Spitze von unten nach oben zur geschlossenen Ecke hoch und streichen die neue Faltkante gut nach.

9. Wir wenden das Papier, sodass die letzte Faltung auf der Tischplatte liegt. Dann klappen wir auch an dieser Seite die untere Spitze nach oben. Wir erhalten ein Dreieck.

10. Unser Papier sieht nun wieder wie ein kleiner Hut aus. Wir greifen von unten hinein und drücken die gesamte Form wieder so weit auseinander, bis die beiden unteren Ecken aufeinanderliegen. Alle Faltungen streichen wir sorgfältig nach. Unser Papier sieht wieder wie ein auf der Spitze stehendes Quadrat aus.

11. An der geschlossenen, oberen Ecke ist nun eine Mittelspitze zu sehen, die rechts und links von zwei schmalen Spitzen eingeschlossen wird. Mit Daumen und Zeigefinger ziehen wir diese äußeren Ecken vorsichtig so weit auseinander, bis das fertige Schiffchen flach und langgestreckt vor uns liegt. Dann streichen wir es glatt.

12. Wenn wir die Öffnung an der Unterseite des Bootes etwas auseinanderbiegen, kann es besser schwimmen.

Praktische Durchführung der fünfzehnten Einheit

✋ **Eingangsritual**
Vorschläge siehe Seite 42–44

Handpuppendialog
Skippy: „Hallo Flippy!"
Flippy: „Hallo Skippy! Wie geht es dir?"
Skippy: „Ach, …, irgendwie gar nicht so gut. Ich habe Stress!"
Flippy: „Stress? Was ist denn das? Irgendwie höre ich das oft, aber ich weiß eigentlich gar nicht richtig, was das genau sein soll. Mein Papa, zum Beispiel, der sagt häufig, dass er zum Spielen keine Zeit hat und meint dann: „Es tut mir leid, aber ich bin gerade im Stress.'"
Skippy: „Ja, Erwachsene haben oft so viele Dinge zu tun, dass sie einfach keine Zeit haben – die sind dann richtig im Stress. Aber Stress kann auch sein, wenn man in einer schwierigen Situa-

tion steckt und man einfach nicht mehr weiterweiß."
Flippy: „Ist das das Gefühl, das ich habe, wenn viele Leute gleichzeitig etwas wollen oder Mama sagt: „Zieh die Schuhe an, mach aber keinen Dreck und vergiss das Täschchen nicht', und meine kleine Schwester schreit und ich denke, dass Mama sowieso viel mehr Zeit für meine kleine Schwester hat als für mich?"
Skippy: „Ja, genau, und das kann auch in vielen anderen Situationen vorkommen. Wenn sich die Eltern oft streiten, dann fühlen wir uns ja auch nicht wohl. Dann hat man vielleicht ein bisschen Bauchweh oder man kann nicht richtig schlafen."
Flippy: „Ach, so ist das. Ich glaube, jetzt habe ich es verstanden. Und warum hast du gerade Stress?"

Skippy: „Ich habe gerade Stress, weil ich beim Essen mein Orangensaftglas mal wieder aus Versehen umgekippt habe. Das ist mir ja jetzt blöderweise schon oft passiert, und dieses Mal lag auch noch die gute Tischdecke von Tante Ulrike da, die dann ganz voll Orangensaft war. Und Mama hat vorher schon gesagt, dass ich dieses Mal ganz arg aufpassen muss! Sie war dann echt wütend auf mich, dabei habe ich es doch nicht mit Absicht gemacht! Ich weiß auch nicht, wie das immer passiert. Und ich weiß auch gar nicht, wie ich das wieder gutmachen kann und wie lange Mama jetzt böse auf mich ist …"

Gespräch mit den Kindern über ihre Erfahrung mit Stress

Eine der Pädagoginnen führt das Gespräch fort: „Hm, da hat Skippy gerade echt Stress. Kennt ihr (zu den Kindern) denn auch so ein Gefühl wie Stress? Wenn ihr zum Beispiel ein Problem habt und nicht weiterwisst oder ganz viel um euch herum los ist? Was sind denn das dann für Situationen? Was fällt euch ein?"

Die Beiträge der Kinder werden aufgenommen. Wenn nicht so viele Beiträge kommen, können die Pädagoginnen auch Beispiele einbringen:

Mögliche Symptome von Stress:
- lange nicht einschlafen können, weil man an bestimmte Dinge denken muss
- Bauchweh haben
- Kopfschmerzen haben
- Angst haben

Mögliche Ursachen von Stress:
- sich Sorgen machen und darüber nachdenken
- Streit mit einem Freund/einer Freundin oder mit anderen Kindern im Kindergarten haben
- Angst haben vor einem Umzug in eine neue Wohnung
- Geburt eines Geschwisterchens
- Trennung der Eltern
- Arbeitslosigkeit eines Elternteils
- Fernsehsendungen und Videospiele, die Angst auslösen
- viel zu tun haben, viele Termine

Spiel „Dr. Beat" (modifiziert nach Hampel/Petermann 2003b, 94)

Eine Pädagogin erklärt zur Überleitung: „Wenn wir Stress haben, fühlt sich auch unser Körper anders an. Wir können lernen, dies zu erkennen. Dazu wollen wir jetzt ein Spiel spielen. Das Spiel heißt ,Dr. Beat'. ,Beat' ist das englische Wort für ,schlagen' und wisst ihr, was in unserem Körper schlägt?" (eventuell nennen die Kinder von sich aus das Herz, ansonsten nennt es die Pädagogin)

„Zeigt mal mit der Hand, wo bei euch das Herz ist." (Die Kinder legen die Hand auf ihr Herz; sollten manche Kinder nicht wissen, wo in etwa sie ihre Hand hinlegen sollen, helfen die Pädagoginnen.)

„Unsere Aufgabe besteht nun erst einmal darin, dass wir ganz genau in unseren Körper hineinhören und mal versuchen, unseren Herzschlag zu hören, bzw. ihn mit unserer Hand zu fühlen. Das ist gar nicht so leicht. Wir versuchen darum mal, eine Minute lang ganz still zu sitzen, und dabei liegt unsere Hand ganz ruhig auf unserem Herz. Vielleicht spüren wir es dann." (eine Minute abwarten)

„Na, konntet ihr es spüren? Hat es schnell geschlagen oder langsam?" (einige Kinder werden ihren Herzschlag wahrgenommen haben, andere noch nicht)

„So, jetzt steht ihr mal alle auf und bewegt euch zur Musik, wenn ich sie ausmache, dann gefriert ihr sofort zu Eis ein und bewegt euch gar nicht mehr." (Musik laufen lassen; zunächst etwas länger, dann in immer kürzeren Abständen aus- und anmachen; während die Musik läuft, den Kindern auch immer mal wieder zurufen, dass sie sich schneller oder langsamer bewegen sollen; zum Schluss das Tempo immer weiter steigern und eventuell die Kinder auch hochhüpfen lassen, immer höher und höher …;

Tipp: Die Pädagogin, die nicht die Musikanlage bedient, sollte bei dem Spiel mitmachen; schließlich die Musik abschalten und alle wieder zusammen in den Kreis rufen.

„So, jetzt legt noch mal eure Hand auf euer Herz. Und, wie schlägt es jetzt?" (Die Kinder können nun in der Regel ihren Herzschlag deutlich wahrnehmen.)

„Könnt ihr jetzt auch sagen, wie ihr geatmet habt, als wir vor dem Spiel einfach nur hier ruhig saßen? Und wie atmet ihr nun, nach dem Spiel?"

So, nun habt ihr schon mal gemerkt, dass euer Herzschlag sich verändert. Wenn ihr ruhig und entspannt seid, schlägt euer Herz auch ruhig. Seid ihr aber aufgeregt oder habt ihr euch gerade körperlich angestrengt, dann klopft euer Herz stark. Und mit dem Atmen ist es genauso: In Ruhe atmen wir ganz ruhig und wenn wir Stress haben (oder uns unter Druck gesetzt fühlen), dann atmen wir viel schneller. Unser Körper zeigt uns, wenn wir nervös oder besorgt sind, denn er will, dass wir uns entspannen."

Indem wir lange, tiefe Atemzüge machen, können wir die Kontrolle über unseren Körper erlangen; unser Herz schlägt langsamer und wir fühlen uns weniger angespannt und beunruhigt."

Schiffchenübung (modifiziert nach Friebel et al. 1998, 115)

Es werden Matten in ausreichender Menge derart im Raum verteilt, das keine Matte eine andere berührt. Für die Übung brauchen alle ein Papierschiffchen; die Pädagoginnen können schon fertig gebastelte mitbringen oder vor der Übung diese mit den Kindern gemeinsam falten.

Eine der Pädagoginnen leitet zur Schiffchenübung über: „Wenn man Stress hat, möchte man manchmal ganz woanders sein, zum Beispiel an einem See. Und da fahren wir jetzt auch hin." Alle nehmen sich ein vorbereitetes Papierschiffchen (oder aber falten diese erst noch gemeinsam) und suchen sich eine Matte aus.

„Legt euch auf den Rücken, irgendwohin, wo ihr euch wohl und sicher fühlt. Eure Beine berühren sich nicht, eure Arme liegen locker neben eurem Oberkörper. Macht es euch so richtig gemütlich und legt das Papierschiffchen auf euren Bauch. Ihr könnt die Augen zunächst noch offen halten. Stellt euch jetzt vor, ihr seid ein blauer See, auf dem das Schiffchen schwimmt. Atmet tief in euren Bauch hinein … und wieder aus. Die Wellen gehen auf und ab. Ihr könnt an eurem Schiffchen beobachten, wie stark die Wellen sind: Je ruhiger ihr atmet, desto ruhiger wird euer Schiffchen. Vielleicht könnt ihr jetzt auch die Augen schließen und euch genau vorstellen, wie das Schiffchen auf den Wellen des Atems auf- und niedertanzt. Stellt euch vor, dass ihr beim Ausatmen eure Angst und euren Ärger ausatmet, und beim Einatmen saugt ihr Kraft und Ruhe ein. Und die Schiffchen tanzen immer weiter auf dem blauen See. Das Schiffchen fährt jetzt langsam auf eine Insel zu, die mitten im See ist. Es fährt einmal um die Insel rum. Es ist eine schöne Insel. Seht mal, was da alles auf der Insel ist. Langsam fährt das Schiffchen wieder weg und es tanzt wieder auf den Wellen. So, jetzt könnt ihr langsam die Augen aufmachen, euch räkeln, strecken und euch im Raum umsehen. Und jetzt steht ihr langsam wieder auf."

Kurze Blitzlichtrunde
- Wie geht es euch jetzt?
- Habt ihr gemerkt, wie sich euer Bauch auf- und abbewegt hat?
- Wie geht euer Atem jetzt?
- Könnt ihr euren Herzschlag noch einmal fühlen? Wie fühlt er sich jetzt an?

Malen der Insel (sofern Zeit dafür ist)
Jedes Kind nimmt sich ein Blatt Papier und malt die Insel, die es auf seinem See gesehen hat. Die Kinder dürfen am Ende das Schiffchen mitnehmen, mit dem Hinweis, dass diese Übung auch zu Hause durchführbar ist.

Feedbackrunde mit den Kärtchen „Gefühlebärchen"
Beschreibung siehe Seite 44

 Abschlussritual
Vorschläge siehe Seite 44

7.2 Stressabbau durch Bewegung

Ablauf der sechzehnten Programmeinheit
- Eingangsritual
- Handpuppendialog
- das „Regenspiel"
- Entspannungsübung: Bierdeckel
- Feedbackrunde mit den Kärtchen „Gefühlebärchen"
- 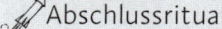Abschlussritual

Ziele
- Die Kinder erfahren eine Form des Stressabbaus durch die Bewegung.
- Sie nehmen ihren Körper bewusst wahr (Atmung).
- Die Aufmerksamkeit der Kinder wird von außen nach innen gelenkt.

Setting
- Die Kinder werden für das Eingangsritual und die Einführung in einem Sitz- oder Stuhlkreis begrüßt.
- Für das Regenspiel und die Entspannungsübung sollte ausreichend Platz zum Bewegen und zum Liegen vorhanden sein.
- Es liegen von Anfang an die Bodenmatten für die Entspannungsübung bereit (immer eine Matte für zwei Kinder); diese bleiben jedoch zunächst ohne Beachtung.

Material
- die Handpuppen Skippy und Flippy
- Musik (sehr gut geeignet: Edvard Grieg, Peer Gynt, Suite Nr. 1, „In der Halle des Bergkönigs")
- ein CD-Player
- Bodenmatten (immer eine für zwei Kinder)
- Bierdeckel (pro Kind ca. 25 bis 30 Stück)
- die Kärtchen „Gefühlebärchen" (Kopiervorlage 1)

✋ **Eingangsritual**
Vorschläge siehe Seite 42–44

Handpuppendialog

Skippy: „Hallo Flippy!"

Flippy: „Hallo Skippy! Was ist denn heute mit dir los? Du bist ja so unruhig."

Skippy: „Ach weißt du, meine Mutter hat geschimpft, weil ich mein Zimmer nicht aufgeräumt habe … Und dann habe ich auch noch versehentlich die Lieblingstasse meiner Mutter hinuntergeschmissen und mein Bruder hat mich dann auch noch geärgert."

Flippy: „Weißt du was, Skippy, ich kann mir vorstellen, dass es dir auch guttun könnte, wenn du dich einmal richtig austobst. Denn ab und zu brauchen wir das, dass wir richtig wild sein können. Manche Erwachsene mögen es nicht, wenn wir toben. Aber das ist gelegentlich auch sehr wichtig. Mir tut es jedenfalls gut, wenn ich rennen und meine Kraft spüren kann. Vielleicht macht dir das Regenspiel Spaß. Komm, das spielen wir jetzt!"

Das „Regenspiel" (modifiziert nach Fröhlich-Gildhoff 2006b, 104)
Erklärung siehe Seite 50

Entspannungsübung: Bierdeckel (modifiziert nach Friebel et al. 1998, 113)
Vor Beginn der Einheit werden die für dieses Spiel erforderlichen Bodenmatten ausgelegt. Die Bierdeckel werden bereitgelegt. Die Kinder stehen noch vom Regentanz. Die Pädagogin sagt:

> „Da kommt ein leichter, warmer Sommerwind auf, der viele Blätter vom nahen Wald mit sich trägt. Wir legen uns ins Gras und lassen uns von der Sonne bescheinen. Bevor wir uns hinlegen, sucht ihr euch noch einen Partner oder eine Partnerin und geht zusammen zu einer Matte. Einer von euch legt sich mit dem Rücken auf die Matte, der andere setzt sich daneben." (Je zwei Kinder [evtl. gleichen Geschlechts] gehen zusammen; das eine Kind legt sich entspannt auf den Rücken; wer das nicht möchte, kann sich auch auf den Bauch legen; das andere Kind bekommt von den Pädagoginnen 20 bis 30 Bierdeckel.)

> „Jetzt stellt euch einmal vor, ihr liegt auf dieser schönen Sommerwiese, schaut in den Himmel, die Wolken am Himmel ziehen vorbei und der Wind streift sanft euer Gesicht. Die Blätter fallen von den Bäumen und wehen euch auf euren Körper. Versucht mal ganz entspannt liegenzubleiben und ruhig und gleichmäßig zu atmen, damit die Blätter, die auf euch wehen, auch auf euch liegen bleiben. Ihr anderen, die ihr jetzt daneben sitzt, nehmt die Bierdeckel und stellt euch vor, es sind die Blätter, die von den Bäumen wehen. Legt sie sanft auf den Körper eures Partners oder eurer Partnerin." (Während die Kinder die Bierdeckel auf dem Körper verteilen, kann die Pädagogin auch immer mal wieder die Vorstellungskraft und Fantasie anregen, indem sie beispielsweise von den vorbeiziehenden Wolken, vom Wind oder von den wärmenden Sonnenstrahlen erzählt.)

Nach einiger Zeit sagt die Pädagogin: „Oh, merkt ihr, wie der Wind sich langsam dreht und aus der anderen Richtung kommt? Alle Blätter, die gerade auf euren Körper geweht sind, werden jetzt wieder langsam fortgetragen. Ihr, die ihr daneben sitzt, nehmt die einzelnen Blätter wieder von eurem Partner oder eurer Partnerin runter. Versucht aber dabei immer erst, bei jedem Blatt einen leichten Druck auszuüben, nicht zu fest, nur kurz, und erst dann das Blatt wegzunehmen." (Die Pädagogin macht dies bei einem Kind vor, damit die Kinder sehen, wie es gemeint ist; sind alle Bierdeckel wieder weggenommen, fährt die Pädagogin fort.)

„Bevor ihr euch aufsetzt, reckt und streckt ihr euch noch einmal, reibt die Augen und setzt euch dann langsam auf. Jetzt darf sich euer Partner oder eure Partnerin hinlegen und ihr setzt euch daneben. Und langsam kommt wieder der Wind auf …" (Die Pädagogin wiederholt nun das Ganze noch einmal für den Rollentausch.)

Feedbackrunde mit den Kärtchen „Gefühlebärchen"
Beschreibung siehe Seite 44

✏️ **Abschlussritual**
Vorschläge siehe Seite 44

7.3 Entspannen mit Fantasie

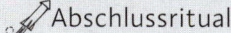
Ziele
■ Die Kinder erfahren Entspannung mittels einer Fantasiereise.

■ Sie lernen die Möglichkeit einer Selbstinstruktion bei Stress kennen.
■ Die Aufmerksamkeit der Kinder wird nach innen gelenkt.

Setting
■ Die Kinder werden für das Eingangsritual in einem Sitz- oder Stuhlkreis begrüßt.
■ Für die Entspannungsgeschichte sollte ausreichend Platz zum Liegen vorhanden sein.

Material
■ die Handpuppen Skippy und Flippy
■ Bodenmatten (für jedes Kind eine)
■ Papier und Stifte zum Malen
■ die Entspannungsgeschichte
■ die Kärtchen „Gefühlebärchen" (Kopiervorlage 1)

Praktische Durchführung der siebzehnten Einheit

Eingangsritual
Vorschläge siehe Seite 42–44

Handpuppendialog
Flippy: „Hallo Skippy!"

Skippy: „Hallo Flippy! Weißt du, was wir in der heutigen Stunde machen?"

Flippy: „Na klar! Heute hören wir doch eine Geschichte, bei der wir uns entspannen können."

Skippy: „Beim letzten Mal haben wir auch schon so was zum Entspannen gemacht. Das war toll. Da bin ich jetzt aber schon ganz schön gespannt, was heute kommt."

Flippy: „Ja, das wird bestimmt gut. So lernen wir nämlich ganz verschiedene Möglichkeiten kennen, wie wir uns entspannen können, wenn wir Ärger oder Stress haben. Denn schließlich reagiert jeder von uns ganz unterschiedlich auf bestimmte Situationen und jedem tut was anderes gut. Manche von uns wollen sich dann ganz viel bewegen und manche brauchen eher eine Ruhepause."

Skippy: „Ich glaube, dass auch beide Tricks, also Bewegung und Ruhepausen uns helfen können."

Flippy: „Ja, das denke ich auch. Na, dann schauen wir mal, was wir heute spielen bzw. was das für eine Geschichte zum Entspannen ist."

Spiel: „Schiff auf See" (modifiziert nach Friebel et al. 1998, 104)
Die Kinder bilden einen Gang, in dem sie sich in zwei Reihen gegenüber aufstellen (Abstand ca. 2 Meter). Ein Kind spielt das Schiff und soll mit ge-

schlossenen (verbundenen) Augen in gerader Linie durch diesen Gang gehen. Das Kind geht auf ein Zeichen hin los. Wenn es vom Kurs abkommt (also nach links oder rechts läuft), wird es durch einen Summton der anderen Kinder darauf hingewiesen und muss seinen Kurs ändern. Am Ende des Ganges wird ihm gesagt, dass es am Ziel angekommen ist.

Erklärung für die Kinder: Das Kind, das durch den Gang geht, ist das Schiff, alle anderen Kinder sind der Kurs des Schiffes. Der Kurs des Schiffes ist dafür verantwortlich, dass das Schiff nicht orientierungslos im Meer umherirrt. Durch den Summton erkennt das Schiff, ob es seinen Kurs verlässt.

Tipp: Manche Kinder möchten nicht, dass ihnen die Augen verbunden werden oder möchten generell bei diesem Spiel nicht mitmachen; diese Kinder müssen nicht mitspielen.

Die Entspannungsgeschichte: „Der Zauberteppich"
Alle Kinder können es sich für die Entspannungsgeschichte auf einer Bodenmatte bequem machen. Wer möchte, kann seine Augen schließen.

Die Entspannungsgeschichte kann in natürlichem, ruhigen Ton (nicht zu laut) vorgelesen werden. Beim Zurückholen (letzter Abschnitt) muss die Stimme etwas angehoben werden und ein wenig energischer klingen, damit die Körperaktivierung wieder einsetzt.

Der Zauberteppich

„Stell dir einmal vor, du läufst über eine schöne Sommerwiese. Überall blühen Gänseblümchen und Pusteblumen. Du hörst viele Vöglein zwitschern, und es fliegen ein paar Schmetterlinge um dich herum. Du läufst gemütlich weiter und genießt die wärmenden Sonnenstrahlen auf der Haut.

Während du so über die Wiese läufst und den Vögeln beim Zwitschern zuhörst, siehst du mit einem Mal vor dir auf der Wiese einen großen Teppich liegen. Der Teppich sieht wunderschön und ganz flauschig weich aus. Du stehst vor dem Teppich und betrachtest ihn ganz genau. Der Teppich hat deine Lieblingsfarben und die Farben leuchten sehr schön. Du kniest dich neben den Teppich und fährst vorsichtig mit der Hand über den Teppich. Er fühlt sich gut an und ist wirklich kuschelig weich. Du setzt dich in die Mitte des Teppichs und denkst dir, wie schön es jetzt wäre, wenn der Teppich ein bisschen fliegen könnte. Kaum hast du das gedacht, hebt sich der Teppich tatsächlich ganz sachte ein bisschen an und fängt an über die Wiese zu schweben. Du fühlst dich auf dem Teppich sehr sicher und geborgen. Langsam steigt der Teppich etwas höher, und du hast einen tollen Blick über die Wiese. Der Teppich fliegt sanft weiter und steigt dabei immer ein bisschen höher. Du kannst nun deinen Ort von oben sehen. Du siehst viele bunte Autos, Menschen, Häuser, und du siehst auch dein Haus, in dem du wohnst. Du fliegst über Bäume hinweg und du siehst unten einen kleinen Teich und noch Vieles mehr. Alles sieht sehr klein aus. Du schaust auch mal nach oben und beobachtest die kleinen weißen Wölkchen, die aussehen, als ob sie aus Watte wären.

Der weiche Teppich dreht langsam wieder um und macht sich gemütlich auf den Weg zurück. Du siehst noch einmal alles unter dir vorbeiziehen: den Teich, die Bäume, dein Haus und noch andere Häuser, Menschen und bunte Autos. Langsam siehst du auch wieder die schöne Wiese kommen. Der Teppich fliegt etwas tiefer und landet schließlich ganz sanft, genau an der gleichen Stelle, an der du auch gestartet bist. Du stehst auf und gehst vom Teppich herunter. Du streichst noch einmal über die Oberfläche des Teppichs, dann gehst du zurück über die Wiese und kommst langsam … wieder hier im Kindergarten an. Du öffnest die Augen, bleibst aber noch kurz liegen. Du streckst dich ganz lang und reibst dir die Augen. Nun kannst du dich aufsetzen.“

Malen des „Erlebten“

Die Kinder malen, was sie bei dieser Fantasiereise gesehen und erlebt haben. Dazu läuft gegebenenfalls ruhige Musik. Im Anschluss daran kann ein Gespräch darüber geführt werden, was sie erlebt bzw. gesehen haben oder wie ihnen die Geschichte gefallen hat. Äußerungen der Kinder werden dabei weder kommentiert noch gewertet. Während des Malens benötigen die Kinder Ruhe, um ihre Bilder, Gedanken und Gefühle entstehen zu lassen. Gespräche und Fragen an die Kinder sollten deshalb während dieser Zeit unterlassen werden.

Feedbackrunde mit den Kärtchen „Gefühlebärchen“

Beschreibung siehe Seite 44

Abschlussritual

Vorschläge siehe Seite 44

7.4 Bilderbuch zum Thema Stress (und Selbststeuerung)

- D'Allance, M. (2004): Robbi regt sich auf. Beltz & Gelberg, Weinheim/Basel

8 Problemlösen

Die Grundlagen der Problemlösekompetenz können im Teil I des Manuals im Kapitel 2.7 nachgelesen werden.

Thematische Fragestellungen (modifiziert nach Fröhlich-Gildhoff et al. 2008b, 69 und 105 f)
- Welche Möglichkeiten habe ich, um zum Ziel zu kommen?
- Wie setze ich mir realistische Ziele und entwickle alternative Lösungswege?
- Wie finde ich Lösungen?

Zielsetzungen
- Lernen, sich realistische Ziele zu stecken,

- sich trauen, Probleme/ Fragen direkt anzusprechen,
- andere/verschiedene Lösungsmöglichkeiten entwickeln,
- lernen, sich Unterstützung zu holen.

Fördermöglichkeiten
- Dem Kind helfen, sich realistische und zu bewältigende Ziele zu stecken,
- mit dem Kind darüber sprechen, wo es sich Hilfe holen kann,
- von Situationen erzählen, in denen man sich selbst Hilfe geholt hat,
- Vorbild sein beim Umgang mit Misserfolgen.

8.1 „Wo hat sich der Schatz versteckt?"

Ablauf der achtzehnten Programmeinheit
- Eingangsritual
- Handpuppendialog
- Aufgabe 1: Welcher Schlüssel passt?
- Aufgabe 2: Was zeigt das Puzzlebild?
- Aufgabe 3: Mein Puzzle reicht alleine nicht aus
- Aufgabe 4: Wo ist nun der Schatz versteckt?
- Aufgabe 5: Wer holt den Schatz?
- Reflexion
- Feedbackrunde mit den Kärtchen „Gefühlebärchen"
- Abschlussritual

Ziele
- Die Kinder lernen, dass Probleme auf unterschiedliche Weisen gelöst werden können.
- Den Kindern wird auf spielerische Weise vermittelt, dass es sich lohnt, nach einer Lösung für Probleme zu suchen.

Setting
- Die Kinder werden für das Eingangsritual und die Einführung in einem Sitz- oder Stuhlkreis begrüßt.
- Für die Problemlösespiele wird ausreichend Platz gebraucht.
- Der Schatz kann auch außerhalb des Programmraums versteckt sein.

Material
- die Handpuppen Skippy und Flippy
- kleine Kisten, die verschlossen sind; immer zwei (oder maximal drei) Kinder bekommen eine Kiste, die mit einem Schloss verschlossen ist
- viele verschiedene Schlüssel; zu jeder Kiste sollten mindestens fünf unterschiedliche Schlüssel gelegt werden, es können aber auch mehr sein
- ein großes Spezial-Puzzle s.u.
- der „Schatz" (z. B. Süßigkeiten)
- Alu-Folie o.ä., mit dem der Schatz eingepackt wird
- die Kärtchen „Gefühlebärchen" (Kopiervorlage 1)

Vorbereitung: Die Vorbereitung dieser Einheit besteht aus einigen Punkten, die bereits im Vorfeld überlegt und geplant werden müssen. Zunächst muss überlegt werden, wo die Kinder einen „Schatz" finden könnten. Dieser Ort kann auch außerhalb des Gruppenraums sein (eine Möglichkeit könnte z. B. der Kühlschrank im Kindergarten oder eine Stelle hinter einem bestimmten Vorhang o.ä. sein). Der Platz, an der der Schatz liegen soll, wird (stark angezoomt) fotografiert (am besten mit einer Digitalkamera mit hoher Pixel-Auflösung).

Dieses Photo wird in einem Photofachgeschäft zu einem großen Puzzle verarbeitet (Bearbeitungszeit des Ladens einkalkulieren!). Das Puzzle wird in etwa gleichgroße Abschnitte unterteilt (so viele Abschnitte wie Pärchen bzw. Dreier-Gruppen). Die Abschnitte werden in die Kisten gelegt und mit den Schlössern verschlossen. Unmittelbar vor der

Durchführung der Einheit wird der verpackte Schatz in das Versteck gelegt. Im Gruppenraum werden die Kisten mit etwas Abstand voneinander platziert, allerdings so, dass die Kinder diese nicht gleich sehen (am besten unter Tüchern). Die Schlüssel werden jeweils danebengelegt.

Praktische Durchführung der achtzehnten Einheit

✋ Eingangsritual
Vorschläge siehe Seite 42–44

Handpuppendialog

Skippy: „Hallo Flippy!"

Flippy: „Hallo Skippy!" (Flippy tanzt herum)

Skippy: „Mensch, Flippy, warum bist du denn heute so aufgedreht?"

Flippy: „Weil ich was weiß, was du nicht weißt!" (Flippy tanzt weiter fröhlich herum)

Skippy: „Aha! Und was weißt du, was ich nicht weiß?"

Flippy: „Ich weiß, dass ein Schatz im Kindergarten versteckt ist!"

Skippy: „Ein Schatz? Ehrlich? Wo?"

Flippy: „Weiß ich auch nicht, aber ich weiß, dass es ihn gibt!"

Skippy: „Und woher weißt du das?"

Flippy: „Ich habe das vorhin aufgeschnappt, als sich zwei auf der Strasse unterhalten haben. Die haben gesagt, dass hier im Kindergarten ein Schatz versteckt ist!"

Skippy: „Das ist ja toll! Nur, wie finden wir den denn jetzt?"

Flippy: „Ich habe da eine Idee, wie wir den finden könnten. Ich habe nämlich noch weitergelauscht, als die sich unterhalten haben, und da habe ich ein paar gute Tipps gehört."

Skippy: „Na los, da bin ich aber gespannt, erzähl es uns doch bitte!"

Flippy: „Also: die haben gesagt, dass es irgendwo so [Anzahl der Kisten] Kisten geben soll. Und in den Kisten wäre, so sagten die, eine Art Schatzkarte. Aber die Kisten sind anscheinend alle verschlossen. Das heißt, man muss erst mal unter ganz vielen Schlüsseln den jeweils richtigen Schlüssel finden. Und das Schwierige ist auch, dass man eigentlich nur drei Schlüssel ausprobieren soll."

Skippy: „Hm, am besten wäre da natürlich, dass wir uns aufteilen. Wenn wir wissen, wo die Kisten sind, versuchen dann immer zwei oder drei von uns, den richtigen Schlüssel zu finden. Also du [Name eines Kindes] machst mit [Name eines zweiten Kindes] zusammen, und du, [Name eines weiteren Kindes] machst mit [Name eines weiteren Kindes] zusammen … (Skippy teilt alle Kinder in Zweier- bzw. Dreier-Gruppen ein) Dann werden wir die Kisten schon aufbekommen! Und dann haben wir den Schatz?"

Flippy: „Nein, dann haben wir erst die Schatzkarte! Und die müssen wir dann noch zusammenbauen."

Skippy: „Wie, zusammenbauen?"

Flippy: „Die Schatzkarte ist ein Puzzle, und in jeder Kiste sind Puzzleteile, die wir zusammenpuzzeln müssen. Und wenn dann alle das Puzzle aus ihrer Kiste zusammengepuzzelt haben, müssen die [Anzahl der Kisten-Puzzles] Abschnitte noch zusammengelegt werden."

Skippy: „Und dann?"

Flippy: „Dann sieht man darauf einen Ort hier im Kindergarten, und da ist der Schatz versteckt!"

Skippy: „Toll! Und dann können wir ihn holen! Wir stürmen alle hin und nehmen uns den Schatz!"

Flippy: „Hm, wenn wir alle hinstürmen, dann sehen das auch die anderen Kinder im Kindergarten und wissen, dass wir einen Schatz haben. Nein, das ist nicht gut. Wir überlegen dann später lieber, wer von uns den Schatz gut hierherholen könnte, ganz leise, sodass es keiner mitbekommt. Aber das können wir ja dann sehen. Jetzt lass uns erst einmal überlegen, wo die Kisten sein könnten."

Skippy: „Die Kisten … Hm, da war doch vorhin … Ja, genau, … ich habe das vorhin gar nicht richtig beachtet, weil ich noch nicht wusste, wozu die sind, aber ich habe vorhin solche Kisten gesehen!"

Flippy: „Mensch, und das sagst du erst jetzt? Wo?"

Skippy: „Dahinten, unter dem Tuch!"

Aufgabe 1: Welcher Schlüssel passt?

Jede Zweier- oder Dreier-Gruppe wird von den Pädagoginnen zu einer Kiste geführt. Dort bekommen sie gegebenenfalls noch einmal gesagt, dass sie versuchen sollen, unter den vorhandenen Schlüsseln den richtigen zu finden, mit dem sie die Kiste öffnen können. Es sollten aber nicht mehr als drei Schlüssel ausprobiert werden; das heißt, mit spätestens dem dritten Schlüssel sollte die Kiste offen sein (schafft dies die eine oder andere Kleingruppe nicht, wird natürlich mit einer Ausrede ein Auge zugedrückt). Die Gruppen „arbeiten" zeitgleich. Die Pädagoginnen laufen zwar mit Skippy und Flippy herum, die fleißig motivieren, allerdings geben die Pädagoginnen keine Kommentare, wie man am besten den richtigen Schlüssel finden kann. Die Gruppen sollen dieses Problem ganz ohne Hilfe lösen.

Aufgabe 2: Was zeigt das Puzzlebild?
Jede Kleingruppe, die ihre Kiste geöffnet hat, kann mit dem Puzzeln anfangen. Auch dies sollten sie möglichst ohne Hilfe bewältigen. Die Pädagoginnen wiederholen nur noch einmal, wenn die Kinder nicht mehr wissen, was nach dem Öffnen der Kiste passiert, dass sie jetzt einen Teil der Schatzkarte gefunden haben und diesen Teil nur noch zusammenpuzzeln müssen.

Aufgabe 3: Mein Puzzle reicht alleine nicht aus
Haben alle Gruppen ihr Puzzle fertig, können Skippy und Flippy jubelnd sagen, dass jetzt nur noch alle Abschnitte zusammengelegt werden müssen. Die Zusammenlegung dürfte noch einmal etwas schwierig werden, da die Puzzle zum einen beim Bewegen leicht kaputtgehen können und zum anderen erst noch passend aneinandergefügt werden müssen.

Aufgabe 4: Wo ist nun der Schatz versteckt?
Das fertige Puzzle zeigt nun den Ort, wo der Schatz versteckt ist. Allerdings muss nun trotzdem auch erst gemeinsam überlegt werden, wo sich dieser Ort befindet (z. B. in der Küche, in einem Gruppenraum etc). Sagt ein Kind die richtige Lösung, kann Flippy bemerken: „Ja, genau, du hast recht – das ist die Lösung, da liegt der Schatz."

Aufgabe 5: Wer holt den Schatz?
Die Pädagoginnen fragen nun die Gruppe, wer denn gerne den Schatz in den Gruppenraum bringen möchte und bestimmen aus denen, die sich melden, zwei Kinder. Nachdem die Kinder mit dem Schatz wieder zurück sind, teilen sich alle Kinder gerecht den Schatz.

Reflexion
Kurze Runde mit allen Kindern: Was war gut, um die Probleme zu lösen? Was hat am besten geklappt?

Feedbackrunde mit den Kärtchen „Gefühlebärchen"
Beschreibung siehe Seite 44

Abschlussritual
Vorschläge siehe Seite 44

8.2 „Obstsalat" Teil 1 – Einführung und Planung des Obstsalats

Ablauf der neunzehnten Programmeinheit
Wichtiger Hinweis: Die folgende Einheit beschreibt die Einübung von Problemlösestrategien. Probleme sind dabei nicht im üblichen Sinne zu verstehen, wie sie in der Erwachsenenwelt definiert werden. Diese sind vielmehr als Herausforderung oder als unbekannte Situation zu verstehen, denen ein Kind begegnet. Die Förderung erfolgt am besten durch nahe liegende Alltagssituationen, wie anbei beschrieben der Zubereitung eines Obstsalats. Das „Problem" besteht darin, dass die Gruppe einen Obstsalat essen möchte, aber noch nicht weiß, was da alles reingehört, wo die Zutaten zu beschaffen sind, woher das Geld für den Einkauf kommen könnte und welche sonstigen Materialien (Besteck, Geschirr, Einkaufstasche, usw.) zu beschaffen sind. Schritt für Schritt wird die Herausforderung „Zubereitung eines Obstsalates" gemeinsam gemeistert und die Kinder werden dabei unterstützt eigene Strategien zu finden, die sie zukünftig auch in anderen Situationen anwenden können.

- Eingangsritual
- Einführung
- Planung des „Obstsalats"
- Reflexion
- Planung des Einkaufs
- Bewegungsspiel
- Feedbackrunde mit den Kärtchen „Gefühlebärchen"
- Abschlussritual

Ziele
- Die Kinder lernen, eine komplexe Aufgabe zu analysieren und zu strukturieren und darauf aufbauend Handlungsstrategien zu entwickeln.
- Die Kinder lernen, ihre Lösungsstrategien zu überprüfen und gegebenenfalls anzupassen.
- Die Kinder lernen, anhand von Alltagssituationen Problemlösestrategien zu entwickeln und anzuwenden.
- Die Kinder lernen dabei, sich Unterstützung zu holen.
- Die Reflexion stellt einen wichtigen Teil dieser Einheit dar.

Setting

- Die Kinder werden für das Eingangsritual und die Einführung in einem Sitz- oder Stuhlkreis begrüßt.
- Die Auswahl der notwendigen Zutaten und Zubehöre für den Obstsalat erfolgt im Sitz- oder Stuhlkreis.

Material

- 3 große Plakate in rot, grün und blau
- Obstsalatbilder, diese werden im Verlauf der Einheit auf die Plakate verteilt (Kopiervorlage 11)
- Blätter, Buntstifte, Schere, Kleber (für den Einkaufszettel)
- die Kärtchen „Gefühlebärchen" (Kopiervorlage 1)

Kopiervorlage 11:
Bild 1, Obstsalat

Praktische Durchführung der neunzehnten Einheit

Eingangsritual
Vorschläge siehe Seite 42–44

Einführung
Den Kindern wird angekündigt, dass die Gruppe in den letzten Einheiten gemeinsam etwas ganz Besonderes machen wird. Das Bild mit dem fertigen Obstsalat (Kopiervorlage 11, Bild 1) wird zugedeckt herumgegeben und jedes Kind darf sich dieses anschauen. Danach sagt jedes Kind, was es auf dem Bild gesehen hat.

Planung des „Obstsalates"
Mit den Kindern wird thematisiert, dass so ein Obstsalat „nicht einfach vom Himmel fällt", und dass die Kinder demnach den Obstsalat selbst zubereiten werden. Die Kinder werden gefragt, wer von ihnen denn schon mal mitgeholfen hat, einen eigenen Obstsalat zuzubereiten.

Die vorbereiteten Kärtchen werden eingeführt:

> „Wir haben hier verschiedene Fotos mitgebracht. Auf den Fotos sind Dinge, die wir für den Obstsalat brauchen und die man essen kann. Auf den Fotos sind aber auch Dinge, die wir ganz bestimmt nicht brauchen, z.B. weil man sie nicht essen kann oder weil sie im Obstsalat nicht gut schmecken würden. Was denkt ihr denn, auf welches Plakat könnten wir die Sachen legen, die wir brauchen und auf welches Plakat die Sachen, die wir nicht brauchen? (Die Kinder kommen meist auf folgende Idee: Das grüne Plakat für „brauchen wir" und das rote für „brauchen wir nicht" zu verwenden). Und das blaue Plakat ist für Sachen, die wir zwar nicht essen können, die wir aber trotzdem irgendwie brauchen, um den Obstsalat zuzubereiten."

Je nach Entwicklungsstand der Gruppe wird die Pädagogin den Lösungsprozess entweder a) strukturieren oder b) moderieren:

a) Strukturiert: Die Obstsalatkärtchen werden wie Spielkarten im Fächer vor die Kinder gehalten und nacheinander von den Kindern gezogen und die Lösung gesagt. Dabei empfiehlt sich, das Kind zu fragen, was auf seinem Kärtchen abgebildet ist und auf welches Plakat es das Kärtchen legen würde.

b) Moderiert: Alle Kärtchen liegen verdeckt auf dem Boden. Die Kinder sollen sich überlegen, wie sie vorgehen wollen und sich für eine Strategie entscheiden. Anschließend wird die Übung in der Gruppe gelöst. Die einzige Vorgabe, die die Pädagogin den Kindern mitgibt ist, dass jedes Kind beteiligt sein soll.

Reflexion
Das Ergebnis wird zusammen reflektiert und überlegt, ob es so bleiben kann.

Sämtliche Kärtchen können für Konversationsstoff sorgen; z.B. „Was ist der Unterschied zwischen Obst und Gemüse?", „Wozu könnte man Blatt und Stifte brauchen bzw. wie könnt ihr euch merken, was ihr einkaufen müsst?", usw.

Planung des Einkaufs
Wenn alle Kärtchen verteilt sind (die Kärtchenanzahl kann ggf. reduziert werden, da es sonst zu langwierig wird), wird mit den Kindern überlegt, wie man denn am besten an all die leckeren Sachen herankommt. Hier gibt es zwei verschiedene Modelle:

- Jeder bringt etwas mit.
- Die Pädagogin kauft ein.

Die Variante, die Kinder selbst einkaufen zu schicken, fördert deren Selbstständigkeit am stärksten und eröffnet den größten Raum für Selbstwirksamkeitserfahrung: Die Kinder erhalten das Geld (das sie sich vorher bspw. bei der Kita-Leitung geholt haben), kaufen das Obst ein (auf Grundlage eines selbst gemalten Einkaufszettels) u. ä.

Wichtige Hinweise für die Durchführung:
- Die Kinder selbst herausfinden zu lassen, woher sie das Geld bekommen könnten, also wer in der Kita das Geld für Lebensmitteleinkäufe verteilt. Manche Kinder haben die Idee, zur Bank zu gehen und dort Geld zu holen oder das eigene Taschengeld zu opfern.
- Die Kinder einen Einkaufszettel machen zu lassen (manche Kinder kommen auf die Idee, dass die Pädagogin den Einkaufszettel schreiben könnte). Man könnte an der Stelle z. B. „Apfel" auf ein Blatt schreiben und die Kinder fragen, ob

ihnen das weiterhilft und nach weiteren Möglichkeiten suchen. Meist kommt ein Kind auf die Idee, dass man einen Erwachsenen fragen könnte, den Einkaufszettel vorzulesen oder darauf, dass man den Einkaufszettel auch malen könnte.
- Es können auch verschiedene Rollen verteilt werden (Wer kümmert sich um die Beschaffung des Geldes? Wer sorgt für eine Einkaufstasche? usw.)

Bewegungsspiel
Vorschläge Seite 44–50

Feedbackrunde mit den Kärtchen „Gefühlebärchen"
Beschreibung siehe Seite 44

 **Abschlussritual**
Vorschläge siehe Seite 44

8.3 „Obstsalat" Teil 2 – Einkauf mit der Pädagogin

Ablauf der zwanzigsten Programmeinheit
- Eingangsritual
- Vorbereitung
- Einkauf mit den Kindern
- Feedbackrunde mit den Kärtchen „Gefühlebärchen"
- Abschlussritual

Ziele
- Die Kinder lernen eine komplexe Aufgabe zu analysieren und strukturieren und darauf aufbauend Handlungsstrategien zu entwickeln.
- Die Kinder überprüfen ihre Lösungsstrategien und passen sie gegebenenfalls an die jeweiligen Erfordernisse an.

- Die Kinder entwickeln in Alltagssituationen Problemlösestrategien und wenden diese an.
- Die Kinder lernen, sich Unterstützung zu holen.
- Die Kinder erledigen selbständig einen Einkauf und sind stolz darauf.

Setting
- Die Kinder werden für das Eingangsritual und die Einführung in einem Sitz- oder Stuhlkreis begrüßt.
- Der Einkauf erfolgt in einem Supermarkt oder einem Wochenmarkt in der Nähe der Kita.
- Das Abschlussritual erfolgt in der Kita.

Material
- Geld
- Einkaufstaschen
- Einkaufszettel

Praktische Durchführung der zwanzigsten Einheit

Eingangsritual
Vorschläge siehe Seite 42–44

Vorüberlegungen
Gemeinsam mit den Kindern wird überlegt, was für den Einkauf alles mitgenommen und woran gedacht werden muss. Die ausgewählten Utensilien werden dann gepackt, anschließend geht die Gruppe gemeinsam zum Supermarkt.

Einkauf
Die Pädagogin gibt den Kindern beim Einkaufen möglichst viel Freiraum und hält sich im Hinter-

grund. Im besten Fall wartet sie draußen auf die Kinder. Vorher kann gemeinsam überlegt werden, woher die Kinder Hilfe oder Unterstützung erhalten können, wenn sie nicht weiter wissen. Möglicherweise ist es notwendig im Hintergrund zu bleiben und für die Kinder auch im Laden ansprechbar zu sein.

Feedbackrunde mit den Kärtchen „Gefühlebärchen"
Beschreibung siehe Seite 44

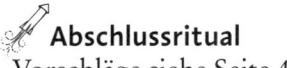 **Abschlussritual**
Vorschläge siehe Seite 44

8.4 „Obstsalat" Teil 3 – Abschlusseinheit mit Medaillenübergabe

Ablauf der Abschlusseinheit
- ✋ Eingangsritual
- ■ Reflexion des Einkaufs
- ■ Zubereitung des „Obstsalats"
- ■ Runde mit Kärtchen „Gefühlebärchen" mit Übergabe der Medaillen
- ■ Bewegungsspiel
- ✏ Abschlussritual

Ziele
- ■ Die Kinder machen die Erfahrung, selbst einen Obstsalat hergestellt zu haben (Selbstwirksamkeitserfahrung).
- ■ Die Reflexion stellt einen wichtigen Teil dieser Einheit dar.
- ■ Das Programm wird mit dieser Einheit abgerundet und abgeschlossen.
- ■ Die Kinder können stolz auf den Kurs zurückblicken.
- ■ Die Kinder und die Pädagoginnen bekommen die Möglichkeit für ein Feedback.

Setting
- ■ Die Kinder werden für das Eingangsritual und die Reflexion in einem Sitz- oder Stuhlkreis begrüßt.
- ■ Die Zubereitung des Obstsalats erfolgt in der Küche.
- ■ Die Medaillen-Überreichung kann auf einem Podest bzw. einem „Siegertreppchen" mit viel Jubel und Applaus stattfinden.
- ■ Für das Abschlussspiel sollte genügend Platz vorhanden sein.

Material
- ■ die Fotovorlagen, die beim letzten Mal auf dem blauen Plakat lagen (hier können die Kinder in die Auswahl und Besorgung der Materialien aus der Kita-Küche, wie Brettchen, Messer, Tischdecken, usw. einbezogen werden)
- ■ Orangensaft für die Soße
- ■ die Handpuppen Skippy und Flippy
- ■ die selbstgebastelten Medaillen (Kopiervorlage 12)
- ■ ein Abschlussgeschenk, z. B. eine Murmel

Reflexion des Einkaufs
Mit den Kindern wird der Einkauf reflektiert. Mögliche Reflexionsfragen sind:
- ■ Was hat euch besonders viel Spaß gemacht?
- ■ Was war schwierig?
- ■ Wie habt ihr es trotzdem geschafft?
- ■ Was könntet ihr beim nächsten Mal anders machen?

Nachdem alle Kinder die Hände gewaschen haben, wird losgeschnippelt.

Während der Obstsalat zieht, erfolgt die Medaillenübergabe.

Runde mit den Gefühlebärchen
In der Mitte des Stuhlkreises liegen die Kärtchen „Gefühlebärchen" bzw. jedes Kind und die Pädagoginnen halten ihre Kärtchen „Gefühlebärchen" in den Händen. Der Reihe nach dürfen alle sagen, welches Kärtchen der „Gefühlebärchen" sie sich ausgesucht haben und erzählen, warum ihre Wahl auf dieses spezielle „Gefühlebärchen" gefallen ist.

Überreichen der Medaillen
Da dies die Abschlussstunde des gemeinsamen Programms ist, verabschieden sich die Handpuppen und überreichen jedem Kind eine Medaille für eine besondere Fähigkeit, die es hat, bzw. für den erfolgreichen Abschluss des Programms. Dabei wird bei jedem Kind noch einmal individuell hervorgehoben, wie schön es war, dass es dabei gewesen ist. Im Anschluss daran erhält jedes Kind eine Murmel oder einen Stein – den so genannten Erinnerungsstein. Diesen darf jedes Kind eine Minute fest drücken und sich überlegen, an was es sich von diesem Programm noch erinnern kann. Danach tauschen sich alle miteinander darüber aus. Der Stein bzw. die Murmel darf mit nach Hause genommen werden.

Anschließend wird gemütlich zusammen gegessen.

Abschlussspiel
Zum Abschluss wird noch ein Spiel mit den Kindern gespielt, das sich die Gruppe aus der Auflistung der Bewegungsspiele aussuchen kann.
Vorschläge siehe Seite 44–50

Abschlussritual
Vorschläge siehe Seite 44

Weiterführung im Alltag:
Strategien zur Problemlösefähigkeit können in vielen Alltagssituationen eingeübt und unterstützt werden. Folgende Beispielsituation soll dies verdeutlichen:

Ein Kind möchte malen, weiß jedoch nicht, wo die Malsachen zu finden sind und wie es diese erlangen kann. Gemeinsam mit den Kindern wird ein Vorgehen überlegt:

Welche Möglichkeiten gibt es? Wen kann man fragen? Können die Malsachen sogar so verstaut werden, dass die Kinder diese selbständig erreichen können? Was können sie tun, wenn sie nicht weiterwissen?

Die verschiedenen Ideen der Kinder werden gesammelt und Vorschläge ggf. im Kita-Alltag umgesetzt.

8.5 Bilderbücher zum Thema Problemlösen

- Bauer, J., Boie, K. (2011): Kein Tag für Juli. Beltz & Gelberg, Weinheim/Basel

8.6 Bilderbücher zum Thema Starke Kinder

- Ende, M. (2005): Momo. Thienemann, Stuttgart

- Frey, J. (2009): Vom Großwerden und Starksein. Loewe Verlag, Bindlach

Anhang

Literatur

Aebli, H. (1994): Zwölf Grundformen des Lehrens. 8. Aufl. Klett-Cotta, Stuttgart

Antonovsky, A. (1997): Salutogenese. DGVT, Tübingen

Aßhauer, M., Burow, F., Hanewinkel, R. (1999): Fit und stark fürs Leben. 3. und 4. Schuljahr. Persönlichkeitsförderung zur Prävention von Aggression, Stress und Sucht. Ernst Klett, Stuttgart

Bächli, G. (1977): Der Tausendfüssler. Musikverlag zum Pelikan. Hug & Co. Musikverlage, Zürich

Baer, U. (1994): 666 Spiele – für jede Gruppe – für alle Situationen. Kallmeyerischer, Seelze-Velber

Bandura, A. (1977): Social Learning Theory. Prentice-Hall, Englewoods Cliff, NJ

– (1995): Self-Efficacy in Changing Societies. Cambridge University Press, Cambridge

– (1997): Self-Efficacy. Freeman, New York

Beebe, B., Lachmann, F. (2002): Säuglingsforschung und die Psychotherapie Erwachsener. Klett-Cotta, Stuttgart

Beelmann, A. (2006): Wirksamkeit von Präventionsmaßnahmen bei Kindern und Jugendlichen: Ergebnisse und Implikationen der integrativen Erfolgsforschung. Zeitschrift für Klinische Psychologie und Psychotherapie 2, 151 – 162

Beinbrech, C. (2003): Problemlösen im Sachunterricht der Grundschule: Eine empirische Studie zur Gestaltung von Lehr-Lernumgebungen im Hinblick auf die Förderung des Problemlöseverhaltens im Sachunterricht. In: http://www.miami.uni-muenster.de/servlets/DerivateServlet/Derivate-1307/Diss_Beinbrech.pdf, 03.01.2007

Bem, D. J. (1972): Self-Perception Theory. Advances in Experimental Social Psychology 6, 2–62

Bender, D., Lösel, F. (1997): Risiko- und Schutzfaktoren in der Genese und Bewältigung von Misshandlungen und Vernachlässigung. In: Egle, U. T., Hoffmann, S. O., Joraschky, P. (Hrsg.): Sexueller Missbrauch, Misshandlung, Vernachlässigung. Erkennung und Behandlung psychischer und psychosomatischer Folgen früher Traumatisierungen. Schattauer, Stuttgart/New York, 3–20

–, – (1998): Protektive Faktoren der psychisch gesunden Entwicklung junger Menschen: Ein Beitrag zur Kontroverse um saluto- und pathogenetische Ansätze. In: Margraf, J., Siegrist, J., Neumer, S. (Hrsg.): Gesundheits- oder Krankheitstheorie? Saluto- vs. Pathogenetische Ansätze im Gesundheitswesen. Springer, Berlin, 117–145

Bienhaus, S. (1997): Lernort Schullandheim – Untersuchung zu pädagogischen und didaktischen Implikationen einer ergänzenden schulischen Einrichtung. Unveröffentl. wissenschaftliche Hausarbeit. Erste Staatsprüfung für das Lehramt an Grund- und Hauptschulen. Pädagogische Hochschule Heidelberg

Biermann, I. (1998): Miteinander umgehen lernen. Geschichten, Lieder und Spiele für Kindergruppen. Don Bosco, München

Biermann-Ratjen, E.-M. (2002): Entwicklungspsychologie und Störungslehre. In: Boeck-Singelmann, C., Ehlers, B., Hensel, T., Kemper, F., Monden-Engelhardt, C. (Hrsg.): Personzentrierte Psychotherapie mit Kindern und Jugendlichen. Bd. 1: Grundlagen und Konzepte. 2. überarb. Aufl. Hogrefe, Göttingen/Bern/Toronto/Seattle, 11–34

Blattmann, S., Mebes, M., Hansen, G. (2001): koPPischoPP: Ich bin doch keine Zuckermaus. Didaktisches Material. Mebes und Noack, Köln

–, Hansen, G. (2003): Ich bin doch keine Zuckermaus. Neinsagegeschichten und Lieder. Mebes und Noack, Köln

– (2003): In mir wohnt eine Sonne. Mebes und Noack, Köln

–, Mebes, M. (2004): koPPischoPP: In mir wohnt eine Sonne. Didaktisches Material. Mebes und Noack, Köln

Blumenthal, E. (1976): Bewegungsspiele für Vorschulkinder. Ein Beitrag zur Entwicklungsförderung der 3- bis 5-Jährigen. Karl Hofmann, Schorndorf

Böhmer, N., Näpel, A. (2009): Gesundes Arbeiten in Kindertagesstätten – Status Quo und Ansatzpunkte für das Gesundheitsmanagement. In: Fröhlich-Gildhoff, K., Nentwig-Gesemann, I. (Hrsg.): Forschung in der Frühpädagogik II. FEL-Verlag, Freiburg i. Br., 13–36

Bompiani, E. (1980): Das große Buch der Kinderspiele. 300 Spiele und Beschäftigungen, für drinnen und draußen, für Ferien und Feste, für Tüftler und kleine Patienten, an allen Tagen des Jahres. Herder, Freiburg i. Br.

Brisch, K. H. (1999): Bindungsstörungen: Von der Bindungstheorie zur Therapie. Klett-Cotta, Stuttgart

Broich, J. (1991): Körper- und Bewegungsspiele. Maternus, Köln

Bücken, H. (1996): Kimspiele: Sehen, Schmecken, Riechen, Tasten, Hören und Denken. 6. Aufl. Hugendubel, München

Crick, N., Dodge, K. (1994): A Review and Reformulation of Social Information-Processing Mechanisms in Children's Social Adjustment. Psychological Bulletin 115, 74–101

Dirks, S., Klein-Hessling, J., Lohaus, A. (1994): Development and evaluation of a program for coping with stress in elementary school students. In: Psychologie in Erziehung und Unterricht, 41 (3), 180–192

Döpfner, M., Berner, W., Fleischmann, Th., Schmidt, M. (1993): Verhaltensbeobachtungsbogen für Vorschulkinder (VBV 3–6). Weinheim, Beltz

Dörner, D. (1976): Problemlösen als Informationsverarbeitung. Kohlhammer, Stuttgart

Dornes, M. (1995): Der kompetente Säugling. Fischer, Frankfurt/M.

– (1997): Die frühe Kindheit. Entwicklungspsychologie der ersten Lebensjahre. Fischer, Frankfurt/M.

– (2000): Die emotionale Welt des Kindes. Fischer, Frankfurt/M.

Ebert, A., Hannemann, K. (1979): Feiert Gott in eurer Mitte. Liederbuch der Teestube Würzburg. Hänssler, Holzgerlingen

Eggert, T., Reichenbach, C., Bode, S. (2003): Das Selbstkonzeptinventar (SKI) für Kinder im Vorschul- und Grundschulalter. Theorie und Möglichkeiten der Diagnostik. modernes lernen, Borgmann, Dortmund

Egle, U. T., Hoffmann, S. O., Joraschky, P. (Hrsg.) (1997a): Sexueller Missbrauch, Misshandlung, Vernachlässigung.

Erkennung und Behandlung psychischer und psychosomatischer Folgen früher Traumatisierungen. Schattauer, Stuttgart/New York

–, –, Steffens, M. (1997b): Pathogene und protektive Entwicklungsfaktoren in Kindheit und Jugend als Prädisposition für psychische Störungen im Erwachsenenalter. Gegenwärtiger Stand der Forschung. In: Egle, U., Hoffmann, S. O., Joraschky, P. (Hrsg.): Sexueller Missbrauch, Misshandlung, Vernachlässigung. Erkennung und Behandlung psychischer und psychosomatischer Folgen früher Traumatisierungen. Schattauer, Stuttgart/New York, 3–20

Erkert, A. (1999): Spiele zur Sinnesförderung. Don Bosco, München

Faltermaier, T. (2005): Gesundheitspsychologie. Kohlhammer, Stuttgart

Fingerle, M., Freytag, A., Julius, H. (1999): Ergebnisse der Resilienzforschung und ihre Implikationen für die (heil)pädagogische Gestaltung von schulischen Lern- und Lebenswelten. Zeitschrift für Heilpädagogik 50 (6), 302–309

Franke, A. (2006): Modelle von Gesundheit und Krankheit. Huber, Bern

Frick, J. (2003): Resilienz – Konsequenzen aus der Forschung für die Praxis. Kindergarten heute 9, 7–13

Friebel, V., Erkert, A., Friedrich, S. (1998): Kreative Entspannung im Kindergarten. Lambertus, Freiburg i. Br.

Friedelmeier, W. (1999). Emotionsregulation in der Kindheit. In: Friedelmeier, W. Holodynski, M. (Hrsg.): Emotionale Entwicklung. Spektrum Akademischer Verlag, Heidelberg, 197–218

Fröhlich-Gildhoff, K. (2006a): Gewalt begegnen. Kohlhammer, Stuttgart

– (2006b): Freiburger Anti-Gewalt-Training. Kohlhammer, Stuttgart

–, Rönnau, M. (2006): Du schaffst es! Ein Projekt zur Resilienzförderung in der KiTa. Forum Frühpädagogik 1 (1), 10–11

– (2007): Verhaltensauffälligkeiten bei Kindern und Jugendlichen. Kohlhammer, Stuttgart

–, Rönnau, M., Dörner, T., Kraus-Gruner, G., Engel, E. (2008a): Kinder Stärken! – Resilienzförderung in der Kindertageseinrichtung. Praxis der Kinderpsychologie und Kinderpsychiatrie 2, 98–116

–, –, – (2008b): Eltern stärken mit Kursen in Kitas. Ernst Reinhardt, München

–, Rönnau-Böse, M. (2011): Resilienz. Ernst Reinhardt, München

–, –, Beuter, S., Lindenberg, J. (2011a): Förderung der seelischen Gesundheit in Kitas in Quartieren mit besonderen Problemlagen. FEL, Freiburg i. Br.

–, –, –, Fischer, S. (2011b): Fünf Jahre Resilienzförderung in Kitas. Bilanz einer Erfolgsgeschichte. Kita aktuell 1, 8–11

Fthenakis, W. E. (Hrsg.) (2003): Elementarpädagogik nach PISA. Wie aus Kindertagesstätten Bildungseinrichtungen werden können. Herder, Freiburg

Fuhrer, U., Marks, A., Holländer, A., Möbes, J. (2000): Selbstbildentwicklung in Kindheit und Jugend. In: Greve, W. (Hrsg.): Psychologie des Selbst. Psychologie Verlags Union, Weinheim, 39–57

Gebauer, K., Hüther, G. (2004): Kinder brauchen Vertrauen. Patmos, Düsseldorf

Gewerkschaft Erziehung und Wissenschaft (GEW) Hauptvorstand (Hrsg.)(2007): Wie geht's im Job? KiTa-Studie der GEW. Frankfurt Main: Gewerkschaft Erziehung und Wissenschaft. In: www.gew.de/Kita-Studien.html

Grawe, K. (1998): Psychologische Therapie. Hogrefe, Göttingen/Bern

– (2004): Neuropsychotherapie. Hogrefe, Göttingen/Bern

Greve, W. (2000): Psychologie des Selbst – Konturen eines Forschungsthemas. In: Greve, W. (Hrsg.): Psychologie des Selbst. Psychologie Verlags Union, Weinheim, 15–36

– (Hrsg.) (2000): Psychologie des Selbst. Psychologie Verlags Union, Weinheim

Grosse-Holtforth, M., Grawe, K. (2004): Inkongruenz und Fallkonzeption in der Psychologischen Therapie. Verhaltenstherapie & Psychosoziale Praxis 1, 9–21

Grotberg, E. H. (1995): A Guide to Promoting Resilience in Children: Strengthening the Human Spirit. In: http://www.resilnet.uiuc.edu/library/grotb95b.html, 31.01.2011

Hampel, P., Petermann, F. (2003a): Stressbewältigungstrainings mit Kindern. In: Hampel, P., Petermann, F. (Hrsg.): Anti-Stress-Training für Kinder. 2. Aufl. Beltz, Weinheim

– (2003b): Anti-Stress-Training für Kinder. 2. Aufl. Beltz, Weinheim

Haselbach, B., Nykrin, R., Regner, H. (1993): Der Musikater. Schott Musik International, Mainz

Havighurst, R. J. (1982): Developmental Tasks and Education. 1. Aufl. 1948. Longman, New York

Heinrichs, N., Saßmann, H. Hahlweg, K & Perrez, M. (2002): Prävention kindlicher Verhaltenstörungen. Psychologische Rundschau 53, 170–183

Hoffmann, K. W. (1983): Wenn der Elefant in die Disco geht. Aktive Musik, Dortmund

Hufnagel, G., Fröhlich-Gildhoff, K. (2002): Die Entstehung seelischer Störungen – betrachtet aus einer personzentrierten und entwicklungs-psychologischen Perspektive. In: Boeck-Singelmann, C., Ehlers, B., Hensel, T., Kemper, F., Monden-Engelhardt, C. (Hrsg.): Personzentrierte Psychotherapie mit Kindern und Jugendlichen. Bd. 1: Grundlagen und Konzepte. 2. überarb. Aufl. Hogrefe, Göttingen, 35–80

Hurrelmann, K. (2000): Gesundheitssoziologie. Juventa, Weinheim

Hüther, G. (2001): Bedienungsanleitung für ein menschliches Gehirn. Vandenhoeck & Ruprecht, Göttingen

–, Dohne, K. D. (2006): Ein Verfahren zur Messung wissensunabhängiger Kompetenzen. In: http://www.wuk-test.de/start.html, 03.01.2007

Jaede, W. (2002): Der entwicklungsökologische Ansatz in der Personzentrierten Kinder- und Jugendlichenpsychotherapie. In: Boeck-Singelmann, C., Ehlers, B., Hensel, T., Kemper, F., Monden-Engelhardt, C. (Hrsg.): Personzentrierte Psychotherapie mit Kindern und Jugendlichen. Bd. 1: Grundlagen und Konzepte. 2. überarb. Aufl. Hogrefe, Göttingen, 123–150

Jerusalem, M. (1990): Persönliche Ressourcen, Vulnerabilität und Stresserleben. Verlag für Psychologie, Göttingen

Julius, H., Schlosser R. W., Goetze, H. (2000): Kontrollierte Einzelfallstudien. Hogrefe, Göttingen

Kasüschke, D., Fröhlich-Gildhoff, K. (2008): Frühpädagogik heute. Herausforderungen an Disziplin und Profession. Wolters-Kluwer, Carl Link Verlag, Köln

Kastner-Koller, Deimann (2002): Wiener Entwicklungstest. 2., überarb. u. neu norm. Aufl. Hogrefe, Göttingen

Kindergarten Kenyongasse (1997): Papierschiffchen falten. In: http://www.kenyon.at/kindergarten/Frameset_Krims Krams_Main3_Basteln05.html, 31.01.2011

Klein-Heßling, J. (1997): Stressbewältigungstrainings für Kinder. Eine Evaluation. DGVT, Tübingen

Kumpfer, K. L. (1999): Factors and Processes Contributing to Resilience: The Resilience Framework. In: Glantz, M. D., Johnson, J. L. (Hrsg.): Resilience and Development: Positive Life Adaptions. Kluwer Academic/Plenum Publisher, New York, 179–224

Lachmann, F. M. (2004): Aggression verstehen und verändern. Pfeiffer bei Klett-Cotta, Stuttgart

Laucht, M., Schmidt, M. H., Esser, G. (2000): Risiko- und Schutzfaktoren in der Entwicklung von Kindern und Jugendlichen. Frühförderung interdisziplinär 3, 97–108

Laux, H. (1992): Problemorientierter Sachunterricht. Neue Aufgaben der Lehrer? Die Grundschule 5, 44–46

Lazarus, R. S., Launier, R. (1981): Stressbezogene Transaktionen zwischen Person und Umwelt. In: Nitsch, J. R. (Hrsg.): Stress. Theorien, Untersuchungen, Maßnahmen. Huber, Bern, 213–259

–, Folkman, S. (1984): Stressappraisal and Coping. Springer, New York

Leutner, D., Klieme, E., Meyer, K., Wirth, J. (2005): Die Problemlösekompetenz in den Ländern der Bundesrepublik Deutschland. In: Prenzel, M, Baumert, J., Blum, W., Lehmann, R., Leutner, D., Neubrand, M., Pekrun, R., Rost, J., Schiefele, U. (Hrsg.): PISA 2003. Der zweite Vergleich der Länder in Deutschland – Was wissen und können Jugendliche? Waxmann, Münster i. W., 125–146

Lisner, S. (1996): Der wütende Willi. Gefühle erkunden und Aggressionen abbauen. Arbeitsmappe. Verlag an der Ruhr, Mülheim/Ruhr

Lohaus, A., Klein-Heßling, J. (1999): Kinder im Stress und was Erwachsene dagegen tun können. Beck, München

– (2001): Stresserleben und Stressbewältigung im Kindesalter: Befunde, Diagnostik und Intervention. Kindheit und Entwicklung 3, 148–160

Lüer, G., Spada, H. (1992): Denken und Problemlösen. In: Spada, H. (Hrsg.): Lehrbuch der allgemeinen Psychologie. 2. Aufl. Hogrefe, Göttingen/Bern, 189–200

Luthar, S. S., Ciccetti, D., Becker, B. (2000): The Construct of Resilience: A Critical Evaluation and Guidelines for Future Work. Child Development 71, 543–562

Manns, M., Schultze, J. (2004): Soziale Kompetenz und Prävention: Berliner Präventionsprogramm für Haupt- und Gesamtschüler. Lang, Frankfurt/M.

Marx, E. (1978): Spiele für alle. Im Kindergarten, Vorschule, Hof und Halle. Hans Putty, Wuppertal

Meichenbaum, D. W. (1995): Kognitive Verhaltensmodifikation. 2. Aufl. Psychologie Verlags Union, Weinheim

Müller, D. (1994): Phantasiereise im Unterricht. Westermann-Schulbuchverlag, Braunschweig

Oerter, R., Montada, L. (Hrsg.) (2002): Entwicklungspsychologie. Ein Lehrbuch. 5. Aufl. Psychologie Verlags Union, Weinheim

Opp, G., Fingerle, M., (Hrsg.) (2008): Was Kinder stärkt: Erziehung zwischen Risiko und Resilienz. 3. Aufl. Ernst Reinhardt, München

Papoušek, M. (2004): Regulationsstörungen der frühen Kindheit: Klinische Evidenz für ein neues diagnostisches Konzept. In: Papoušek, M., Schieche, M., Wurmser, H. (Hrsg.): Regulationsstörungen der frühen Kindheit. Huber, Bern, 77–110

–, Schieche, M., Wurmser, H. (Hrsg.) (2004): Regulationsstörungen der frühen Kindheit. Huber, Bern

Petermann, F., Kusch, M., Niebank, K. (1998): Entwicklungspsychopathologie: Ein Lehrbuch. Beltz, Weinheim

–, Jugert, G., Rehder, A., Tänzer, U., Verbeek, D. (1999): Sozialtraining in der Schule. Psychologie Verlags Union, Weinheim

–, Döpfner, M., Schmidt, H. M. (2001): Aggressiv-dissoziale Störungen. Hogrefe, Göttingen

–, Wiedebusch, S. (2003): Emotionale Kompetenz bei Kindern. Hogrefe, Göttingen

–, Niebank, K., Scheithauer, H. (2004): Entwicklungswissenschaft: Entwicklungspsychologie – Genetik – Neuropsychologie. Springer, Berlin

Pianta, R. C., Stuhlman, M. W., Hamre, B. K. (2008): Der Einfluss von Erwachsenen-Kind-Beziehungen auf Resilienzprozesse im Vorschulalter und in der Grundschule. In: Opp, G., Fingerle, M. (Hrsg.): Was Kinder stärkt. Erziehung zwischen Risiko und Resilienz. 2., neu bearbeitete Aufl. Ernst Reinhardt, München, 192–211

Pior, R. (1998): Selbstkonzepte von Vorschulkindern. Wachsman, Münster/New York

Putz-Osterloh, W. (1988): Wissen und Problemlösen. In: Mandl, H., Spada, H. (Hrsg.): Wissenspsychologie. Juventa, Weinheim/München, 247–263

Reinmann-Rothmeier, G., Mandl, H. (1999): Instruktion. In: Perleth, C., Ziegler, A. (Hrsg.) (1999): Pädagogische Psychologie. Grundlagen und Anwendungsfelder. Hogrefe, Göttingen/Bern, 207–226

Resch F. (2004): Entwicklungspsychopathologie der frühen Kindheit im interdisziplinären Spannungsfeld. In: Papoušek, M., Schieche, M., Wurmser, H. (Hrsg.): Regulationsstörungen der frühen Kindheit. Huber, Bern, 317–348

Reubel-Ciani, T. (1983): Märchenzauber rund ums Jahr: 36 neue Märchen. Schwager & Steinlein, Nürnberg/Fürth

Rogers, C. R. (1991): Eine Theorie der Psychotherapie, der Persönlichkeit und der zwischenmenschlichen Beziehungen. Entwickelt im Rahmen des klientenzentrierten Ansatzes. 3. Aufl. GwG, Köln

Röhrle, B. (2008): Die Forschungslage zur Prävention psychischer Störungen und zur Förderung psychischer Gesundheit. Verhaltenstherapie & Psychosoziale Praxis 2, 343–347

Rönnau, M., Kraus-Gruner, G., Engel, E.-M. (2008). Resilienzförderung in der Kindertagesstätte. In: Fröhlich-Gildhoff, K., Nentwig-Gesemann, I., Haderlein, R. (Hrsg.): Forschung in der Frühpädagogik. FEL, Freiburg, 117–147

Rönnau-Böse, M., Fröhlich-Gilhoff, K. (2010): Resilienzförderung im Kita-Alltag. Was Kinder stark und widerstandsfähig macht. Herder, Freiburg i. Br.

Roth, X. (2010): Handbuch Bildungs- und Erziehungspartnerschaft. Herder, Freiburg i. Br.

Rotter, J. B. (1966): Generalized Expectancies for Internal versus External Control of Reinforcement. Psychological Monographs 80, 609

Sächsisches Staatsministerium für Soziales (2008): Erzieherinnengesundheit. Handbuch für Kita-Träger und Kita-Leitungen. Sächsisches Staatsministerium, Dresden. In: www.publikationen.sachsen.de

Scheithauer, H., Hayer, T., Petermann, F. (2003): Bullying unter Schülern: Erscheinungsformen, Risikobedingungen und Interventionskonzepte. Hogrefe, Göttingen/Bern

Schmidtchen, S. (2001): Allgemeine Psychotherapie für Kinder, Jugendliche und Familien. Ein Lehrbuch. Kohlhammer, Stuttgart

Schwarzer, R., Jerusalem, M. (2002): Das Konzept der Selbstwirksamkeit. In: Jerusalem, M., Hopf, D. (Hrsg.): Persönliche Ressourcen, Vulnerabilität und Stresserleben. Verlag für Psychologie, Göttingen, 28–53

Shure, M. B., Spivack, G. (1988): Interpersonal Cognitive Problem Solving. In: Price, R. H., Cowen, E. L., Lorion, R. P., Ramos-McKay, J. (Hrsg.): 14 Ounces of Prevention. A Case Book for Practitioners. American Psychological Association, Washington D. C., 69–82

Shavelson, R. J., Phupner, J. J., Stanton, G. C. (1976): Self-Concept: Validation of Construct Interpretations. Review of Educational Research 46, 407–441

Singer, W. (2003): Was kann ein Mensch wann lernen? Ein Beitrag aus Sicht der Hirnforschung. In: Fthenakis, W. (Hrsg.): Elementarpädagogik nach PISA. Wie aus Kindertagesstätten Bildungseinrichtungen werden können. Herder, Freiburg i. Br. , 67–77

Snunit, M. (1991): Der Seelenvogel. Carlsen, Hamburg

Sommer, G. (Hrsg.) (1977): Gemeindepsychologie: Therapie und Prävention in der sozialen Umwelt. Urban & Schwarzenberg, München/Wien

Spada, H. (Hrsg.) (1992): Lehrbuch der allgemeinen Psychologie. 2. Aufl. Hogrefe, Göttingen/Bern

Spitzer, M. (2002): Lernen. Gehirnforschung und die Schule des Lebens. Spektrum, Berlin

Stern, D. N. (1992): Die Lebenserfahrung des Säuglings. Klett-Cotta, Stuttgart

– (1995): Die Repräsentation von Beziehungsmustern, entwicklungspsychologische Betrachtung. In: Petzold, R. (Hrsg.): Die Kraft liebevoller Blicke. Psychotherapie und Babyforschung. Bd. 2. Junfermann, Paderborn, 139–219

Streeck-Fischer, A. (2006): „Neglekt" bei der Aufmerksamkeitsdefizit- und Hyperaktivitäts-Störung. Psychotherapeut 2, 80–90

Textor, M. R. (2005): Elternarbeit im Kindergarten. Ziele, Formen, Methoden. BoD, Norderstedt

– (Hrsg.): (2006): Erziehungs- und Bildungspartnerschaft mit Eltern. Herder, Freiburg i. Br.

Trautwein, G. (1993): Alte Kreisspiele neu entdeckt. Leier-, Tanz- und Singspiele für Kinder. Bd. 1. Herder, Freiburg i. Br./Basel/Wien

Tschöpe-Scheffler, S. (2003): Elternkurse auf dem Prüfstand: Wie Erziehung wieder Freude macht. Leske & Budrich, Opladen

Vygotskij, L. S. (2002): Denken und Sprechen. Beltz, Weinheim/Basel

Walter, G. (2004): Ich und du – wir und ihr. Spiele und Aktionen zur Förderung der Sozialkompetenz. Herder, Freiburg i. Br.

Weinberger, S. (2004): Klientenzentrierte Gesprächsführung: Lern- und Praxisanleitung für Personen in psychosozialen Berufen. Juventa, Weinheim/München

Werner, E. E. (2008): Entwicklung zwischen Risiko und Resilienz. In: Opp, G., Fingerle, M., Freytag, A. (Hrsg.): Was Kinder stärkt: Erziehung zwischen Risiko und Resilienz. Ernst Reinhardt, München, 20–32

– (2000): Protective Factors and Individual Resilience. In: Shonkoff, J. P., Meisels, S. J. (Hrsg.): Handbook of Early Childhood Intervention. Cambridge University Press, Cambridge, 115–132

WHO (Weltgesundheitsorganisation) (1994): „Life Skills". Praktische Lebenskunde – Rundschreiben. Zusammenfassung der englischen „Skills for Life-Newsletter" Nr. 1–3. WHO, Division of Mental Health, Geneva

Wustmann, C. (2003): Was Kinder stärkt – Ergebnisse der Resilienzforschung und ihre Bedeutung für die pädagogische Praxis. In: Fthenakis, W. E. (Hrsg.): Elementarpädagogik nach PISA. Wie aus Kindertagesstätten Bildungseinrichtungen werden können. Herder, Freiburg i. Br., 106–135

– (2004): Resilienz: Widerstandsfähigkeit von Kindern in Tageseinrichtungen fördern. Beltz, Weinheim/Basel

Zahn-Waxler, C., Schmitz, S., Fulker, D., Robinson, J., Emde, R. (1996): Behavior Problems in 5-Year-Old Monozygotic and Dizygotic Twins and Environmental Influences, Patterns or Regulation, and Internalization of Control. Development and Psychopathology 8, 103–122

Zimmer, R. (1998): Handbuch der Sinneswahrnehmung. 6. Aufl. Herder, Freiburg i. Br.

Quellennachweise

Abbildung 15: Blattmann/Mebes: koPPischoPP, Ich bin doch keine Zuckermaus – 2003, verlag mebes & noack, www.mebesundnoack.de

Abbildung 16: Blattmann/Mebes: koPPischoPP, In mir wohnt eine Sonne – 2003, verlag mebes & noack, www.mebesundnoack.de

Abbildung 17: Blattmann/Mebes: koPPischoPP, Lied für kleine Indianer – 2003, verlag mebes & noack, www.mebesundnoack.de

Abbildungen 18–19: Reinhardt Lohmiller

Abbildung 20: Simone Beuter; musikalische Beratung und Umsetzung: Anne-Regina Sieber

Abbildung 21: Hänssler Verlag, Holzgerlingen, www.scm-haenssler.de

Abbildung 22: Simone Beuter

Kopiervorlagen 1–3: Herwig Fischer

Kopiervorlagen 4–5: Dorothee Gscheidle

Kopiervorlage 9: Annika Schuler, Freiburg/Br.

Kopiervorlage 11: Yvonne Pfaff

Fröhlich-Gildhoff, Dörner, Rönnau-Böse, PRiK   © 2012 by Ernst Reinhardt Verlag, GmbH und Co KG, Verlag, München

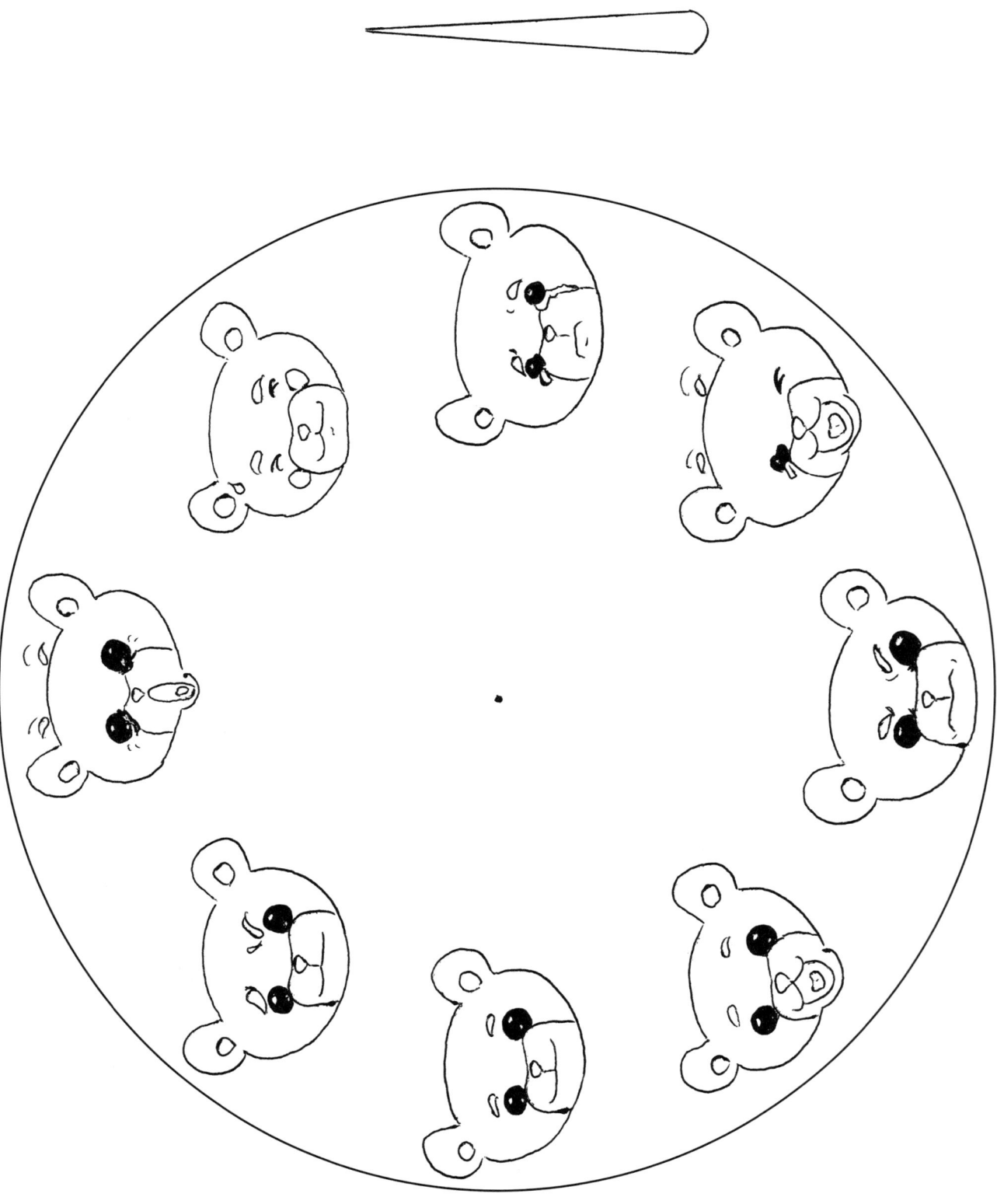

Fröhlich-Gildhoff, Dörner, Rönnau-Böse, PRiK © 2012 by Ernst Reinhardt Verlag, GmbH und Co KG, Verlag, München

Bild 1

Bild 2

Bild 3

Bild 4

Fröhlich-Gildhoff, Dörner, Rönnau-Böse, PRiK   © 2012 by Ernst Reinhardt Verlag, GmbH und Co KG, Verlag, München

Bild 5

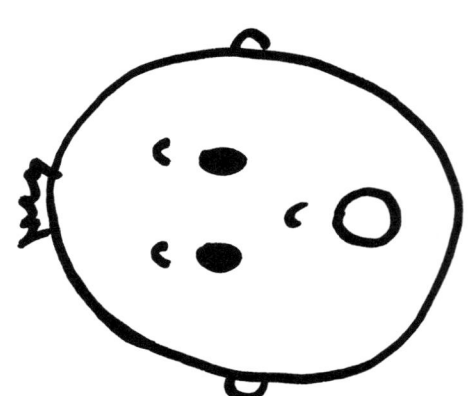

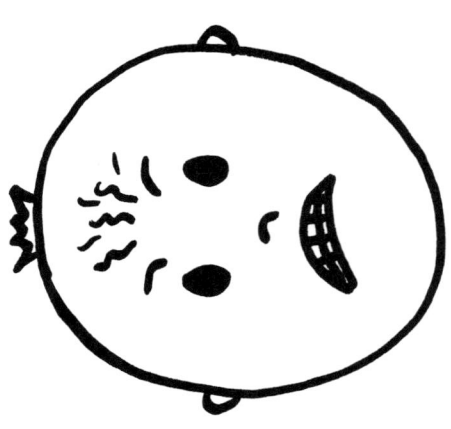

Fröhlich-Gildhoff, Dörner, Rönnau-Böse, PRiK   © 2012 by Ernst Reinhardt Verlag, GmbH und Co KG, Verlag, München

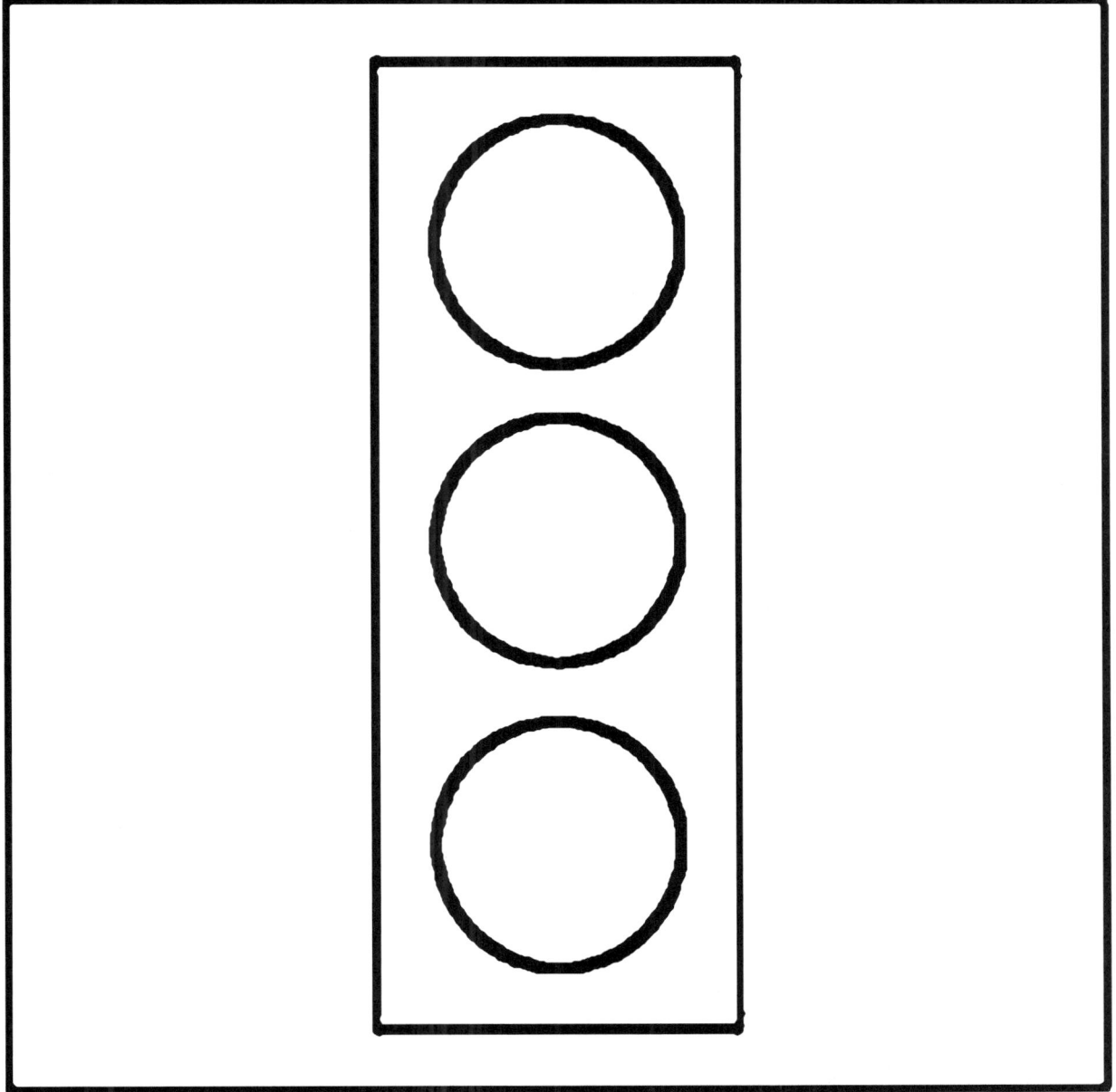

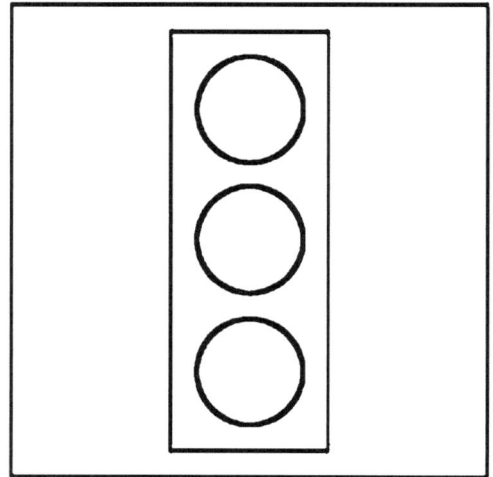
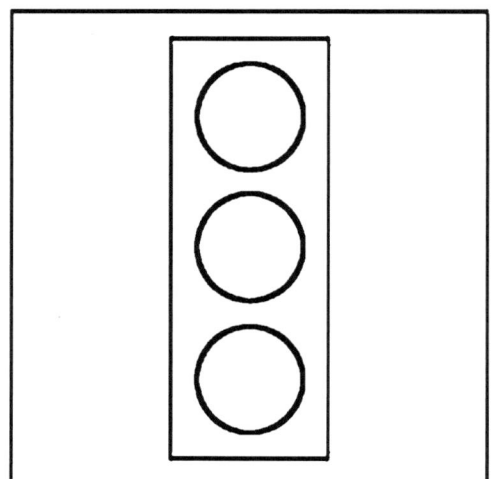

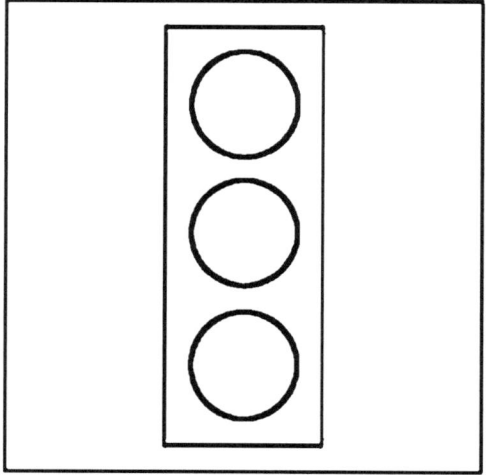

Fröhlich-Gildhoff, Dörner, Rönnau-Böse, PRiK   © 2012 by Ernst Reinhardt Verlag, GmbH und Co KG, Verlag, München

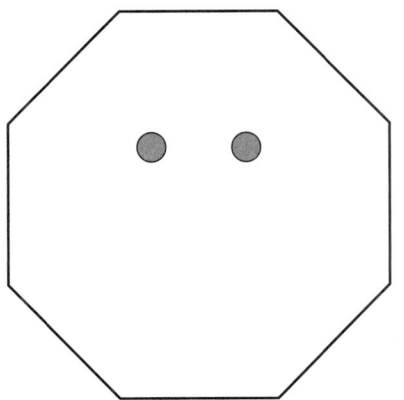

Fröhlich-Gildhoff, Dörner, Rönnau-Böse, PRiK   © 2012 by Ernst Reinhardt Verlag, GmbH und Co KG, Verlag, München (Annika Schuler)

Fröhlich-Gildhoff, Dörner, Rönnau-Böse, PRiK   © 2012 by Ernst Reinhardt Verlag, GmbH und Co KG, Verlag, München (Annika Schuler)

Fröhlich-Gildhoff, Dörner, Rönnau-Böse, PRiK   © 2012 by Ernst Reinhardt Verlag, GmbH und Co KG, Verlag, München (Annika Schuler)

Namensaufkleber für das Stärkenbuch:

Ich heiße _____

und das ist mein Stärkenbuch

Die erste Seite des Stärkenbuches:

Anleitung zum Gebrauch dieses Büchleins:

In diesem Stärkenbuch sammelt _____
in Schrift und Bild alles, worauf er/sie bis jetzt sehr
stolz sein kann, z. B.

- *Ich kann schon bis 20 zählen.*
- *Ich kann schon Seilspringen.*

Oder die Herausforderungen, die gerade das erste Mal
bewältigt wurden, z. B.:

- *Heute habe ich das erste mal bei einer Freundin
  übernachtet.*

Oder Dinge, die _____ besonders
auszeichnen, z. B.:

- *Ich kann ganz besonders gut singen.*

Oder Eigenschaften, welche der Erwachsene oder
ein anderes Kind besonders an _____
mag, z. B.:

- *Ich mag besonders an dir dein schönes Lachen.*
- *Am allerliebsten spiele ich mit dir Memory.*

Den „Stärken-Fantasien" sind keine Grenzen gesetzt.

Das Geschriebene wird immer mit dem Kind
besprochen, bevor es eingetragen wird. Das Kind
kann aber auch selbst einmalen, was es gut kann.

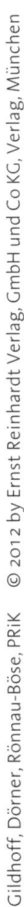

Fröhlich-Gildhoff, Dörner, Rönnau-Böse, PRiK   © 2012 by Ernst Reinhardt Verlag, GmbH und Co KG, Verlag, München

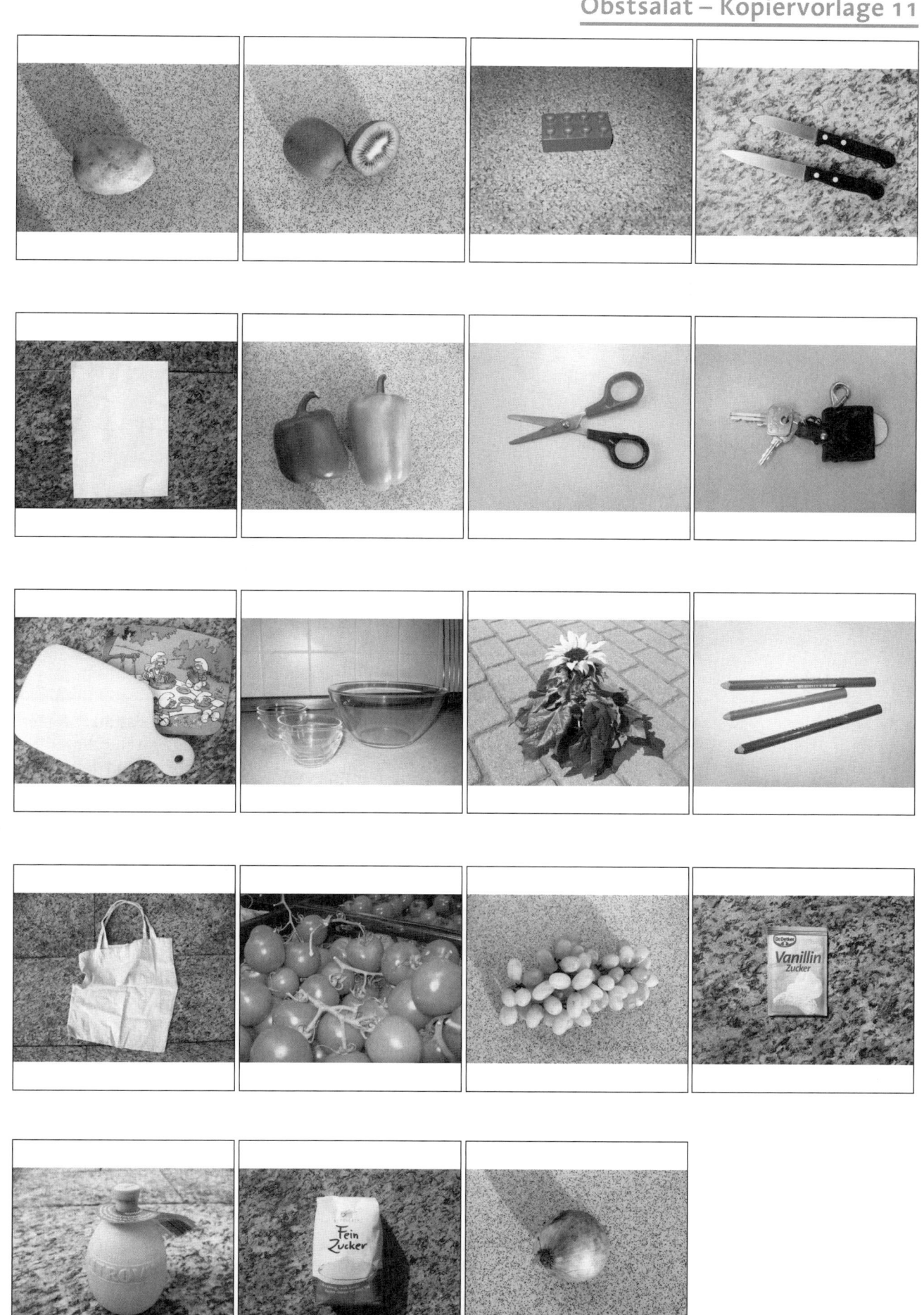

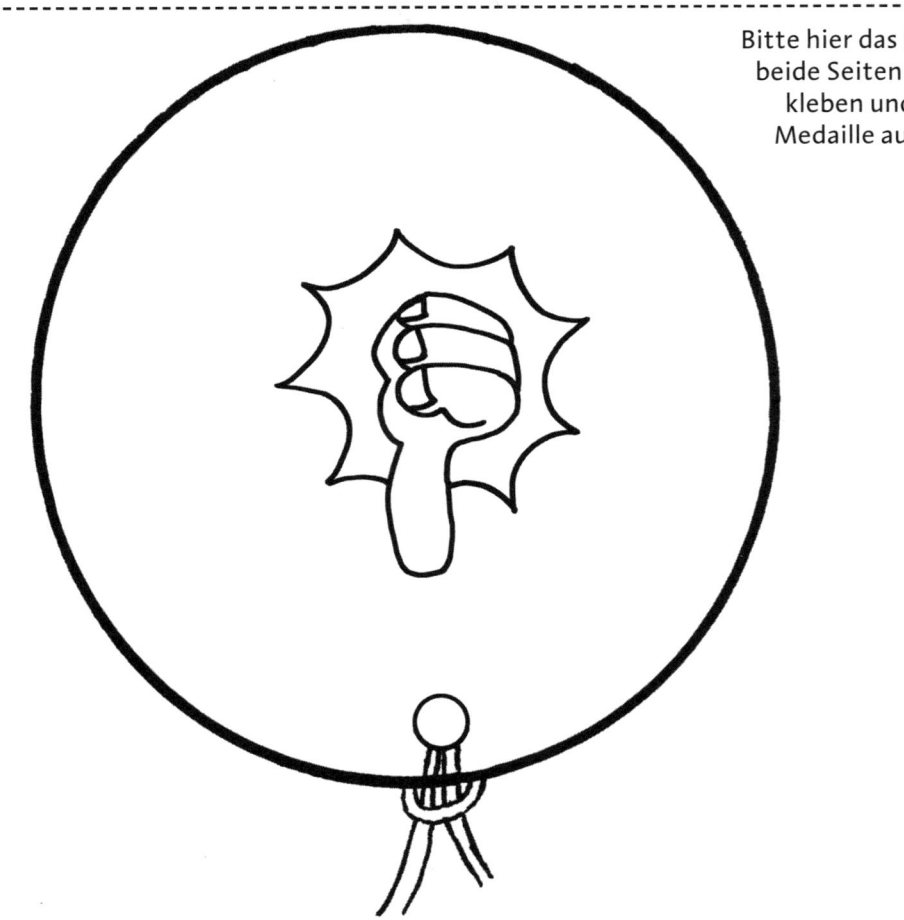

Bitte hier das Blatt falzen,
beide Seiten zusammen-
kleben und danach die
Medaille ausschneiden.

Fröhlich-Gildhoff, Dörner, Rönnau-Böse, PRiK   © 2012 by Ernst Reinhardt Verlag, GmbH und Co KG, Verlag, München